U0137093

鵝湖蔚理文叢02

勞動法法源及其適用關係之研究

臺灣大學法學博士
呂榮海律師 著

台灣大學法律研究所博士論文

某些問題，如不加以澄清，
則當事人將喪失法院從「實體依據」方面，
去判斷勞工究否有作為或不作為之義務，
影響勞工之權益至鉅。
勞動法法源之研究將有助於此方面之澄清。

《勞動法法源及其適用關係之研究》二〇二四年新版序

　　余從事律師工作，初期勞基法剛公布施行，乃以勞基法為主要基礎業務，跟上了時代的腳步，不虞匱乏，並先後寫了五本關於勞基法、勞動法的書，勤勤懇懇，忠實為當事人服務。

　　其間並在臺灣大學法律研究所修法學博士課程，乃以「勞動法法源及其適用關係」作為論文題目，並幸獲名聞臺灣海峽兩岸的王澤鑑教授之指導，完成論文，得法學博士學位。

　　之後，感謝及參考論文口試委員黃越欽教授之意見，出版時補論「國際勞動法」部分。

　　近十年來，臺灣出現許多「論文爭議」，怪哉？真不是我這種平凡人所能想的明白的。

　　乃反求諸己，趁近來減少工作之餘，審視自己的博士

論文，「法源」乃法律工作者「找依據」才能依「三段論法」爲推論得到「答案」（判決）的基本工作，愈通「法源」論即愈有能，而勞動法於各法律領域中有「最豐富的法源」，弄通，或可爲「民事法」法源論增廣、加深境界，在「致廣大，盡精微，綜羅百代」（《中庸》；《宋元學案•晦翁學案》）上做工夫，則我的論文於二〇二四年的年代或許仍有參考價值。於是增訂〈補論二：創造性判決〉作爲勞動法法源之補充新版，其他則維持博士論文原樣，敬請各界指教。

再度感謝恩師王澤鑑教授的指導。

臺大法學博士　呂榮海律師
序於臺灣鵝湖書院 2024/3/24

簡　目

詳　　目

第一章　緒　論

第一節　研究目的與方法

一、研究目的

　　勞動法法源及其適用關係在我國為何值得研究？究應基於何種「功能期待」而撰此論文？其功能有助於釐清「權利事項之爭議」決定勞動關係之「裁判規範及行為規範」以及解決各種法源間之適用關係，以下分述之：

(一)釐清權利事項之爭議

　　研究勞動法法源和「權利事項之爭議」、「調整事項之爭議」的分類有關！按所謂「權利事項之爭議」，依勞資爭議處理法第四條第二項之規定，係指勞資雙方基於法令、團體協約、勞動契約之規定所為權利義務之爭議，勞資雙方對此定義及分類，經常弄不清楚！實則，此即關於勞動法法源之問題，而且，勞動法法源除了法令、團體協

1

約、勞動契約以外，尚有工作規則、勞動習慣，甚至民法第一條規定之「法理」，自有必要在理論及實務方面，做完整的探討。

以下舉一實例加以說明。

某公立學校之工友向法院起訴請求確認「有不接受正常工作時間以外之值夜輪班之自由權利」以及「雇主不得強制伊接受值夜輪班工作」。因雇主〈學校〉係依『行政院頒佈之「事務管理規則」要求該工友值夜輪班，法院即認定兩造間本於僱傭契約所生之權利義務「並無不明確」．為「調整事項之爭議」，並非「權利事項之爭議」，而為不利勞工之判決，其判決埋出如下：「……按法律關係之存否不明確，致原告在私法上之地位有受侵害之危險，此危險得以對於被告之確認判決除去之者，固得依民事訴訟法第二百四十七條之規定提起確認之訴．若其法律關係之存否非不明確，或原告在私法上之地位並不因此而有受侵害之危險，或縱經法院判決確認，亦不能除去其危險之狀態者，即不謂原告有即受確認判決之法律上利益。又民國77 年 6 月 27 日總統令修正公布之勞資爭議處理法。第二條規定：「本法於雇主或雇主團體勞工或勞工團體發生勞

資爭議時適用之。」第四條規定：「本法所稱勞資爭議，為勞資權利事項與調整事項之爭議，權利事項之勞資爭議，係指勞資雙方與當事人基於法令、團體協約、勞動契約之規定所為權利義務之爭議。調整事項之勞資爭議，係指勞資雙方當事人對於勞動條件主張繼續維持或變更之爭議。」所謂權利事項之勞資爭議，亦即係權利究竟是否存在及有無被侵害所引起者而言。例如：不依約給付工資、不按法定要件與程序任意解僱等屬之。所謂調整事項之勞資爭議，亦即對勞動條件如何調整或主張繼續維持所產生者而言。例如勞方因物價上漲要求提高若干比例之工資或要求減少工時等屬之。勞工法庭受理之勞資爭議事項，僅限於權利事項，至調整事項之勞資爭議事件，則不與焉。本件原告主張，伊係被告依行政院頒布之「事務管理規則」第十二篇「工友管理」之規定，以技工職務僱用擔任警衛工作之僱用人員，乃受被告僱用從事工作獲致工資之勞工，公立學校之技工雖尚未納入勞基法之適用範圍，兩造間係本於民法上僱用契約所成立之不定期勞動契約，仍應有勞基法規定起碼勞動條件之適用，依前揭規則規定，伊之服勤時間乃每週五天半之 44 小時，自不包括正常辦

公時間外之值夜輪值工作，乃被告援引非契約當事人台北市政府教育局基於行政監督權所發之行玫令令，強制要求伊接受正常工作時間以外之值夜輪值工作，致影響其正常家居生活及夜間進修，為此先位之訴求為判決伊享有是否接受正常工作時間以外之值夜輪值工作之自由權利及被告不得強制伊接受值夜輪值工作；備位之訴則求為判決該項輪值工作應由被告所屬全體教職員工輪流公平分擔，值夜人員應有翌日或擇一日補休假之機會，值夜工作之報酬，應比照勞基法第 24 條延長工時之工資加給標準計算。

查原告本於僱傭契約為被告服勞務，悉依前開行政院頒布之「事務管理規則」為據，為原告所自認。兩造間本於僱傭契約所生之權利義務並無不明確，原告指上開管理規則，應不包括正常工作時間以外之值夜輪值工作云云，乃屬勞動契約解釋之問題，原告有無為被告服值夜輪值工作之勞務義務，則屬對勞動條件應如何調整之勞資爭議，原告援引修正前之勞資爭議處理法第一條規定，遽認本件無該法之適用，已嫌誤會；原告訴請確認其享有是否接受正常工作時間外之值夜輪值工作之自由權利云云，即難認有即受確定判決之法律上利益。至原告進而請求被告不得

強伊接受正常工作時間外之值夜輪值工作，亦非權利事項之勞資爭議，均應予駁回。本件原告先位之訴之無理由，已如前述。依上說明，原告備位之訴所求之值夜輪值工作，應由被告所屬全體教職員輪流公平分擔，值夜翌日或擇一日補休假一日及值夜報酬如何給付等情，係屬勞方之原告要求提高工資或減少工時等調整事項之勞資爭議，宜循勞資爭議處理法第 6 條所定之程序辦理，始為正途，原告遽向本院起訴，於法未合，不應准許……」（註 1）。

本文認為，是否為權利事項之爭議，如同訴訟標的之認定一樣，應依當事人之主張認定之，而非依法院判斷之結果認定之，詳言之，如當事人主張其權利或作為及不作為義務具有「法源」〈法令、協約、契均、工作規則……）依據者為權利事項之爭議，反之，如其主張其權利或義務現無「法源」依據，而欲新訂或變更「法源」者為調整事項之爭議，「有」或「無」法源依據應依當事人之「主張」來認定。在本案中，工友「主張」其本於民法上僱傭契約所成立之不定期勞動契約，每週服勤時間五天半之 44 小時，學校不得引用「行政命令」強制其值夜輪班，即當事人「主張」其依「僱傭契約」有「不作為義務」，依此

「主張」應屬「權利事項之爭議」，並非「調整事項之爭議」。上述判決謂「兩造本於僱傭契約所生之權利義務並無不明確」，係其判斷之結果，並非當事人之「主張」無不明確，已有不當。判決又謂「原告指上開管理規則，應不包括正常工作時間以外之值夜輪值工作云云，乃屬勞動契約解釋問題」，既屬「勞動契約解釋問題」，尤可證明係「權利事項之爭議」，何能謂其係「勞動條件應如何調整之勞資爭議」？

這些問題，如不加以澄清，則當事人將喪失法院從「實體」方面去判斷勞工究否有作為或不作為之義務，影響勞工之權益至鉅。勞動法法源之研究將有助於此方面之澄清。

(二)決定勞動裁判規範及行為規範

當然，研究勞動法法源之「功能期待」，絕非僅依存於上述「權利事項爭議」與「調整事項之爭議」之分類，縱使勞資爭議處理法刪除此種分類，勞動法法源之研究也有助人民瞭解或預測勞工法庭可能或應依據何種「規則」或「規範」進行裁判，在多樣之勞動法法源中決定其適用

順序，此堪稱爲「裁判規範」之功能。

再者，最爲重要的，勞動法法源之研究，有助於勞資雙方瞭解自己的權利或義務，亦即，透過勞動法法源之研究，使勞資雙方得知那些「規則」或「規範」得作爲權利、義務之依據，以及如何運用這些規則來實現權利，進而知所進退，形成權利與義務均衡之和諧狀態，此則屬於「行爲規範」之功能。

有關法源之「裁判規範」及「行爲規範」之功能，鮮見下節進一步說明。

（三）解決各法源之適用關係

在勞動法領域，具有其他法律領域所無之多樣法源，如何決定各法源之間之位階關係、適用順序，特別重要，其適用關係與傳統民法亦有所不同〈例如，有利原則之運用〉？本論文之研究，正可提供解決這些問題之參考。

二、研究方法

本文在研究方法上，以「理論與實務」並重爲目標，在理論方面參考日本、德國及我國學者之論述，在實務方面，即一方面儘可能的收集關於勞動訴訟之判決〈約二百

份），並從中挑選與「法源論」有關之判決，作為分析、論證之素材，另一方面，也參與有關之座談會〈工作規別方面 6 場，團體協約 1 場〉，期能在了解實際問題的基礎上進行論述，並有俾益勞工問題之解決。

其中，最感困難者為章節之安排。首先，如根據傳統民法法源論之安排，不外「法律、習慣、法理」三者（參考民法第 1 條、瑞士民法第 1 條），再加上判例、學說，如此，顯無法適應勞動法法源之多樣性，即：勞動法法源中合有豐富之「自治法源」，其中，有團體法性質的團體協約，也有個別法性質的勞動契約、工作規則，甚至雇主之指揮權，其豐富地已超越「制定法」（法律）之份量，也非在「自治法源」之章節中可以安排，因此，在指導教授之指導下，經多次斟酌，決定將各種法源均以獨立章節來論述，這也是德國及我國勞動法學者（註 2）常用的安排方式。解決此章節安排問題，可說是在看資料及寫作過程中，反覆推敲、花費甚多精力、時間之重大工作，當此題，基本克服後，寫作工作始得以較順利進行。

此外，好幾年來，社會主義國家不問是東歐、蘇聯、中國大陸的變化很大，也隨著海峽兩岸形勢之變化，讓我

們有機會接觸社會主義的制度及實況，並以此作爲借鏡，
比較有關的勞動法問題，而能有更深刻之體認。

注釋：

註 1：台北地方法院 78 年度勞訴字第 17 號判決。

註 2：Hanau/Adomeit，Arbeitscrecht，S.29；Zöllner，
Arbeitsrecht, S.62ff；陳繼盛教授，勞資關係，第 8
頁以下；張志銘教授，轉型期中勞動立法的調適之道，
載「理論與政策」第 3 卷第 3 期，78 年 4 月，第 45-
47 頁。

第二節 法源基本理論

一、法源之意義與功能

(一)意義

人們常提及「法源」（source of Law, Rechtsquelle）之用語，但其意義卻異常分歧。基本上，至少有下列五種用法：①法的存在形式，即：爲了具體認識之目的，觀察法以如何之形式被形成、被表現（註1），此種意義之法源意味著在法之解釋適用時，解釋者或法官得援用或作爲依據之法規範形式。其表現之形式有制定法、習慣法、判例、學說等（註2）。此種法源觀，各家所用之用語雖不盡相同，例如，Pound 謂「法的形式」（forms of Law）、Lehmann 謂「法的現象形式」（Erscheinungsform）、Duguit 謂「國家意思的發現形式」、Esser 謂「法的認識源」，但均屬於從「法的認識手段」或「法的表現形式」以理解法源（註3），爲最普遍之用法。②法社會學用法之法源，旨在探究創造法的原動力或法的成立原因。依此方

向，道德、習慣、宗教及其他社會規範、外國法、判例、學說等俱應認為法源（註4）；③法哲學傾向的法源，相當於傳統法哲學文獻上探討「法的效力根據」（die Geltungs-gründe des Rechts）之問題，例如，自然法論者認為自然法係法源，Austin 論者認為「主權者之權力」為法源（註5），雖 Salmond 稱此為「實質的淵源」（material sources)（註6），但此種法源論似已超出實證法之範疇。④歷史的法源（source historique），探討法規範、法制度、法體系的歷史由來，例如，債權人之撤銷權制度（我民法第二百二十四條之規定）之「法源」為羅馬法中之 Actio Paulina（註7），⑤甚至，極為形式的看法，從「資料」的角度看法源，認為法令集、判決錄、立法理由書俱為「法源」（註8）。面對這麼多「法源」之用法，如何選擇適當之用法？本文認為，此並非對錯或是非之問題，而係目的或功能之問題！亦即，根本上應從我們是為了追求什麼目的或功能，而來探討法源，也就是說，我們只能相應於我們的目的，摘取一種法源的意義，而將其他意義的「法源」留給其他目的之論者去探討。由於本文之目的僅在探討勞資間之權利義務關係，即：勞資間得根據什麼規

範而獲得其權利或負擔義務？如發生爭議，訴諸法院時，法官得根據什麼規範判決？因此，本文僅能摘取第一種意義之法源，兼或少許顧及第二種即「法社會學」意義之法源。詳言之，基本上係站在法的解釋、適用之實證法立場，來探討法源，但亦非極端的實證法，完全不顧及法律漏洞之補充、「司法造法」、「活的法律」（註9）。在此種目的或立場下，本文擬集中探討各種可能「得作爲裁判之大前提之規範」，並以之作爲法源之意義（註10），以替代「法律的存在形式」（註11）等，對本文而言較非實用之法源定義。

當然，本論文在研究範圍方面，凡是與「法源問題」有關者皆加以研究，並不以直接得作爲裁判大前提之法源爲限。因此，在行文中對法源一詞之使用，有時兼指非直接得作爲裁判大前提之法源，先予敘明。

將法源集中在探討各種可能「得作爲裁判大前提之規範」，具有何種特殊的功能呢？以下進一步探討。

(二)功能

其實，從法源之意義即可知，法源具有裁判規範及行

為規範之功能，以下分述之：

1. 裁判規範之功能

　　將探討法源之重點放在「得為裁判之大前提之既成一般規範」之前提是，將裁判認為是一種邏輯歸攝（subsumption）的三段論法，即：以法律或其他法源作為大前提，而以事實認定後之事實為小前提，因小前提與大前提之條文中之構成要件該當，而推論出結論即為判決主文（註12）。當然，以這樣的意義或定義了解法源，也可以說是從目的、功能的角度，所作的權宜之計。此種設計之目的，在於想控制（control）裁判，以提高其安定性及預測可能性，亦即：近代法源論將法官於裁判具體案件時應依據之法規範局限於一定範疇（category）（例如，法律、習慣），藉以限制法官之裁判恣意。

　　裁判過程到底是純三段論法的邏輯推論？還是不能避免先有結論，再去找理由？傳統上將裁判當作一種運用三段論法的邏輯推論過程，往往過於「樂觀」，事實上，邏輯以外的「直觀」、「靈感」等思考心理學上之因素，也扮演著決定性的功能。我們可以自然科學史上關於科學的

發現加以說明，例如，牛頓及伽利略之偉大，沒有疑問地，有一半來自其「天才的直觀力」，但他們並未停留在藉直觀而得到之思想之階段，而是藉「事後」的實驗及邏輯推敲，進一步形成經驗上可驗證之理論；因此，邏輯之最大實用價值在於，將經由各種「心理泉源」所得到之思想，作事後之整序，使其真偽及妥當性有檢證之可能性，經過事後嚴格推敲、整序，在無數思想中，只能保留極其少數，其他大部分均經淘汰，因此，實現「邏輯是正確的思考法則」的，應是「邏輯對思考所產生之命題給予事後之檢定」，而非「邏輯導正思考的現實過程」（註13）。在法律推論的領域，在「簡單」之類型（如侵權行為、殺人……）中，固然三段論法的邏輯推論，仍扮演相當的角色，但在綜合數問題的「複雜」類型中，可能必須交互運用邏輯推論及法的直觀力，才能處理一個複雜的案例。

　　法源扮演著法的直觀之「思想庫」的角色，訴訟當事人、律師可以從此思想庫中，摘取各種攻擊防禦方法，法官便以邏輯推論來檢定這些攻擊防禦方法，「去蕪存菁」，完成他的判決。因此，對各種法源愈有研究或掌握的當事人（尤其是律師），愈能提出攻擊防禦方法，愈能提供更

多的裁判大前提，愈能提高勝訴之機會。詳言之，掌握、理解愈多法律，有能力提出較多之相關法條、運用較多的解釋方法（註 14），提出攻擊防禦方法，使自己接近有利於自己之法條，趨避不利於自己之法條；掌握、理解愈多的法律補充方法（註 15），可以在法律無明文規定的情況下，具體化出法律明文規定以外的裁判大前提，供法官作有利於自己的判決；此外，對憲法基本權利之第三者效力（Drittwirkung）及如何運用民法概括條款發揮憲法在私法中之規範效力（註 16）有了解之人，也可運用憲法此一法源，作為攻擊防禦方法，作為裁判之大前提之一（註 17），促使法官作有利於己之判決；另外，能夠舉證習慣此一法源存在之人，於認知無法律規定之情形下，有能力引用習慣作為攻擊防禦方法，供法官作為裁判之大前提；至於，運用 " 法理 " 此一補充性法源更需高度法律素養及具體化能力，有能力的人才有辦法提出此類攻擊防禦方法，提供「法律以外」之大前提，供法官判決之採酌。

2. 行為規範之功能

子曰：「聽訟，吾猶人也，必也使無訟乎」，上述從

裁判之大前提及攻擊防禦方法來論法源之功能，均屬於權利爭訟之環節，應非法源研究之最高尚目的，法源研究之最高尚目的應在「止訟」，使雙方當事人根據法源，意識到彼此間權利或義務之界限，而有所遵循。筆者於觀看法源論之文獻時，在勞動法方面，看到有人使用 rechtliche Gestaltungsfactoren（註 18）這一名詞，而感覺良深，因為，從字面而言，可譯為「法律的形成因素」，也可譯為「權利的形成因素」，前者偏重於法源本身，從者則表示法源正是權利之形成因素，如果當事人熟識各種法源，即可明瞭其與相對人間之權利義務，也可明瞭如果發生訴訟，雙方各有何攻擊防禦方法，以及法官可能以何種裁判之大前提進行裁判，從而，發生「止訟」、「無訟」之作用。

　　傳統的觀念，將權利義務之依據狹義地僅依據法律，本文則強調，法律明文規定以外的其他法源，亦係權利、義務之依據及權利之形成因素。只不過，一般人對法律之認識已有不足，何況是對其他法源之認識，律師之任務，應在協助當事人了解法律及其他法源。在勞動法方面，勞資爭議處理法第四條第二項將「權利事項之爭議」，定義

為「勞資雙方當事人基於法令、團體協約、勞動契約之規定所為權利義務之爭議」，正表示法源即法令、團體協約、勞動契約係權利事項之形成因素，而且，應合併適用民法第一條，認為勞資間權利之形成因素或權利事項之依據，尚包括習慣及法理、工作規則，而非僅指法令、團體協約及勞動契約。

二、法源論之發展與變遷

從以上之說明，可知法源不只是「法律」而已，還包括法律未規定時，得依習慣，甚至法理等法源而爲裁判（民法第一條）。此種承認法律欠缺（法律未規定）及得依法律以外之法源作爲裁判之依據，可謂係自由法運動針對概念法學之弊病，而提出批評所獲致之文字化之結晶（註19）。

按近代三權分立的原理，即在利用民意機關制定的「法律」來控制司法機關的裁判，防止法官的恣意，依孟德斯鳩的說法，判決必須是法律之嚴格的拷貝（註20），此種思想，形成十九世紀法國私法學界所謂的古典派，認爲法律解釋之基本原理，不外乎在探究立法者明示或可推定之意思，爲了探究，應遵守嚴格的邏輯方法；而法典則爲被寫下來的理性（la ralson écrite, ratioscripta），無須其他法源補充的排他的、封閉的法源（註21），不承認習慣法及衡平或更高的理想爲法源，德國雖晚法國近百年才統一法典，但在十九世紀也發生類似法國概念法學的情

19

形，認爲任何問題均可「依概念而計算」（Das Rechnen mit Begriffen），爲形式邏輯的操作，而得到解答。耶林（Rudof von Jhering）首先對概念法學提出批判，而引發自由法運動，對法源之看法及法律適用，產生革命化之影響。按概念法學與自由法論之主張，其根本不同在於：①法源：概念法學認爲國家的成文法是唯一、排他的法源；自由法論則主張除法典外，應爲「科學的探究」社會生活中「活的法律」（lebendes Recht）、「社會團體的內部秩序」（die innere Ordnung der gesellschaftlichen verbande）等法源，②法律的欠缺：概念法學主張「法律體系邏輯的封閉性」（die logische Geschlossenheit des Rechtssystems），不承認法律欠缺或漏洞存在；自由法論則承認法律欠缺或漏洞之存在，爲填補漏洞，必須科學的探究活的法律。③法律適用：概念法學偏重形式邏輯之操作、輕視目的思考及利益衡量或將實際上所爲之目的思考隱藏謂係邏輯操作；自由法論則重視目的思考及利益衡量，將其正當化。④裁判的創造機能：概念法學禁止或不承認裁判中之法的創造（Rechtsschoepfung）；自由法論則認識裁判的法的創造機能，認爲在法之欠缺、漏洞或不明

確時，得為自由法的創造，依據三權分立的原理，法官當然受法律拘束，但僅限於法律本來預想之生活關係，在預想以外之案件中，法官則須科學地認識社會事實，綜合考慮法秩序之內在統制目的，依自己之確信而為裁判。⑤實踐性格：概念法學認為法律解釋屬純粹認識之問題，不具實踐性格及價值判斷；自由法論則明白承認法解釋學的實踐性格及價值判斷（註 22）。

　　從自由法論針對概念法學所主張法源論之批評，帶給我們如下之啟示：在權力區分的制度下，司法應尊重立法機關制定之法律，以它為主要、優位的法源，在適用、解釋法律時，也應尊重「概念」；但另一方面，也不得不明白承認，法律時有欠缺或漏洞，當確有漏洞時，必須依其他補充性法源來裁判，而且，法律之解釋、適用難免存有價值判斷因素，惟有明白承認它，始有提高檢證、批判可能性，從而使它更為客觀，法學方法論中所提法律補充及法律解釋之方法與規則，即係控制補充性法源之適用及法律解釋中之價值判斷之方法，這是法源論之變遷，我國民法第一條關於法源之規定，即係此種變遷結果之表現，以下略述民法第一條之規定並引申至勞動法。

三、各種法源及其適用順序

(一)民法第一條之規定

民法第一條規定,民事,法律未規定者,依習慣,無習慣者,依法理。依此規定,法源有法律、習慣法、法理三種,且其適用順序依次為法律、習慣法、法理,只有在無上位階之法源時,下位階法源始有適用之餘地,以下說明之:

1. 法律

在權力分立的政治體制下,立法機關制定的法律是首要且壓倒性的法源。憲法第八十條規定「法官依據法律、獨立審判……」;在民事方面,民法第一條規定「民事,法律未規定者,依習慣,無習慣者,依法理」,均表現出法律是首要且壓倒性的法源。就「法律」之規定而言,須意識到「任意規定」與「強行規定」之區別,其區別在於當事人得否依其意思或「合意」而排除或修正相關法律規定之內容,「任意規定」得被排除或修正,反之,「強行規定」則不得排除或修正(註23)。此種分類,在法源論

上實具有重要意義。肯認民事法律多為任意規定（尤其是債權契約方面），使私法自治有絕大的空間，是資本主義法律與社會主義法律的重大不同之一，也是「私法」在整個法律體系中之特色。在法源論中之意義，則決定了規範適用之位階性，即：強行規定優先於契約、團體規約，契約、團體規約優先於任意規定。圖示如下：

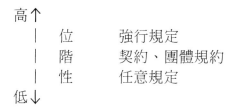

高↑
　｜　位　　　強行規定
　｜　階　　　契約、團體規約
　｜　性　　　任意規定
低↓

　　勞動法尤其是勞動保護法，相對於民法，則顯然多屬強行規定，而乏任意規定。這些強行性的法源其位階當然高於勞動契約，但比較特殊的是，勞動法的強行規定只是「片面」的強行性，根據「有利原則」，當勞動契約之約定較勞動法有利於勞工時，勞動契約仍有優先效力。

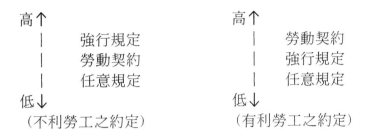

(不利勞工之約定)　　　　　(有利勞工之約定)

2. 習慣法、習慣

　　習慣法是指人人對之有法的確信之事實上的慣行。習慣法之成立要件有兩個：即 (1) 事實上的慣行及 (2) 人人對之有法之確信（Rechtsüberzeugung）。在這個定義上，習慣法與習慣之區別點全在於「人人是否對系爭的習慣有法的確信」上，如有，它即已演變成習慣法，如無，那麼它仍僅是習慣（註 24）。在這樣的區別基礎上，產生下列不同的法律效果：　①習慣是「事實」，依民事訴訟法第二百七十七條規定，主張該習慣之人負有舉證責任（註 25），習慣法為法院所知者，應依職權逕行適用，如為法院所不知，依民事訴訟法第二百八十三條規定，以其適用為有利之當事人，負陳述並舉證之責，　②習慣為社會之慣行，習慣法則為國家（法院）所承認，　③習慣須當事人援用，法官是否以之為裁判之大前提，仍有斟酌裁量餘地；習慣法

則法官有適用之義務，如不予適用，其判決當然違背法令
（註 26）。

　　我國學者均承認習慣法為法源之一，但有關民法條文
規定，均只有「習慣」二字，而無關於「習慣法」三字之
規定，於是，在說明「習慣法」時，①通說（多數說）認
為：民法第一條所稱之「習慣」係指「習慣法」而言，單
純之習慣上非法源（註 27），如依此說，習慣只能借用其
他法源〈如默示合意〉發揮功能；②少數說則認為民法第
一條所規定之「習慣」只是事實上之慣行為法源之一種，
而所謂「習慣法」則為同條所規定「法律」之一種，即
「法律」包括「制定法」及「習慣法」（註 28）。此說使
得「法律」過於擴大，是其缺點。

3. 法理

　　「法理」是民法第一條規定的補充性法源，適用順序
在法律與習慣之後。何謂法理？有各種不同的說法，包
括：「自然法」（註 29）、「法律通常的原理」（註 35）、
「事物之理」（註 36）、「自法律根本精神演繹而得之法
律一般原則」（註 37）、「自法律精神演繹而出之一般法

律原則，爲謀求社會生活事物不可不然之理」（註38）。
實則，依民法第一條之規定，法理之基本功能，在於補充
法律及習慣之不備，使執法者自立於類似立法者之地位，
尋求就該案件所應適用之法則（Rule），以實現公平正義，
調和社會生活中各種利益，上述各種說法，均係同一事物
之名稱（註39），只是說法微異，其實質並無多少不同。

　　以「法理」作爲法律、習慣不備時之補充性法源，係
自由法運動對概念法學批判後之成果，將此種「意識形
態」（ideology）表現地最「露骨」的應是瑞士民法（註40），
該法第一條第二項規定「本法未規定者，審判官依習慣。
無習慣者，依自居於立法者地位所應行制定之法規判斷
之」。另，奧國民法第七條規定「無類推之法規時，應熟
思審慮，依自然法則以判斷之」，德國民法草案第一條
「法律無規定之事項，準用關於類似事項之規定，無類似
事項之規定時，適用由法規精神所生之原則」，各個法典
所稱「自居於立法者地位所應行制定之法規」、「自然法
則」、「由法規精神所生之原則」，與我國民法第一條所
稱之「法理」，其基本功能均相同，實質意義應無差別
（註36）。

以上對法理之定義，僅說明了法理之「功能方向」，並未對吾人提供具體之消息。因此，欲運用法理處理民事問題，尚須進一步從法理此一泉源庫設法具體化出「得作爲裁判之大前提」之一般規範。否則，適用法理「自由」地太過分，變成漫無標準，流於主觀，形成裁判之恣意，亦非法治國與權力分立之旨。

固然，法官不得因無法律規定而拒絕審判，但在無法律（又無習慣）之情形下，通常法官會以「於法無據」或「法律未設規定」爲理由，駁回原告之訴或被告之抗辯，此種「於法無據」或「法律未設規定」之判決，在方法論上屬於反面推論（Umkehrschluss）之判決，法官不至於被逼成「拒絕審判」之窘境。因此，民法第一條所規定「法律未規定」及「無習慣」而依法理之情形，在實務上，必須法官在「價值判斷」上非以「於法無據」駁回一方之請求或抗辯時，始有依「法理」裁判之可能，因爲依「法理」而裁判，須有相當之「論證」及「造法」能力，若法官缺乏此方面之訓練及創造力，一般多以「於法無據」爲由形成判決。當然，律師的論證及造法水準，具有引導法官的功能，若律師水準不能提高，自然影響裁判品質。故

事實上，依「法理」而判決，無寧相當有限（註37）。

　　法官在何種狀況下，始會放棄「於法無據」之判決而依法理判決？以下從理論及裁判心理的角度加以說明。在理論上，係在確認法律未規定係出於立法者的疏忽、未預見或情勢變更所致，即存有法律漏洞之情形（註43），法學方法論中強調以科學方法就漏洞為法律補充，其補充結果所形成之裁判之大前提，誠屬補充性法源，此種非法律規定之法源，應歸類為民法第一條之「法理」。其次就裁判心理學的實況而言，美國現實主義法學者 Jerome Frank 曾謂「從法源而為邏輯演繹以確保法的安定性，係無事實根據之神話」、「現實中引導判決作成之過程並非邏輯演繹，法律及邏輯只不過是事後之正當化而已！」（註44），此種說法在法有明文規定之情況下雖有些過分，但在法無明文卻「同意」適用法理，尤其是法理之運用尚未具體化到類推適用之情況下，則有相當道理。至少，在此過程中，具有相當成分之價值判斷。在勞動法領域依據「法理」加以裁判者亦有之，本文將在第九章列舉實例加以說明。

(二)民法第一條規定以外之法源？

　　除了民法第一條所明文規定之法律、習慣、法理三種法源以外，是否即無其他法源尤其是得作爲裁判之大前提？由於民法第一條之功能主要在於「宣示」法律存有漏洞時，得依習慣或法理爲裁判，並未列舉一切之法源，故依通說所見，除了民法第一條所列舉之三種法源以外尚有其他法源，常被提起者包括契約、行政命令、甚至條約，其均有機會成爲「局部的」法源，有必要提出探討：

1. 契約、團體規約

　　在私法自治原則的肯認下，當事人間的契約（或其他法律行爲）、團體規約、法人章程，基本上，爲當事人間具有相當於法律之效力，其效力來自私法自治之授權（註40）。因此，契約等規範實具有雙重身分，其一爲法律規範，其二爲法律事實。這些規範、法源，可以說是立於私法自治，將法律「權力下放」之成果（註41）。性質上屬於自治的法源。在勞動法法源方面，勞動契約、工作規則、團體協約、雇主指揮權、工會章程等均係當事人間自治的法源。此種自治的法源在勞動法領域特別豐富，誠爲

勞動法之特色。

2. 行政命令、自治法規

通說認爲，民法第一條所稱之「法律」指廣義的法律，不僅指立法院通過、總統公布的法律（憲法第一七〇條），並且，包括民事事項的各種行政命令、規章、自治規章。即中央各行政機關依其法定職權或基於法律授權訂定的法規命令（中央法規標準法第七條），包括在民法第一條所規定「法律」概念之中。例如，土地登記規則、土地及建築物設定抵押權登記辦法均屬之（註42）。

由於民法是私法，規範私權關係，相對於公法，在民事法領域之行政命令、規章較少，只有在涉及土地登記、法人尤其是公司管理時，有較多之行政命令、規章。相對於民事法，勞動法之公法性質，顯然濃厚得多，故行政命令、規章在勞動法中扮演著不輕之角色，例如，附屬於勞基法即有十四種附屬法規，還有，成冊之行政解釋，均爲主管機關執法之重要依據。

雖然通說認爲行政命令、規章雖包含在民法第一條「法律」之概念中，但其與「法律」畢竟有所不同，應受

「法律保留」原則（中央法規標準法第五條第二款：關於人民之權利義務之事項，應以法律定之）之限制，不得逾越「母法」之範圍。但法律應「保留」到何種程度，是一項值得從理論及實務加以探討之問題，本文將於第三章第四節詳論之。此外，地方自治團體所制定之自治法規，在省（市）稱為省市法規（憲法一一六條），在縣市稱為單行法規（憲法第一二五條），也有學者認為屬民法第一條所指之「法律」，但應注意其地方性（註43）。在勞動法領域，有名的「台灣省工廠工人退休規則」，即屬於地方性自治法規，但它也適用於台北市及高雄市。

3. 條約、公約

關於民事之條約是否為國內法的直接淵源？以及條約在國內法上的效力如何？學理上有各種不同的見解。有學者認為，依憲法第六十三條規定及第一四一條「尊重條約」的精神，我國對外所簽訂的條約，經立法院議決並公布後即具有國內法同等的效力，不僅拘束國家，而且拘束國民，對國民直接創設權利與義務，無需再經由特別立法程序，法院得逕行援用。條約內容與國內法相抵觸時，條

約具有優先效力，應優先適用條約的有關規定（註 44）。但也有認爲，須制定爲內國法後，始有直接拘束內國人之效力，較持平之見解，應係依條約之內容，分別定其效力（註 4 5），在勞動法領域，存有爲數不少的勞動公約及國際勞動組織之宣言，我國也批准了一些國際勞動公約（註 46），值得研究其與國內法之關係（註 47）。

註釋：

註1：碧海純一，法哲學概論，第 139 頁。

註2：本多淳亮，労働法の法源，載労働法總論，第 106 頁。

註3：以上參見，谷口知平、石田喜久夫，注釋民法⑴總則⑴，有斐閣，第 1 頁。

註4：本多淳亮，労働法の法源，載前揭書，第 106 頁。

註5：碧海純一，法哲學概論，第 139 頁。

註6：谷口知平、石田喜久夫，前揭書，第 2 頁。

註7：碧海純一，前揭書，第 139 頁。

註8：谷口知平、石田喜久夫，前揭書，第 2 頁。

註9：在勞動法，特別需要在實證法之立場帶點法社會學之觀點，以活的法補充實證法之不足。可參考，本多淳亮，労働法の法源，前揭書，第 106--110 頁。

註10：詳細資料，可參谷口知平、石田喜久夫，前揭書，第 2 頁；碧海純一，法哲學概論，第 140 頁；黃茂榮，法學方法論與現代民法，第 304 頁。

註11：施啓揚，民法總則，第 53 頁；洪遜欣，中國民法總

則，第 22 頁。

註 12：關於法律適用之邏輯結構及歸攝 (Subsumtion) 參見王
　　　澤鑑教授，民法實例研習叢書第一册基礎理論，第
　　　116 頁以下。

註 13：以上參見碧海純一，法哲學概論，第 141 頁。

註 14：關於法律解釋方法及其相互關係，參見王澤鑑教授，
　　　前揭書，第 130 頁以下。

註 15：關於法律補充，參見王澤鑑，前揭書，第 167 頁以
　　　下。

註 16：參見王澤鑑教授，勞動契約法上之單身條款、基本人
　　　權與公序良俗，載萬國法律，第 50 期，第 3-13 頁，
　　　1990 年 4 月 1 日出版。

註 17：在此稱「大前提之一」，是指：在案例中同時存有憲
　　　法、概括條款與契約、法律行為（如單身條款）等多數
　　　大前提，憲法只是其中之一。

註 18：參見 Zöllner, Arbeitsrecht, S. 61 以下。

註 19：關於瑞士民法第一條係自由法論之語言化結晶，可參
　　　考石田穰，スイス型法源イデオロギーの語言的結晶
　　　化，載氏著，民法學の基礎，第 57 頁以下。

註20：碧海純一，法哲學概論，第192頁。

註21：參見松板佐一，ジェニイの「解釋方法論」を顧み
　　　て，載氏著，民法解釋の基本問題，第367頁以下；
　　　碧海純一，前揭書，第193頁。

註22：以上自由法論及概念法學之區別，詳參，碧海純一，
　　　法哲學概論，第203-209頁。另有關法國 Geny 的自
　　　由法論，可參考松板佐一，前揭文。

註23：黃茂榮，法學方法論，第117頁。

註24：有關習慣法應備「慣行」及「法信」二要素，及其與
　　　習慣之區別，詳見，楊日然，民法第一條之研究，載
　　　法學叢刊，第15期，第41頁；施啓揚，民法總則，
　　　第55頁；黃茂榮，民法總則，第5頁。

註25：最高法院24年上字第1432號判例。

註26：以上參見楊仁壽，法學方法論，第250頁。

註27：參見王澤鑑，民法總則，第26-28頁；楊仁壽，法學
　　　方法論，第247、248頁；施啓揚，民法總則，第55
　　　頁；劉得寬，民法總則，第14頁。

註28：參見梅仲協，民法要義，第33頁（59年9月第10版），
　　　黃茂榮，民法總則，第5頁。

註29：王伯琦，民法總則，第6頁。

註30：楊日然，民法第1條之研究，載法學叢刊，第15期，第42頁；胡長青，中國民法總論，第32頁。

註31：碧海純一，法哲學概論，第168頁。

註32：楊仁壽，法學方法論，第176頁；李宜琛，民法總則，第9頁；洪遜欣，中國民法總則，第31頁。

註33：王澤鑑，民法實例研習叢書第二冊、民法總則，第29頁。

註34：同上註，第30頁。

註35：石田穰，民法學の基礎，第2、3頁。胡長青，中國民法總論，第32頁。

註36：參見王澤鑑，前揭書第30頁註五。

註37：另一方面，王澤鑑教授指出「現行民法體例嚴密，使用之概念甚為抽象，復多設概括條款，並容許類推適用，故須以法理作為裁判之準據者，實甚有限」，見氏著，民法總則，第31頁。

註38：關於法律漏洞，詳參王澤鑑，民法實例研習叢書，第一冊，基礎理論，第162頁以下；及黃茂榮，法學方法與現代民法，第308頁以；石田穰，法解釋の方

法，第 29-33 頁。

註 39：參見碧海純一，法哲學概論，第 143 頁。

註 40：黃茂榮，民法總則第 3-6 頁。

註 41：與大陸相較，目前大陸「私法自治」之比例較諸台灣
　　　地區仍然相當小，例如，依大陸民法、經濟合同法之
　　　規定，合同（契約）因違反政策、指令性計劃、平等互
　　　利原則、法律（強行規定多）、公共利益而無效；合同
　　　無效之機會多。

註 42：關於行政命令、規章屬於民法第一條「法律」概念之
　　　中，參見施啓揚，民法總則，第 54 頁。另參，黃茂
　　　榮，民法總則，第 4 頁。

註 43：參見黃茂榮，民法總則，第 5 頁，施啓揚，前揭書，
　　　第 54 頁。

註 44：以上參見施啓揚，民法總則，第 54 頁及前司法行政部
　　　53.3.2 台 53 函參字第 1450 號函及最高法院 23 年上
　　　字第 1074 號判例。

註 45：例如，1924 年載貨證券統一規定公約，並無直接拘束
　　　人民之效力，但 1946 中美友好通商條約即有直接拘束
　　　人民之效力，詳參姚瑞光，民法總則及第一條釋論，

載法令月刊，第四十一卷第 11 期，第五頁。

註 46：參見黃越欽主編，勞動六法，第 607 頁以下，中華民
國勞資關係協會出版。

註 47：詳見有泉亨，勞働基準法，第 32、33 頁；Hanau ／
Adomeit, Arbeitsrecht，S.46。

第三節　勞動法法源

一、勞動法法源之多樣性及其原因

(一)多樣性

　　相對於民法，勞動法具有一特別引人入勝之處，即勞動條件（Arbeitsbedingung）藉由一個內容多樣、豐富之「法律因素庫」（ein Arsenal rechitlicher Faktoren）而確定，其多樣性於其他法律領域中無從找到。此「法律因素庫」除了包含法律（Gesetz）及個別契約（由民法規定）以外，還包括勞動法上特別的集體形成工具（Kollektive Gestaltungmittel）：團體協約（Tarifvertrag）及德國法之企業協定（Betriebsvereinbarung），相同功能的形成因素還有企業習慣（betriebliche Übung），及由雇主指揮權（Weisungsrecht）、工作規則之形式所構成的單方決定權（einseitige Bestimmungsrecht）。此外，憲法也在勞動法律關係中，以一種強烈之方式，發揮其效力或影響力，其次，在勞動保護法之下，勞工行政機關之行政行為也具體

地對勞動條件之形成扮演份量非經之角色（註1）。

以下舉一實例說明勞動法法源之多樣性。

不適用勞基法之勞動者（如私立學校教師）於離職後，得否向雇主請求發給「服務證明書」並載明任職期間之起訖日？

關於此問題，台灣板橋地方法院在79年度勞訴字第9號事件中判決中提及諸多法源：『

①本件原告主張伊自72年8月1日起至7月31日止，擔任被告學校教師，嗣經參加台灣省教育廳所舉辦之公立國中候用教師甄選及格，轉任國中教師，經向被告辦妥離職手續，惟被告違法拒發離職證明書，致其權益受損；被告則以原告違約在先，被告並未同意其離職，依約自無發給離職證明書之義務置辯，兩造對原告於72年8月1日至78年7月31日間任教被告學校之事實均未爭執，應信為實在，是本件待論究者，端在原告是否有權中途離職，被告有無義務發給離職證明書等而已。

②謹按「人民之生存權、工作權應予保障。」「國家應保障教育工作者之生活」「國家對於國內私人經營之教育事業成績優良者，予以獎勵或補助」為憲法十五條、第

一百六十五條前段、第一百六十七條第一款所明定，而憲法規定人民之基本權利，旨在保障人民免於遭受國家權利濫用之侵害，然此基本權利之規定，得經民法上概括條款之具體化而實踐其規範效力，則為我國目前法律學者及實務上之見解，（見國立台灣大學法律係教授王澤鑑先生論著「勞動契約法上之單身款，基本人權與公序良俗」--載萬國法律雜誌第五十期：另見司法院第一廳 78 年民一字第 859 號函）合先敘明。

③查「教師擬於聘約存續期間內辭職者，須經學校同意，始得離職。」又「教師在聘約期限屆滿前違約離職者，在其聘約有效期間內，其他學校不得聘任」固為教育人員任同條例施行細則第二十條第一項後段及第二項所規定，暫不論該等條文是否與憲法並教育人員任用條例之規定相抵觸，揆之實際，本件原告因擬赴甄選獲聘之台北縣立明德國民中學任教，於 78 年 9 月 28 日向被告請辭，經該校校長批示：「按聘約第五條辦理」，而該聘約第五條：「教師因中途辭職，應於一個月前提出，經學校同意始得離職，但不發給離職証明書，並繳回聘書、當月及前月薪給，倘擅行離職，學校保有追訴之權。」參之卷附被

告學校人事室同日發出之「教職員工離職查核表」載明：「查姚明遠君現已申請辭職，請將在職期間應行清還事項詳為查核簽証，以便辦理離職手續為荷。此致教務處（教學組、註冊組、圖書館、教務主任）訓導處（訓育組、管理組、體衛組、訓導主任）總務處（庶務組、保管組、出納、總務主任）主計室」，該考核表均已經各單位負責人簽證，另原告78年8月份薪資及保險費合計新台幣37,991元亦已退還被告，有被告總務處出具收據存卷可稽，顯已證明原告於聘期中請辭，業經被告學校間接同意甚明，是續待論究者，厥為被告得否依約拒發離職證明。

④復按私立學校聘任教師，揆其於私法性質，係由教師於一定期間內為學校服勞務（管教學生或擔任行政事務等），而由學校給付報酬之契約，雖從形式上觀之，學校為沿襲我國尊師重道之傳統，名之聘約，實即相當民法上之僱傭契約，此雖與狹義之勞動契約因其有無主從關係，學者中或認兩者間稍有區別（黃劍青氏著勞動基準法第二章第三節參看），然其為廣義勞動契約之一種，要屬無可置疑。按現行勞動基準法（下稱勞基法）第十九條：「勞動契約終止時，勞工如請求發給服務証明書，雇主或其代

理人不得拒絕」，勞基法有關規定，依同法第三條規定，雖僅適用於農、林、漁、牧等行業，而不及於教育事業，惟本院既認兩造聘約爲廣義勞動契約之一種，有如上述，從而上開勞基法第十九條規定，於本件情形，要非不能準用，況另參之原告所提沙烏地阿拉伯勞工法、法國勞工法、瑞士債務法、日本勞動基準法、韓國勞動基準法，乃至我國工廠法第三十五條，莫不規定勞動契約終止後，勞工得請求雇主發給工作證明書，記載受僱期間、工作性質、職稱、工資等項（相當本件原告訴求之離職證明書），上揭外國立法例，實務上均認得視爲法理援用之，俱見原告訴求被告發給離職證明書，於法尚非無據。況回顧實際，據原告提出之台北縣政府 78 年北敎一字第 3071 號書函略開：「聘書僅能證明聘方願於某一時期內聘僱台端等人，並不能表示台端等人確切到離職起迄日期，故聘書不能爲年資計算之唯一依據，惟有原服務學校開具離職證明，方足作爲年資計算佐證。……離職證明爲經歷證件之一，故需檢附。」是原告若未能取得系爭離職證明，事實上無從於國中辦理敍薪手續，益見原告需此文件之迫切。

　　⑤雖兩造聘約第五條約定：「敎師中途辭職，經學校

同意始得離職，但不發給離職證明」，本院按：人民工作權應予保障，旣爲憲法明定，所謂工作權，包括人民有自由選擇其工作之權利（見管歐氏著中華民國憲法論第56頁），而近代各國憲法，多已明文承認此項自由權（張知本氏著憲法論第216頁），是人民選擇工作之權利爲民主國家國民享有神聖不可侵犯之權利，國家不得違反此原則，即國民私法契約亦無允許違背之餘地，依被告提出之空白聘書觀之，顯爲定型化之附合契約，揆之我國目前公立中等學校及較有聲譽之私立中學教師職位，爲一般青年所響往，得之非易，被告學校係爲紀念陳故副總統辭修先生而創設，於國內私校中享有相當之聲譽，以上均爲衆所咸知之事實，通常欲謀敎職者，若與學校相較，多屬經濟上弱者，爲期獲致應聘機會，惟有就上開定型化聘約爲願否應聘之取決，鮮有「討價還價」之餘地，是自難因原告簽字應聘，即認聘約內容縱有違法，亦能發生拘束力，復審酌該聘約第五條不發離職證明之約定，窺其眞意，旨在防阻敎師任意中途辭職他就，非但有違憲法保障人民工作權之初衷，亦違背公序良俗並我國歷來尊師重道傳統，依法無效，雖然原告中途離職，不免予被告學校敎學行政造成困

擾或損失，被告似非不得依法或依約請求原告賠償損害，其遽以不發離職証明書方式爲之，允非所宜。再按我國現今公立中等學校，其經費因有政府編列預算支應，無論教師之束脩、工作環境、福利保障、退休金之發給等均較私校爲優，是部分私校教師伺機轉往公校任教，本屬人情之常，惟如此不免影響私校之人事管理並敎學進度，是當前敎育主管機關對此種現象不乏治標之道，即如被告所提之「台北縣 78 年度國民中學教師甄選介聘委員會候用教師甄選須知」規定：「錄取教師如經發現有現職教師未經原服務學校同意自行離職者，均註銷其錄取及介聘資格」是其實例（按本件原告離職，業經被告同意，詳如上述）但查優良私校之協助獎勵與敎育工作者生活之保障，同爲憲法明定之基本國策，不宜偏袒一方而置他方不顧，是如何獎勵與補助私人興辦敎育事業，私立學校如何自行充實財力，改善教師工作環境，俾其各方條件不遜公立敎育事業，使私校教師樂於其職，安於其位，方爲根本之道，宜由敎育行政主管機關與私校共謀改善，但於此問題解決之前，自不宜全命身爲主要敎育工作者之私校教師承擔此項難題，或以不發離職證明，或於私校聘妥教師後方再舉辦

公校教師甄選……似均非上策。本件主要事證均已明確，兩造其餘主張或攻擊防禦方法，尚不影響本判決之結果，爰不另為論列，附此說明。

　　⑥據上論結，本件原告之訴為有理由，依民事訴訟法第七十八條判決如主文』（註2）。

　　姑不論上述判決之理由構成是否妥當（註3），在此判決中，法院提及下列各種「勞動法法源」，顯示勞動法法源之多樣性：

①憲法：第十五條（生存權、工作權）、一六五條前段（國家保障教育工作者之生活）、第一六七條第一款（對私營教育事業之獎勵）；

②民法：公序良俗條款（民法第七十二條）

③勞動基準法：雇主發給服務證明書之義務（十九條）

④行政命令：教育人員任用條例施行細則；

⑤勞動契約：聘約第五條、附隨義務，照顧義務；「學校同意教師離職」；

⑥法理：外國立法例。

⑦學說：王澤鑑教授論著「勞動契約法上之單身條款、基本人權與公序良俗」；

⑧實務上見解：司法院第一廳 78 年民一字第 859 號函；

在一個判決中，引用這麼多「法源」，是相當特殊的，可證明勞動法法源之多樣性或豐富性。當然，另有一些勞動法法源是前述判決所無機會提到的，包括團體協約、工作規則、習慣等等。但由此已可表明勞動法法源之豐富性。

(二)多樣性之理由

爲何勞動法有如此豐富之法源？其理由有兩方面：①由於勞動關係之性質（集團性、公法成分、從屬性、繼續性），②由於保護勞工之社會原則。以下分別說明之：

1. 由於勞動關係之性質

相對於一般之民法法律關係，勞動關係具有許多特別之性質，因而導致勞動法法源之多樣性，這些性質包括集團性、公法性質、從屬性方面：

(1)由集體性導出之法源

相對於民法關係係個人與個人間之關係，勞動關係具有本質上之集體性，勞工是一個群體，在一定時間，一定

範圍從事一定計劃下之勞動，為了規律集體所生之法律關係，必須有集體性之法源，包括團體勞動法、團體協約及雇主為劃一管理而單方制定之工作規則。這些由集體性所產生之法源，在民法關係中並不存在，此為勞動法法源之特色，且為勞動法法源豐富之原因。

另外，集體勞動有助於習慣之形成，團體協約，工作規則也與習慣互相助成。因此，相對於一般民事法律關係，習慣也成為勞動關係中實際而重要的法源。

⑵由公法成分導出之法源

勞動法具有強烈的公法色彩，尤其是勞動保護法，人們咸認其係公法（註4），主要的權利人是「國家」、義務人是雇主，受僱人則為「反射利益人」。既然國家是權利人，為了執法，勞工行政主管機關在職權範圍內發佈了許多行政命令、行政解釋，對雇主產生事實上之拘束力，例如，關於「調職五原則」（註5），「值班要點」（註6），均影響頗大，此些豐富而具有影響力之行政解釋，雖非直接之法源，但為間接法源，應在法源論中加以討論，相對於民法關係（註7），它可說是成為勞動法的「法源」，而豐富了勞動法法源。

⑶**由從屬性導出之法源**

在勞動法領域，勞動之從屬性（Abhängigkeit）經常被提出，包括「人的從屬性」、「經濟的從屬性」、「組織的從屬性」等說法（註8），關於雇主及其幹部對勞工日常工作中的指揮權（Weisungsrecht），就是勞工從屬性的表現，此種指揮權在西德勞動法領域，一般被提升為一項獨立的法律形成因素（rechtliche Gestaltungsfaktor）或法源之一，加以討論（註9），而非僅認為係契約內容之一，一筆帶過而已，由此更豐富了勞動法法源。

另外，為了行使指揮權，對於一些定型化之事項，雇主輒將其「管理規則」化，訂成書面的「工作規則」，在勞基法之控制下，發揮其規範功能，使工作規則亦成為勞動法法源之一。當然，不問是指揮權或工作規則均由雇主單方所制定，自屬不利於勞工，有待進一步從立法政策上以雙方團體協商代替工作規則，但目前之「實然」狀態卻不能否認工作規則係實際上運用最多之法源。

2.**由於保護勞工之社會原則**

上述提及由「從屬性」導出「指揮權」及「工作規

則」二種法源，常不利於勞工，正可以顯示出勞工需要特別保護之社會原則。

按近代勞工問題之發生，係以大量不擁有生產工具，純賴出賣勞力謀生之工廠生產制度為背景。詳言之，在工廠制度上，機器為資本家所擁有，勞工與生產工具分離，出賣勞力，賺取工資，養家活口，淪為資本之附庸，變成機器之奴隸，正所謂「機器一經轉動，大家即須工作，男工、女工及兒童們皆與蒸氣連鎖在一起。動物之機器與鋼鐵之機器互相結合，後者不知勞累，前者痛苦呻吟」（註10）。面對這樣工業革命後對勞工發生生存權的社會問題，產生了兩項截然不同的「解決」方法。其一，社會主義革命，在俄國等國家產生激進的共產革命，沒收私人資本，以公有制經濟實行其所謂「人民是主人之理想」（後來，造成生產力低弱，民生物資匱乏等問題），其二，在市場及私有經濟之基礎上進行社會化，在勞動法方面以下列兩個途徑實行保護勞工之社會原則：⑴由國家為勞動保護立法，介入勞動契約，⑵承認勞工之團結權，組織工會、運用罷工手段，以組織之勞動力量與雇主（或雇主團體）團體協商，爭取較佳之勞動條件。

　　不問是「勞動保護立法」或「團體協商制度」均形成了勞動法法源豐富性或多樣性之理由。前者，不僅在一般民事法律以外，產生了勞動保護法（如勞基法），即在「勞動關係法」（如勞動契約法正在修正）方面也在對民法進行社會化工作。後者「團體協商」方面，承認作為協商協約之團體協約具有「規範效力」，為勞動法法源之一種。並且，為了促成團體協商，也有團體協約法、工會法、勞資爭議處理法等團體勞動法之立法，與傳統之個別法，共同形成了多樣性的勞動法法源。這就是保護勞工之社會原則之成果。

二、勞動法法源之分類

　　在如上所述極為豐富、多樣的勞動法法源之中，各法源之性質或分類如何，有必要進一步探討，以上依各種不同標準，探討各法源之性質及分類：

(一)直接法源與間接法源

　　如依得否作為裁判之大前提之標準而言，可分為「直接的法源」及「間接的法源」，直接的法源包括法律、團

體協約、勞動契約、工作規則，習慣，得直接作為裁判之大前提；間接的「法源」包括憲法、行政命令、法理、判決、學說，本身不能直接作為裁判之大前提，必須以上述直接法源為「媒介」，間接發揮其作用。

(二)國家法法源與自治法源

如依是否依據當事人之意思而成立，可分為國家法法源與自治法源。國家法法源包括憲法、法律、行政命令，其成立係基於國家之集體意志（民意），而與個別當事人之意思無關；自治法源則包括團體協約、勞動契約、工作規則、雇主指揮權，其成立係基於當事人之意思，而非國家之意志（註 11）。當事人之意思又可分為雙方之意思及單方之意思，團體協約、勞動契約屬於前者，工作規則及雇主之指揮權屬後者。

(三)一般法源與次位法源

如依是否由他法源之授權而成立，可分為一般法源及次位法源，前者為法律、憲法，其本身為立法機構所制定，並非由其他法源授權而產生之法源，後者「次位」法

源如團體協約、勞動契約、工作規則係法律授權當事人自訂之法源（註12），只在授權之範圍具有相當於法源之效力，超出授權之範圍即無效力，不似一般法源具有普遍性。至於，像雇主之指揮權則係源自勞動契約，更是次位法源之次位法源。

(四)團體勞動法法源與個別勞動法法源

如依規範對象為勞工團體或個別勞工，可分為團體勞動法法源與個別勞動法法源，前者（團體）例如團體勞動法（例如工會法、團體協約法）、團體協約；後者個別勞動法法源例如個別勞動法（如勞基法）、勞動契約、工作規則。

由於勞工關係具有「集團勞動」之本質，因此，縱使是個別勞動法法源也有「集團化」之傾向，例如，工作規則規範之對象為「集團的」個別勞工；勞動習慣也是集團的、繼續勞動的產物。

三、勞動法法源之位階關係

　　如前所述，勞動法具有特別豐富之法源或形成因素，這些多樣的法源或形成因素構成一金字塔形的結構，此結構不能隨便以一種嚴格的等級結構加以理解，因為有些階層中的上層及下層間之關係被許多方式所弄鬆（註13），例如，由於承認「有利原則」（Gunstigkeits-prinzip）的存在，只要有利於勞工，下階層之法源優先於上階層之法源而被適用。

　　這金字塔的頂端是憲法。原則上，憲法享有優先於所有其他形成因素的效力。其次，是法律具體化了憲法之內容，再來是屬於自治規範之團體協約、勞動契約、工作規則，最後是雇主之指揮權、勞動習慣、法理。茲依其上下位階，簡易地排列如下：

```
┌─憲法
│
│ 法律(行政釋令)
│ 勞動契約
│ 工作規則
│
│ 習慣
│
└─法理
```

　　勞動法諸多法源間之關係如何？如果法源與法源間發生衝突，何者優先適用？以下分不同位階法源之關係及同位階法源間之關係，加以說明：

(一)不同位階法源之關係

　　不同位階法源之關係應依「位階原則」及「有利原則」加以處理：

1. 位階原則

　　所謂位階原則（Rangprinzip）是指較高位階（或較強）之規範優先於較低位階（或較弱）之規範。勞動法法源之位階高低，簡易而言，依次為：憲法、法律、團體協約、勞動契約、工作規則、雇主之指示，因此，一個違憲之法律、一個違反法律之團體協約、一個違反團體協約之勞動契約、一個違反勞動契約之雇主指示（eine vertragswidrige Arbeitgebeweisung）是無效的或至少效力是有疑問的，換言之，任何一種規範對其下位階各規範，具有控制機能（Kontrollfunktion）（註14）。「位階原

則」在憲法之規定（註15）是大家所熟知的；在勞動法之
領域，則分別見於勞基法第一條第二項（勞動條件不得低
於勞基法）、第七十一條（工作規則違反法令、團體協約
無效）（註16）及團體協約法第十六條前段（勞動契約異於
團體協約之部分無效），基本上，可說是位階分明。

2. 有利原則

不同位階法源間之關係，基本上也應同時適用「有利
原則」。所謂有利原則（Günstigkeitsprinzip），是指：當
較低位階（或較弱）之規範之內容，較有利於勞工時，該
較低位階（或較弱）之規範有優先效力。例如，在西德，
當僱主允諾給予勞工較聯邦休假法（BurlG）更多之休假或
較團體協約更多之工資時，此個別勞動契約上之承諾是有
效的；反之，當勞工自已同意維持低於法律之休假請求權
或低於團體協約之工資請求權，則為無效，此時，位階較
高（較強）之規範力優先，仍有位階原則（Rangprinzip）之
適用（註17）。因此，位階原則可以說是受到有利原則之
限制，即：位階原則適用於勞動法，精確言之，應係適用
於偏離勞工利益時；在傾向有利於勞工之範圍內，不適用

位階原則。

有利原則在我國勞基法之規定中並不明顯，僅能從第一條「最低勞動條件」、「不得低於………」之立法意旨中推論得知（註18），但在團體協約法第十六條後段則相對的明示「有利原則」，亦即：在我國有利原則並非絕對的，只有在該團體協約並無明文禁止之情形下，始有「有利原則」之適用（註19）。另有一項比較特別及一向較有疑義之問題為勞動契約與工作規則間之適用關係，也應以「有利原則」配合「位階原則」來加以處理，即：原則上勞動契約位階高於工作規則，但如工作規則有利於勞動契約時，工作規則仍有適用（註21）。

(二)同位階法源之關係

至於，同位階法源間之適用關係，則應依「代替原則」（Ablösungsprinzip）及「專業原則」（spezialität-sprinzip）加以處理，此時，有利原則並無適用之餘地（註21）。

1. 代替原則

代替原則（Ablösungsprinzip）相當於「後法優於前法」（lex posterior derogat legi prior）原則，即：當一個規範跟隨另一個規範產生，如有衝突時，後產生之規範優先適用。例如。當兩個團體協約或企業協定在相同效力領域（Geltungsbereich）相繼產生，則後者接替前者，縱使其對勞工帶來不利亦同（因此係協約自治之領域），但如後協約擬持續清償特別給付時另當別論（註22），此「代替原則」亦有學者稱為「秩序原則」（Ordnungsprinzip），即新規範優於舊的規範（註23）。

2. 特別原則

所謂「特別原則」（Spezialitätprinzip）是指：在相同位階之諸規範中，特別規範（speziellere Regelung）優先於一般性規範而適用，縱使其更不利於勞工時亦同（註24），例如，關於海商法海員之規定，應優先於一般勞動法。

四、法源與多種力量之均衡

　　勞動法具有如此多樣之法源，正代表各種力量或勢力在勞動關係中之角逐，也因此，各種法源之關係是一種動態的且互為消長之關係，因時代不同、社會不同變化。在此種動態關係中，雇主之力量表現在工作規則、指揮權，勞工之力量表現在團體協約，國家之力量則表現在勞動立法，三種力量「交戰」，形成各種法源之消長。

　　詳言之，工作規則（及指揮權）由雇主單方所制定，代表雇主之經濟力量及意志，為了保護勞工，國家以立法及容許工會以團體行動予以制約，表現在法源之位階關係中，工作規則及指揮權應受法律及團體協約之規範，即在雇主之力量外，以國家之力量及勞工團體之力量予以制衡（check and balance），如下面二圖所示：

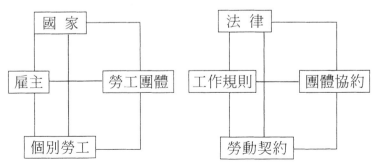

　　爲了呈顯此種多重力量之關係，可以社會主義國家之「單一」力量，作爲明顯之對照。在社會主義國家，實行計劃或中央集權經濟（Plan oder Zentralverealtungwirtschaft），生產工具成爲國家財產，勞工於國營企業工作，雖在形式上謂勞工是主人或勞工自治（Arbeiterselbstverwaltung），在勞動爭議權事實上被禁止（defacto verboten）、工會或團體協約雖亦有之，但其存在另有功能（mit anderer Fucktion）之實際下，有關工資及其他勞動條件均由實施計劃經濟之國家所決定（註 25），即：在法源論上，勞動條件由國家（即雇主）以法令單獨決定，無決定勞動條件之團體協約甚至勞動契約，其情形如以下二圖所示：

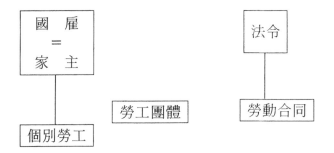

　　在國家即等於雇主的情形下，由國家單方所制定的勞動法令，幾近於雇主單方制定的工作規則，換言之，勞動

法令之性質、功能等於工作規則，除此之外，並無其他勞動法法源，而國家即為雇主，其本身涉及利益關係，已非站在勞工與「雇主」中間的制衡者，有關工作規則的問題也等於是國家法令的問題了，由此觀之，本文認為，多重及豐富的勞動法法源，正代表個人、社會及國家各種力量的角逐、消長與均衡，有其價值，國家應儘可能扮演「中間者」之角色，助各種力量能在適當時間、適當環境，取得適當之均衡，讓各種勞動法法源發揮其適當機能。

註釋

註1：Zöllner, Arbeitsrecht, S.62

註2：此判決於79年5月21日判決，判決後，雙方當事人於庭外和解，由校方發給離職證明書，由教師登報道歉及撤回訴訟。

註3：關於此判決之評釋，可參王澤鑑，雇主對離職勞工發給服務證明書之義務，載法學叢刊，第140期，第15頁以下。另參本文第九章第一節。

註4：參見秋田成就，勞働契約論，載於沼田稻次郎還曆紀念，昭和49年5月25日出版「勞働法の基本問題」下卷，第五一五頁。

註5：參見內政部74年9月5日(74)台內勞字第328433號函。

註6：參見內政部74年12月5日(74)台內勞字第357972號函。

註7：在民法領域，有關土地方面，地政主管機關也做了豐富之行政釋令。

註 8 ：秋田成就，前揭文，第 503 、 504 頁。

註 9 ： 參見 Adomeit, Rechtsquellenfragen im Arbeit-
srecht, S .99; Zöllner, Arbeitsrecht, S.68.69 。

註 10 ：參閱王澤鑑，勞工法之社會功能及勞工法學之基本任
務，收於民法學說與判例研究，第二冊第 352 、 353
頁。

註 11 ： Sijnzheimer 即將勞動法法源分爲國家的勞動法及自治
的勞動法，見氏著， Grundzüge des Arbeitsrecht,
楢崎二郎，蓼沼謙一譯， 51-60 頁。又有將勞動法法
源分爲「制定法」及「社會的自主法」，與上述分類
類似，參見本多淳亮，労働法の法源，收於氏著労働
法總論， 21 頁以下；又有將其分爲「由上制定之法」
（制定法）及「由下生成之法」（自主法及習慣），有
泉亨，労働法の法源，收於日本労働法協會編，新労
働法講座第 1 卷， 61 頁以下。

註 12 ：「次位法源」之用由，參 Dahm, Deutsches Recht,
S.36 ，引自黃茂榮，法學方法與現代民法，第 306
頁。

註 13 ： Zöllner, Arbeitsrecht, S.62 。

註 14 ：參見 Hannau/Adomeit, Arbeitsrecht, S.30; Schmid Grundzüge des Arbeitsrechts, S.39。

註 15 ：憲法第一七一條規定「法律與憲法牴觸者無效」第一七二條規定「命令與憲法或法律牴觸者無效」。

註 16 ：參見拙著「勞動基準法實用」第一冊，第 48 頁、9 1、92 頁。

註 17 ：參見 Schmid, Grundzüge des Arbeitsrechts, S.40; Hanau/Adomeit, Arbeitsrecht, S.30。

註 18 ：勞基法第一條第一項規定「爲規定勞動條件最低標準……特制定本法」，第二項規定「雇主與勞工所訂勞動條件不得低於本法所規定之最低標準」。

註 19 ：團體協約法第十六條後段規定「……但異於團體協約之約定爲該團體協約所容許，或爲工人之利益變更勞動條件而爲該團體協約所不禁止者爲有效」。

註 20 ：具體例子及說明，參見拙著，勞動基準法實用第一冊，第 76 頁。

註 21 ： Schmid, Grundzüge des Arbeitsrecht, S.40。

註 22 ： Hanau/Adomeit, Arbeitsrecht, S.30.31。

註 23 ： Schmid, 前揭書， S.40。

註 24 ： Hanau/Adomeit, Arbeitsrecht, S.31 。

註 25 ： Hanau/Adomeit, 前揭書，S.19ff 。

第二章 憲 法

第一節 憲法在勞動關係上
之法源地位

一、憲法與勞動關係

憲法之法源位階高於法律、命令，係國家之根本大法，但依傳統之理解，憲法包括其中之基本權利，係保護個別國民（Burger）以對抗國家權利之規定，除了憲法本身之例外規定（例如：西德基本法第9條第3項）外，於國民相互間，並無直接的「第三者效力」（Drittwirkung）（註1），不能直接適用於私法關係，職是，以「自由平等」為設想前提，規範國民間權利義務之民法，論者在其法源論中，多未將憲法列於其中，加以討論（註2），在民事案件中，法院不得直接以憲法之規定，作為裁判之大前提，一般人民也不自覺地感覺，憲法與民法似無多大關

係，但在國內民法學界，重視法學方法論之學者，在法律解釋學之主張中，強調及提醒人們，必須爲符合憲法之法律解釋（verfassungskonforme Gesetzesauslegung），即將「合憲性因素」，作爲法律解釋之因素之一，以發揮其「控制性之功能」（註3），此項見解，當屬正確及必要，但實際案例則並不多見（註4）。以勞動契約爲基礎所形成之勞動關係（Arbeitsverhältnis），基本上雖係一種民事法律關係，但卻與上述民法世界不同，在法源論方面，論者多將憲法列爲勞動法法源之一或勞動法之形成因素（arbeitsrechtliche Gestaltungsfaktor），加以探討（註5），在勞動法司法實務方面，涉及憲法之判決之比例，更是高於民法（註6）。爲何憲法此一最高位階之法源如此密切地介入勞動關係？關於此問題可從憲法功能之變遷、勞動從屬性及勞動法之公法成分兩方面來加以說明：

(一)憲法功能之變遷

按憲法係人類推翻專制政府，爭取民主憲政之成果。在十八世紀，人們所致力的，是由國家獲得自由權、平等權與財產權，認爲只要在這些方面免除專制政府之束縛，

個人即可憑自已之努力取得生活之資，國家「愈小」的干涉，個人即能獲得最大之幸福，在此思潮之下，憲法規範之對象為政府或國家，係極自然之事，憲法與個人（私人）自無任何關係。但隨著十九世紀工業國家的極端發展，產生貧富不均的社會問題，於是，要求承認每一國民皆應擁有最起碼之生存權利，國家應以「積極作為」來促使生存權實現之思潮乃漸漸出現，這種追求生存權、「維護人類尊嚴」之思潮，在德國「威瑪憲法」中表現得淋漓盡致，例如，該憲法規定「國家經濟制度應保障每個人皆能獲得合乎人類尊嚴之生活」（第151條），「國家應特別保障勞工之權利」（第157、159條）、「國民有獲得工作及失業救濟之權」（第163條），這些關於要求國家應有積極作為保障生存權之規定，使得威瑪憲法成為二十世紀的領導性憲法，成為各國包括我國憲法取材及模仿之對象（註7），其中，尤多直接關於「勞工」之規定，自然使得憲法必須密切地介入勞動關係。

(二)勞動從屬性及勞動法之公法成分

其次，憲法密切地介入勞動關係，亦與勞動從屬性及

勞動法之公法成分有關。

1. 勞動從屬性、社會權力

按勞動關係以其勞動從屬性（Abhängigkeit）而有別民法上之僱傭關係，所謂「勞動從屬性」包括「人格的從屬性」（persönliche Abhängigkeit），勞工在工作期間內將自由權交與雇主支配，由雇主決定勞務給付內容，雇主對其並有秩序上的懲戒權；從屬性也包括「經濟上的從屬性」（wirtschaftliche Abhängigkeit），勞工被置於雇主之經濟組織及生產結構，為雇主而勞動，雇主享有管理權、支配權（註8），在這種從屬性的現實下，雇主可以說處於一種「社會權力」（soziale Macht）者之地位（註9），此種社會權力時時支配著勞工或影響勞工，其對勞工個人可能造成之侵害，並不亞於國家權力，因此，有必要依賴憲法保護勞工，以免除雇主之社會權力之侵害。

2. 公法成分

公法與私法之區別係重要而歷史悠久的法律分類，基本上，公法係規範權力者與服從者之關係，私法則為規範

對等者間之關係。公法既以規範公權力為對象，則憲法介入公法領域，或公法領域以憲法為重要法源，係理所當然之事；反之，由於私法與公權力無關，故憲法自少有餘地介入私法關係。然而，勞動法之出現，使得傳統上公法與私法分類之法律體系發生動搖！究竟勞動法為私法或公法，並非可以簡易地一刀切開，它仍然在調整中。大體而言，勞動法係由多數法律所組成，它以規範勞動關係之法（如勞動契約法）為基礎，即基本上係私法，但又以「公權力」為基礎之勞動保護法進行「社會化」工作，此部分具有公法性質（註 10），從而，形成所謂私法與公法之雙重性(Dualismus öffentliches Recht/Privatrecht)(註 11)，勞動法既帶有「公法成分」(öffentliche Elemente) 並涉及公權力，自然使憲法密切介入勞動關係。

二、有關規定及其具體化

如上所述，憲法密切介入（或規範）勞動關係，在勞動法法源中占重要之地位，為金字塔形之勞動法法源之頂尖，但由於憲法之規定過於簡略，一般而言，究非民法第一條所稱之「法律」，它並無足夠具體化之構成要件，不

得直接作爲裁判之大前提，因此，它雖是法源的「法源」，卻非直接法源。憲法的價值要在勞動關係中獲得實現，尚須進一步的進行具體化工作，包括：①依據憲法之委託，進行勞動立法工作，②勞動立法後之法律（及行政命令）應具備合憲性，③基本權利之規定透過所謂「第三者效力」(drittwirkung) 之理論或公序良俗條款對勞動關係發生作用。

這些「具體化」工作，本文將於第二、三節中加以探討，在此，擬先將憲法中與勞動關係有關規定加以臚列、分類，以取得鳥瞰作用：

(1) 基本權利之規定：

工作權（第十五條）、生存權（第十五條）、結社權（第十四條）、平等權（第七條）、言論自由、其他自由（第二十二條）。這些規定，和西德基本法上所規定的平等待遇(Geleichbehandlung)、意見自由(Meinungsfreiheit)、結社自由 (Koalitionsfreiheit) 、婚姻及家庭之保護(Schutz von Ehe und Familie)(註12)，基本上是類似的。

(2) **憲法結構性原則及綱領性條文**（註 13）：

前者如「民生主義」原則（第一百四十二條），後者計有：國家應制定保護勞工之法律實施保護勞工之政策（第一百五十三條第一項）、女工童工之特別保護（第一百五十三條第二項、第一百五十六條）、充分就業（第一百五十二條）、勞資協調合作原則及調解、仲裁（第一百五十四條）、社會保險（第一百五十五條）。在西德基本法中所規定之「社會國原則」（Sozialstaatsprinzip）及「人的尊嚴」（Würde des Menschen）、「人格的發展」（Entfaltung der Persönlichkeit）等原則或綱領，在勞動關係中對法律解釋及立法均發生實際而重要的影響力，例如，有認為勞動法中之「照顧義務」（Fürsorgepflicht）即係此些「憲法原則」（Verfassungsprinzipien）之具體化及價值實現（註 14）。在我國，對憲法原則之具體化意願及能力，顯尚乏經驗。

綜上所列，可知憲法之規定涉及勞動關係者，較者其他法律領域，可謂十分豐富。

註釋：

註 1： Schmid, Arbeitrect, S.33, Hans Brox, Grundbe-griffe des Arbeitsrechts.

註 2：施啓揚，民法總則，第 53-58 頁；洪遜欣，中國民法總則，第 22 頁以下；黃茂榮，民法總則，第 3 頁以下。

註 3：例如，楊仁壽，法學方法論，第 157 頁；王澤鑑，民法實例研叢書第一冊，基礎基論，第 145 頁以下；黃茂榮，法學方法論與現代民法，第 299 頁。

註 4：王澤鑑，舉過二例子，參見氏著，同上註；楊仁壽亦舉過二例，參見有氏著同上註，第 158 頁。

註 5： Söllner, Grundriss des Arbeitsrechts, S.37 ; Zöll-ner, Arbeitsrect, S.62; Schmid, Grundzüge des Arbeitsrechts S.33。史尚寬，勞動法原論，第 4 頁，有泉亨，勞働法の法源，載日本勞働法學會編，新勞働法講座，第 1 卷，第 61 頁以下，有斐閣，昭和 44 年再版一刷。

註 6：在我國，最高法院曾根據憲法判決台灣省工廠工人退休

規則爲有效。其他有關諸多判決可參考本論文第二節所列判決。

註7：參見林紀東，中華民國憲法逐條釋義，第一册，第51頁。

註8：黃越欽，勞動契約與承攬契約之區別，載司法院編，民事法律專題研究（三），第93-97頁。

註9：Schmid, 前揭書，S.33；Frang Gamillscheg, Die Grundrechte im Arbeitsrecht Acp 164, S.386ff。

註10：陳繼盛，勞工政策與立法，載司法院編，民事法律專題研究（三），第140-142 頁；第135-136頁。

註 11 ：Adomeit, Rechtsquellenfragen im Arbeitsrecht, S.7ff ;Zöllner, Arbeitsrecht, S.72。

註12：Hanau/Adomeit, Arbitsrecht, S.39ff。

註13：此名稱，參見張志銘，轉型期中勞動立法的調適之道，載「理論與政策」第3卷第3期，第45頁，78年4月。

註14：Hanau/Adomeit, 前揭書，S.39。

第二節　憲法原則與勞動法令

　　由於憲法之規定過於簡略，憲法之規定或原則必須透過勞動法之立法及勞動法之適用，始能獲得貫徹與實現。

一、勞動立法與憲法

　　按憲法係人民推翻專制所得之「結晶」，故自憲法此一法制創設伊始，即汲汲於人民自由權及財產權之保障，以限制國家權力之侵害，此際之自由權、財產權等基本人權係要求國家權力之「不作為」，只要國家「不作為」，基本權利即能獲得實現；及至十九世紀以後，在工業國家中社會貧富不均之問題日趨嚴重，乃漸產生「工作權」及「生存權」之思潮與制度，要求給予每一個人最起碼的生活權利，期待國家有積極之「作為」，以立法或政策以利社會中之弱者包括勞工維持最起碼之生活，因此，必須國家有所「作為」，生存權、工作權等基本人權始能獲得實現，如國家「不作為」即為「違憲」之嫌。我國憲法第一

百五十二條規定「人民有工作能力者，國家應給予適當之工作機會」；第一百五十三條第一項規定「國家爲改良勞工及農民生活，增進其生產技能，應制定保護勞工及農民之法律，實施保護勞工及農民之政策」，第十五條「人民之生存權、工作權……均予保障」，均屬與勞工有關之「生存權」規定，也有稱爲「社會權」或「社會基本權」之規定（註1）。當國家「不作爲」，未能做到這些規定，例如，未能給予適當工作機會或未制定保護勞工之法律時，勞工有何救濟途徑？能否認其係一種「權利」之被侵害而對國家提起訴訟？關於此問題，在日本大體上分爲「計劃規定說」（或方針條款）及「具體權利說」，前者是指憲法之規定只是對立法或政策之期望與計劃，不得對國家在裁判上爲請求，後者則認其係一種權利，可請求法院予以救濟（註2）。

　　本文認爲，此問題涉及經濟發展、國家財政、具體制度設計等複雜問題，以及憲法規定之過於「單純化」，實無法做到具體「權利說」並得以訴訟救濟之地步，以「國家應給予適當工作機會」之規定爲例，在資本主義之體制下，國家無權強制私營企業僱用失業勞工，國家自己也無

足夠之國營企業僱用失業勞工，反之，在社會主義體制下，也存有「怠業」人口，事實上也難予做到上述規定。在此狀況下，只有期待國家制定「就業服務法」以及實行「充分就業政策」來「盡力」解決勞工之失業問題（註3）。

中國大陸自 1979 年以來，在社會主義體制下採經濟「開放」政策，改變過去極端之社會主義；又近年來東歐及蘇聯的重大變革，均足令吾人對生存權或社會權獲得啟示。按生存權或社會權對勞工在形式上固甚有保障，但相對的，勞工本身也以失去「自由權」（註4），更是以資本擁有者之財產權、企業權、經營權之剝奪或限制作為代價！

既然，自由權、財產權等與生存權俱為憲法所保障之基本權利。吾人在實踐生存權（或社會權）時，必須對自由權、財產權等基本權利，予以尊重，力求自由權、財產權之最小限制，讓人民在自由權及財產權之基礎上，自由地發揮自己之才能，以維持生存追求幸福；而非自始地全部成為國家「給付」之依賴者，只有在例外地少數個人或團體（或用「階級」之名詞）無力維持生存、追求幸福時，國家始以「積極」行為保障國民之生存權或社會權，

其先後須序，不可顛倒（註 5），實行社會主義之國家即係徹底、全面地顛倒了生存權（或社會基本權）與自由權（及財產權）之次序，值得吾人深思。我國有關之勞動立法（包括勞基法）實應注意此類「社會化程度」是否妥當之問題，不可一廂情願。

在我國勞動法實務上有關退休金計算之問題，即涉及「生存權」（或社會基本權）與「財產權」之衡突問題，即：勞工於 73 年 8 月 1 日勞基法施行後退休，對於 73 年 8 月 1 日前之年資如何算付退休金，如該企業原無工廠法之適用，依勞基法第二十八條但書規定「應比照」台灣省工廠工人退休規則之規定！對此規定，資方輒主張該規定「溯及既往」且該「施行細則」規定逾越勞基法母法之規定，應為無效，無拘束力，此項抗辯，為最高法院判決所支持（註 6），本文認為，除上述理由應予支持外，此類案例尚涉及將雇主既有之「財產」重分配之實質，涉及憲法上財產權此一基本權利之侵害，勞基法施行細則第二十八條但書「應比照」之規定因違憲而無效！因此，有謂「將此『應比照』之規定於勞基法中加以規定，以解決逾越母法而無效之問題」，此項立法主張，實仍存著侵害財產權

之違憲問題。

二、勞動法令之合憲性

憲法與勞動法律及命令為不同位階之法源，依「位階原則」（Rangprinzip），違反憲法之勞動法律及命令為無效（註 7），此原則為我國憲法第一百七十一條及第一百七十二條所確認，在位階原則之下，憲法之價值乃能在勞動法令中獲得貫徹。

在我國實務上目前尚未發生司法院大法官會議解釋認某勞動法令因違憲而無效之情形，只有「肯定」勞動法令「合憲」之案例，此即有關「台灣省工廠工人退休規則」之效力問題，按此「規則」係由台灣省政府於 40 年 7 月 30 日發佈施行，歷經三次修正，並經行政院於 70 年 5 月 18 日「准予備查」，可謂於勞資間行之多年，係 73 年 8 月 1 日勞基法施行前退休或施行前之年資計算退休金之依據，至今仍為有效且經常適用。對此「規則」，資方輒抗辯係一行政命令，無拘束人民之效力，但最高法院均肯認該規則之效力，謂「台灣省工廠工人退休規則核與憲法第一百五十三條所示保護勞工之政策及工廠法所訂維護工人

福利之規定，並無抵觸，依憲法第一百零八條第二項之規定該規則應屬有效」（註8），後來，司法院大法曾會議於73年10月5日做成第189號解釋，仍認為該規則與憲法並無抵觸，其解釋理由如下：「按憲法第一百五十三條第一項規定：『國家為改良勞工及農民之生活，增進其生產技能，應制定保護勞工及農民之法律，實施保護勞工及農民之政策』。第一百五十四條規定：『勞資雙方應本協調合作原則，發展生產事業。勞資糾紛之調解與仲裁，以法律定之』。省政府為保護勞工、促進勞資協調合作，於執行有關之中央法令時如因其未臻周全，於不抵觸之範圍內，尚非不得訂定單行法規。

內政部依工廠法第七十六條訂定工廠規則時，應載有關退休、撫卹、資遣、福利事項。臺灣省政府所訂定之臺灣省工廠工人退休規則關於工人自願退休之規定，既在維持工人退休後之生活，而與首述憲法規定實施保護勞工之政策無違，同時亦在促進工廠工人新陳代謝，提高生產效率及鼓勵工人專業服務，有利於工廠之經營，而符合憲法有關勞資雙方應本協調合作原則，發展生產事業規定之精神，故與憲法尚無抵觸」。在上述案例中，最高法院及大

法官會議均將憲法第一百五十三條第一項及第一百五十四條之「勞動綱領」性質之條文，作為解釋台灣省工廠工人退休規則為有效之依據，以憲法之價值提升該規則至實質「法律」（習慣法）之地位。

現雖尚未發生從正面肯定勞動法令違憲之實例，但在學理方面卻未必如此，尤其是「解嚴」及「終止動員勘亂」，恢復為常態法律秩序之後，許多勞動法令如不予調整，恐將有違憲之虞，例如，工會法強制員工入會（第十二條）侵害勞工「消極的結社自由」（negative Koalitions-freiheit)（註 9)，另罷工權為憲法第二十二條所保障之自由權（註 10)或「生活權」（註 11)，非常時期農、礦、工、商管理條例中有關禁止罷工之規定（第十一條）亦屬違憲。總之，勞動立法應特別注意是否與憲法原則抵觸？勞動法與一般民事法律不同者，乃勞資雙方間係一種從屬勞動關係，與民法當事人間基本上係自由、平等之關係不同，憲法與勞動法有關之條文遠較民法為多，而且，勞資間本質上即易引起利害爭權，保護了一方之權利，則另一方須盡忍受之義務，故應力求取得平衡並符合經濟發展之狀況。

註釋：

註1：陳新民，論「社會基本權利」，收於氏著，憲法基本權利之基本理論，上冊，第 95 頁以下。

註2：橫川博，生存權の法理，載大須賀明編，生存權，第 99 頁以下。

註3：陳新民，前揭書，117 頁。

註4：在社會主義國家，勞工幾無選擇職業之自由，亦無訂立勞動契約之方式及內容之自由；在資本主義國家，社會化之立法愈多，社會負擔愈重，勞工愈無轉業成爲中小企業之可能。

註5：陳新民，前揭書，第 127 、 128 頁。

註6：最高法院 75 年台上字第 943 號判決。

註7：位階原則，參見 Hanau/Adomeit, Arbeitsrecht, S.30 ; Schmid Grundzüge des Arbeitsrechts, S.39 。

註8：最高法院 70 年台上字第 2642 號判決，載最高法院裁判選輯第 2 卷第 3 期，397 頁。

註9： Hanau/Admeit, Aarbeitsrecht, S.56 。

註 10：黃程貫，勞資爭議法律體系中之罷工概念、功能及基
　　　　本結構，載政大法學評論，第 39 期，第 203 頁，78
　　　　弗 6 月。

註 11：同上所引黃越欽教授之見解，第 196 頁。

第三節　基本權利與勞動關係

　　勞動契約、工作規則及團體協約均係私人與私人（個別勞工與雇主間，或工會與雇主或雇主團體間）間之法律關係，有關私法性質之勞動法固可「適用」於勞動契約或團體協約，但憲法為限制國家「公權力」之根本大法，其中之基本權利之規定，究竟應以何種途徑對私人間之勞動契約、工作規則或團體協約發生影響力乃成為問題，以下擬從我國實務之案件類型出發，比較外國之判例、學說加以探討：

一、我國實務上之案件類型

　　在我國司法實務界，基本權利與勞動契約發生關連之案件，有「離職後競業禁止條款是否違反基本權利」與「結婚須辭職之約定（或規定）是否違反基本權利」兩種類型：

(一)離職後競業禁止條款與基本權利

雇主單方規定或與勞方約定「勞方離職後不得從事競爭性之工作」，勞方於離職後違反此項規定或約定，雇主乃依規定或約定主張不發給或請求返還離職金或退職金，勞方則主張此項規定或約定違反憲法中工作權、生存權、自由權等基本人權，且違反民法第七十二條或第十七條之「公共秩序」而無效，對於此種抗辯，我國司法實務曾為「有利於勞工之判決」及「不利於勞工之判決」二項，茲分錄如下：

1. 有利勞工之判決

(1)「……修改後之人事管理規則第 118 條規定『職工之退職金，依左列規定於離職滿半年，經查無虧短公司款項後，一次發給：一、任職滿八年者，給予 9.5 個基數……三、離職人員經查明轉往信託同業、租賃業或分期付款業等服務者，不予發給退職金。』，綜觀其條文意旨，顯然該公司對於離職人員轉往信託同業、租賃業或分期付款業等服務者，一律不發給退職金，不因離職人員在離職後六個月內前往同業任職，或離職滿六個月後始前往

同業服務者，而有所差異，被告公司所抗辯上開規定，僅對於離職後六個月以內前往同業服務者，不發給退職金云云，並非該條規定之意旨，是被告公司上開人事管理規則，第一一八條第三款，不惟限制該公司員工之工作權，與憲法第十五條保障人民工作權之規定有違，且以此約定作為勞動契約之內容，該部分亦因違背公序良俗而無效，因而，被告公司不得援引上開條款，作為拒發離職員工退職金之理由，亦即原告不受該項規則之拘束……」（台北地院 76 年度訴字第 6299 號判決）(註 1)。

(2)「……按所謂經理人競業之禁止者，係指民法第五百六十二條規定：『經理人非得其商號之允許，不得為自己或第三人經營與其所辦理之同類事業，亦不得為同類事業無限責任之股東』，及公司法第三十二條規定：『經理人不得兼任其他營利事業之經理人，並不得自營或為他人經營同類之業務，……』者而言。從而，被上訴人主張競業禁止之義務，係基於僱傭契約（勞動契約）誠信原則而來，經理人（勞工）在勞動關係存續中不得經營與雇主同種類之營業，但勞動契約終止後，經理人（勞工）即不再負此競業禁止之義務云云，應屬可採。本件依上訴人提

出所謂『同意書』載明：『本人徐○○接受莫○（公司）所贈新台幣 195,000 元，保證不從事於連接器之行業或任何其他有損於莫○（公司）營業之相關活動』等語，即係限制被上訴人終身不得為從事於連接器之行業或其他相類於上訴人公司營業之相關活動。按自由不得拋棄，自由之限制，以不背於公共秩序或善良風俗者為限，民法第十七條定有明文，上訴人限制被上訴人終身不得從事於連接器等之工作權，為限制個人之職業之自由，此種過於限制個人自由之約定，即屬有背於公共秩序善良風俗，揆諸上開說明，應認為無效……」（台灣高等法院 75 年上易字第 12 號判決）（註 2）。

(3)「……本院查原告係生產揚聲器之公司，此為原告所自承，而揚聲器之製造本非屬高科技，且被告陳哲○及陳宗○於原告公司之年薪分別為 285,782 元及 195,529 元，此為原告所主張，則換算被告陳哲○及陳宗○之月平均薪資分約為 23,815 及 16,294 元，以如此之月平均薪資水準，足見被告陳哲○及陳宗○於原告公司所任之職務當非重要職務，其離職後即使於其他從事製造揚聲器之公司任職，對於原告公司之營業應不致有影響，原告公司實乏

正當理由對於被告爲禁止競業之約定而過分限制被告陳哲〇及陳宗〇之從事工作及選擇工作之自由，按憲法第二十二條規定：「凡人民之其他自由及權利，不妨害社會秩序、公共利益者，均受憲法保障」，人民選擇工作及從事工作爲其經濟自由之一部分，此應受憲法保障，本件原告既無正當理由與被告陳哲〇及陳宗〇約定禁止其等於離職後三個月內及一年內不得於同行工作或投資，且不支付任何對待給付，此種約定實侵害被告陳哲〇陳宗〇之經濟自由權，應認爲係違背善良風俗，依照民法第七十二條應屬無效……」（台北地院78年度訴字第2374號判決）（註3）。

2. 不利勞方之判決

　　(1)「……上訴人增列離職員工經查明轉往信託同業服務者不予發給退職金，其禁止轉業期間，依67年8月28日修改人事管理規則第124條新舊條文對照表載以觀，其限制期間，應解爲離職人員於離職滿半年經查明轉往信託同業服務者不予發給退職金，並非終身禁止離職人員轉任同業……。就上訴人所經營之業務乃屬特許營業，其業務之經營攸關信託人之權益……，因此除在收受、經營或

運用各種信託資金及經營信託財產，俱應盡善良管理人之注意（銀行法第 105 條參照）又信託投資公司違背法令或信託契約，或其他可歸責於公司之事由，致信託人受有損害者，其應負責之董事及主管人員應與公司連帶負損害賠償責任。（銀行法第一百零七條參照）財政部並依銀行法制定信託投資公司管理規則，予以管制，足見信託公司之責任重大，因此對任職員工自應從嚴約束，是則上訴人限制離職人員在半年內不得轉任信託同業服務，其旨在防止業務機密之外洩，以保障公司及信託人之權益，自無違反公序良俗，更無侵害離職人員之工作權，何況，系爭退職金乃上訴人公司為鼓勵員工，盡忠職守，勤奮業務，而予提撥，則上訴人規定離職人員若於離職半年內轉任信託同業，即不予發給退職金，尤無違背憲法及違反公序良俗……」（台灣高等法院 77 年上字第 95 號判決）（註 4）。

(2)「……查被告為防止其員工離職後，跳槽至競爭性公司利用過去服務期間所知悉之業務資訊為同業服務或打擊原公司致造成不利或傷害，則被告公司規定離職人員若於離職半年內轉往人壽保險同業，即不予發給退職金，此項利益衡量原則，自無違反公序良俗，尤無違背憲法侵

害離職人員之工作權可言。況憲法第十五條規定人民之工作權應予保障，乃國家對人民而言，即存在於國家與個人間之問題，私人間私權爭執尚難援引，而與公共秩序無關，併此敘明……」（台北地院 78 年度勞訴字第 72 號判決）（註 5）。

(二)單身條款與基本權利

就女性勞工於結婚時（或懷孕、生產）應辭職之規定或約定是否有效之問題，高雄地方法院 78 年度法律座談曾提出討論：

法律問題：甲女受僱農會之初，預立於任職中結婚辭職之辭職書，其效力如何？

研討意見：甲說：應認該僱傭契約為附有解除條件之契約，亦即甲女結婚，解除條件成就，辭職即發生效力。乙說：按中華民國人民無分男女……在法律上一律平等，為憲法第七條所明定。又人民「工作權」及「結婚自由」均受憲法保障，觀之憲法第十五條及第二十二條之規定自明。本件農會僅要求女性受僱人，於任職時預立結婚辭職書，顯然以性別為理由，而作無合理性之差別待遇，有違

憲法男女平等之精神，亦無異限制女性「結婚自由」之基本人權，基此，應認結婚辭職之約定，有背於民法第 72 條之「公共秩序」而為無效。結論：多數贊同乙說。法院審核意見：同意乙說。

司法院第一廳研究意見：

（1）按甲女受僱農會之初，如因農會之要求，必須預立於任職中結婚即辭職之辭職書，則該辭職書之訂立，可認為具有「附合契約」之性質，非當然具有其所約定之效力，仍應就約定之內容為具體衡量，以定其效力之有無。

（2）次查中華民國人民無分男女，在法律上一律平等，為憲法第七條所明定，又人民之工作權及其他自由、權利亦受憲法所保障（憲法第 15 條、22 條）；雇主要求女性受雇人預立於任職中結婚即辭職之辭職書，不惟破壞憲法保障男女平等之原則，並且限制人民之工作權及有關結婚之基本自由及權利，該結婚即辭職之約定，可認為違背我國之公序良俗，依民法第七十二條之規定，應屬無效。原研討結果採乙說，核無不合。（78 年 8 月（78）廳民一字 859 號函復台高院）（註 6）。

二、第三者效力與勞動關係

(一)我國案例分析

　　前述案例均涉及憲法之基本權利規定對私法關係之效力之問題，有的判決認為「終身禁止競爭之規定既違反保障工作權之規定，又因違背公序良俗而無效」，即「直接引用憲法之規定」（直接效力說）同時併用民法公序良俗之規定，有的判決則僅引用民法公共秩序之規定，避免提及憲法（憲法無關說）；更有的判決認為「私人間私權尚難援引憲法第十五條」，這些實務見解，基本上有一傾向，即：同時違反基本權利及公序良俗，或同時不違反基本權利及公序良俗，並未出現不適用基本權利之規定而違反公序良俗之情形！也未出現僅直接適用基本權利（直接適用說）之情形，倒是其中所謂「私人間私權尚難援引憲法第十五條」具有否定「直接適用說」之意義，值得重視。

(二)直接適用說

　　所謂基本權利規定之「直接適用說」是指憲法中基本權利之規定得直接適用於私法關係（包括勞動關係），此項見解係由德國民法及勞工法學者 H.C.Nipperdey 為首倡導者（註7），並為 Nipperdey 擔任院長之聯邦勞工法院所採，該院曾對下列勞動關係之案型肯定基本權利對勞動關係之直接效力：

　　(1)「散發共黨傳單之解僱案」（1954.12.03 BAGE, Bd.1, S.185ff)：聯邦勞工法院判決「自由表達意見的基本權，以及任何人不得因政治見解緣故給予不利對待之平等權，對人民間相互私的交涉，具有直接的私法效力（unmittelbare privatrechtliche Wirkung)……..」（註8）。

　　(2)「結婚須辭職規定之效力」（1957.05.10, BAGE .Bd. 4, S.274ff)：聯邦勞工法院判決「當事人所訂立者，係附解除條件之法律行為，約定於受僱人結婚時，因條件成就，勞動關係歸於消滅，此項約定無效，並非因其違反善良風俗。德民法第138條規定，法律行為違反善良風俗者，無效，此不僅須以法律行為客觀上違背社會共同感情

為前提，尚須以契約當事人之行為應受道德上非難為要件。被告不但依照社會部部長之行政命令，與原告訂立單身條款，而且相信此項條款之訂立係為了維持療養院程序，確有必要。被告此項見解客觀上固屬不當，但並不因此當然使該項訂立單身條款法律行為之內容背於善良風俗而無效。此項單身條款之無效，乃是因為違反德國憲法之基本規範。易言之，即違反憲法第 6 條第 1 款（婚姻與家庭之保護）、第 2 條（人格自由發展）之規定。基本人權本來的目的在於保障個人之自由範疇免於遭受國家權力之侵害，但其意義已有變更及擴大。憲法上若干重要的基本人權不僅於保障個人自由權，對抗國家權力，而且也是國民社會生活的規律原則 (Ordnungsgrundstze)，對於私法上交易亦具有直接規範性。私法上法律行為亦不能違背此項國家法律秩序之基本結構 (Ordnungsgefuge)……」（註 9）。

(三)間接適用說

有趣的是，上述「直接適用說」多存於勞動法學界及勞工法庭，在此領域之外，於其他私法之領域，像 Durig

即從「私法的獨立性」（Eigenstandigkeit）之立場反對「直接適用說」，彼認為將任何憲法基本權利之規定移植到私人的法律關係，係侵害了私法自治及契約自由等私法體系之基本價值，為了不使私法體系「國有化」（Verstaatlichung），在不自覺之中帶上毀滅之路，基本權利之價值應由私法之途徑去達成，即透過私法中「概括條款」之適用，來滿足憲法之價值體系（註10）。

為何勞動法學界及實務界會在私法關係中，表現如此「突出」，願不吝邁出如此大之一步採取「直接適用說」，而被「通說」（即間接適用說、間接效力說）評為使私法走向滅亡之路？對此問題，筆者甚願相信，此係勞動法與憲法關係較一般私法與憲法關係密切之原故！其在法學上之意義為勞動之從屬性及勞動法中帶有公法之要素（詳見第一章第三節一、）。

在日本，涉及憲法基本權利之判例，多發生在關於「勞動關係」領域（註11），亦可證明勞動法律關係與憲法關係之密切。基本上，日本於實務上係採「間接適用說」，但其表達方式往往並非明確（註12），茲以在「單身條款」問題之 leading case「住友水泥事件」為例，介

紹如下：

　　原告受僱住友水泥公司時，應公司要求提出志願書，載明結婚時離職。其後原告結婚，拒不退職。住友水泥公司將原告解僱。法院判決原告勝訴，判決理由略謂：

　　「……依照結婚退職制，結婚並非男子勞動者之解僱事由，而僅為女子勞動者之解僱事由，在勞動條件方面依性別而為差別待遇。結婚退職制，歸根究底乃約定女子勞動者不得在僱傭關係存續中結婚，對結婚而仍希望繼續僱傭關係之女子勞動者，僱主得終止僱傭關係。此限制了女子勞動者之結婚自由……。

　　實現兩性平等，不僅是國家與國民之關係，在國民相互之關係上，亦禁止以性別為理由而作不合理之差別待遇，乃法之根本原理。在國家與國民之關係，憲法第十四條直接明示兩性平等，在國民相互之關係，民法第 1 條之 2 亦設有明文。勞基法第 3 條禁止之國籍、信仰及社會身份為理由而為差別待遇。勞基法雖未禁止以性別為理由而為工資以外勞動條件之差別待遇，但進一步於同法第 19條、 61 條及第 68 條規定保護女子而不同於男子之勞動條件。勞基法一面容許以性別為理由而作合理的勞動條件之

差別待遇。另一方面則鑑於前述根本原理禁止以性別爲理由而作欠缺合理性之差別待遇。此種性差別待遇之禁止構成勞動法之公共秩序，關於勞動條件，規定以性別爲理由而欠缺合理性差別之勞動協約、工作規則、勞動契約，均屬違反民法第 90 條規定。

　　家庭是社會重要的一單位，亦爲法律秩序之重要部分，適時地選擇適當的配偶以建設家庭，在正義衡平的勞動條件上勞動，維持發展合乎人性的家庭，在正義衡平的勞動條件上勞動，維持發展合乎人性的家庭生活，是人之幸福之一，欠缺合理性之性差別待遇是妨礙此種法律秩序之形成及幸福追求之政治、經濟、社會因素中之一部分，廢除兩性差別待遇，是憲法第十三條、第二十四條、第二十五條、第二十七條所表示之法律根本原理。選擇配偶、結婚時期等結婚之自由，與重要的法律秩序之形成有關，應當作爲一種基本人權而被尊重，沒有合理的理由而限制結婚的自由，縱使在國民相互間的法律關係上，亦應爲法律所禁止。違反此種公共秩序之勞動協約、工作規則、勞動契約，無論何者均違反民法第 90 條規定，不具法律上之效力」（註 13）。

　　此種判決方式，可說是「綜合」之憲法之規定、勞基法及民法「公共秩序」之規定，基本上雖採「間接適用說」，但其表達並非明確，此種模式，與如前所述之我國判決類似。

(四)結論

　　綜合上述我國、德、日之許多案例及學說，可謂在私法領域中，以勞動法律關係與憲法基本權利之規定最為密切！然而，其關係雖然密切，就基本權利之規定對勞動契約、工作規則、團體協約之效力，是否應密切到採取「直接適用說」之地步？本文認為，勞動關係之本質雖係一種「從屬」勞動，雇主擁有強大之「社會權力」(soziale Macht)，但基本上，勞動關係仍屬一種私法關係，應依「民法理論」(Zivilrechtsdogmatik)解決有關問題（註14），為了避免勞動法完全形同「公法」或成為公法之附庸（註15），應以「間接適用說」即透過民法概括條款在勞動關係中實現基本權利之價值，較為穩妥！固然，德國勞動法實務界採取「直接適用說」，但此係該國基本法規定之特殊背景所致，我國並無相同之背景，結果自是不

同；就此，王澤鑑教授之見解值得參考：

（1）德國學者提倡基本權利效力之新學說（直接適用說），有其法制上之淵源及基礎，1919 年之威瑪憲法設有特別規定（第 118 條、第 159 條），第二次世界大戰後之波昂基本法亦然（第 9 條第 3 項第 1 款、第 2 條），尤其是基本法第 1 條第 3 項規定基本權利視為直接有效的法律，拘束立法、行政及司法。我國現行憲法並無類似規定。依我國憲法第八十條，法官依據法律，獨立審判，此之所謂法律，依憲法第一百七十條規定係指經立法院通過，總統公布之法律，不包括憲法在內，從而法院不得逕以憲法基本權利之規定，作為裁判之依據。所謂憲法對第三者之效力，得直接規範私法關係，在我國法治上尚乏依據。

（2）我國憲法關於基本權利之規定，主要係針對國家權力而設。此由憲法第二十三條規定：「以上各條列舉之自由權利，除為防止妨礙他人自由，避免緊急危難，維持社會秩序或增進公共利益所必要者外，不得以法律限制之」，即可知之，惟不能因此而謂憲法基本權利之規定與私法秩序根本無涉，不觸及私人間之法律關係。憲法既為最高之法律規範，以保障基本人權為基主要任務，私法關

係自應受其規範，但爲維護私法之獨立性及法律秩序之統一性，宜經由私法之規定，尤其概括條款，於具體個案中，實現基本人權之價值判斷（註16）。

註釋：

註 1：台北地院 76 年訴字第 6299 號判決之第二審判決爲台灣高等法院 77 年上字第 95 號判決（改判勞方敗訴即後述2），勞方上訴，最高法院以 77 年台上字第 1299 號裁定駁回。

註 2：本件因不得上訴而確定。本件之第一審判判決爲台北地院 74 年訴字第 2247 號判決，該判決雖認同意書之內容無違反公序良俗之處，但以公司無法證明勞方違反競業，而爲有利勞方之判決。

註 3：載 79 年 12 月台北律師公會律師通訊。

註 4：台灣高等法院 77 年上字第 95 號判決第一審判決爲台北地院 76 年訴字第 6299 號判決（勞方勝），即前述 1.A 之判決。

註 5：本案台北地院 78 勞訴字第 72 號判決同時指出：「……財政部 68 年 2 月 15 日（68）台財錢第 11584 號函釋，被告在制訂業務人員合約或支領報酬規定時，不得有『業務員離職後如直接或間接爲他壽險公司從事工

作，並願停止一切應享之各種薪酬（包括各種津貼），

絕無異議』云云，乃屬訓示規定。原告執該函釋，指被

告上開管理規則違背禁止規定，自嫌乏據。」認行政解

釋在法源上無拘束力，可供法源論之參考。

註6：載司法院公報，第 31 卷第 9 期，第 74 頁，詳細評釋，

參見王澤鑑教授，勞動契約法上之單身條款、基本人權

與公序良俗，載萬國法律第 50 期，第 5 頁以下。

註7：Zöllner, Arbeitsrecht, S.82；陳新民，憲法基本權利

及「對第三者效力」之理論，收於氏著，憲法基本權利

之基本理論，下冊，67 頁以下。

註8：引自蔡欽源，憲法上基本權利之規定在私法關係中之效

力，第 106 頁，72 年 7 月台大碩士論文。

註9：本判決之詳細內容，參見王澤鑑，勞動契約法上之單身

條款，基本人權與公序良俗，載萬國法律，第 50 期，

第 5、6 頁；Zöllner, Arbeitsrecht, S.89。

註10：參閱，陳新民，前揭，第 82-90 頁。

註11：例如，蔡欽源在其「憲法上基本權利之規定在私法關係

中之效力」之論文中，介紹 41 個日本判決，其中竟有

31 個判決屬於勞動法。

註 12：蘆部信喜，現代人權論-違憲判斷の基準，第 6-9 頁，有斐閣，昭和 49 年 8 月 15 日初版一刷。

註 13：三省堂，判例コンメンタール，勞働法Ⅱ，第 22 頁以下。

註 14：Zöllner, Arbeitsrecht, S.72。

註 15：40 年來，私法在台灣地區甚有發展，有關民法判例及學說之研究，在諸法中最爲發達，在司法實務上，民事案件之審判也較必須科學性的援用判決（例）和學說，至多年來，作者誤以爲私法在我國非常「強大」，但一與大陸接觸，知其民法自 1986 年始立法，方覺私法在中國法制史上之脆弱，吾人實應努力維護之，以確保個人之自由平等及價值。

註 16：王澤鑑，前揭文，第 8 頁。

第四節　憲法之價值及案例促成立法－以兩性工作平等法立法爲例

　　如上所述，經由憲法所彰顯之價值，以間接適用憲法而形成之案例，而喚起各界對此類案例及價值之重視，終有可能進一步藉由案例而形成一般性之立法，其中，二〇〇一年十二月台灣「兩性工作平等法」之立法，即爲適當之例。

　　猶記得 1987 年 8 月間，國父紀念館發生館方規定「女性服務員於懷孕時必須辭職」，筆者作爲一名律師接受 57 名女性服務員之集體委託，要求館方取消性別歧視及違反憲法之此項規定，當時，我判斷難於透過法院尋求救濟，乃公開於電視及報紙記者會中，訴求館方取消此項不合理規定，經電視、報紙大量報導及喚起主婦聯盟、婦女新知等婦女團體之支援，而快速成功地使館方取消此項規定（註1），由此案例爲出發契機，喚起大眾對女性結婚、懷孕、生產、辭職、解僱等法律問題之重視，並從事關於「女性工作平等權」之著作、宣揚（註2），經過十餘年之

營運，2001 年 12 月 21 日立法院通過「兩性工作平等法」，於 2002 年 3 月 8 日施行，該法規定在工作上不得為性別歧視、不得在離職等方面因性別而有差別待遇、不得為性騷擾，並規定生理假、育嬰假等促進工作平等之措施，完整地貫徹憲法之價值。

註釋：

註 1：參見顧燕翎，婦女參政-體制外的運動，見 http://
taiwan.yam.org.tw/womenweb/outmov 1.htw.

註 2：王澤鑑，前揭文，及俞慧君，女性工作平等權，蔚理法
律出版社，1987 年。

第三章　勞動法令

第一節　勞動法之法源地位

一、勞動立法與團體協商之關係

在勞動法（制定法）、團體協約、勞動契約、工作規則、甚至雇主之指揮權等諸多法源之中，如以「是否取決於當事人之意思（Will）」爲標準加以分類，則只有勞動法（制定法）與當事人之意思無關，爲純粹的「客觀之法」（Das objectiv Recht），其他諸多法源則以當事人之意思爲基礎，爲自治的法源（註1），而在自治的法源之中，又可分爲團體的自治法源及個別之自治法源，茲將其區別列表如下：

勞動法(制定法)：與當事人之意思無關

自治的法源

團體的自治法源：協約

個別的自治法源

雙方意思：勞動契約

單方意思：工作規則、指揮權

　　按個別的自治法源有「雙方合意」者，如勞動契約，也有雇主「單方意思」而訂立決定者，如工作規則、指揮權，後者因「單方意思」而決定者，固不利於勞方，即前者「雙方合意者」，亦因勞方經濟力之薄弱，而事實上不利於勞工，在此狀況下，較有可能持平之法源只有勞動法（制定法）與團體的自治法源（如團體協約），前者是國家勞動立法之成果，後者則屬勞工團體（工會）與雇主或雇主團體交涉之結果。勞動立法與團體交涉是工業革命後解決勞工問題的二項途徑。換言之，勞動立法（制定法）、團體交涉（團體協約）均有「平衡」勞動契約之作用，學者曾就勞動立法、團體協約與勞動契約之關係，作如下精闢之說明：

　　「勞動者之勞動條件依勞動契約爲其唯一之決定方式時，通常必將發生對於勞動者不利之現象，而國家公權力介入勞動條件之決定時，勞動者之勞動條件將因國家制定勞動基準而得到起碼之保障，此即政府支柱力量之提供，從其依賴之程度，亦可看到政府承擔之壓力必定加重，因此，現今勞工法有賴於集體勞工法來促成勞動者發揮其集體交涉之功能，即無限拉力之提供，使其得到公平勞動條

件的水準，並減輕政府承擔之壓力，質言之，解決勞工問題之理念次序為：A 能由勞動契約獲得公平之勞動條件者儘量不要任何力量干涉，B 勞動條件不公平而集體交涉不發生功用時，國家始予干涉（即盡量促使集體交涉發揮其功用而脫離國家之干預）」（註2）。

依據上述之理想，認為以團體協約（團體交涉）解決勞工問題，較勞動立法為佳或優先。然而，面對此問題也難於否認，它受各國社會、哲學思想、工業經濟及政治制度之影響，事實的發展有時很難均朝向理想的方向發展，在英國固然以集團談判為主，勞動保護立法僅處於次要、補助之地位（註3），甚至有認為「依賴立法或法律制裁，以強制受僱人與雇主間之權利義務，乃表示勞動關係之實際崩潰或處於崩潰之邊緣」（註4），但在我國，團體協約之訂立仍相當有限，有關勞動條件絕大多數倚賴於勞動立法（勞基法），欲朝向理想的團體協約發展，仍有相當的距離，有待努力。

這種絕對偏重以勞動立法解決勞工問題之現象，有下列缺點：

(一)僵硬

　　勞動立法通常比團體交涉僵硬（ rigid ），而且，顯然較不能反應經濟變化；團體協約只締結一年或二、三年，有時則無時間限制。在較繁榮或需求較旺之景氣時，管理者同意較高之勞動條件者，往往會發現在需求減少或價格滑落時，無法維持該勞動條件（尤其在勞力密集工業），此時，富有彈性的團體交涉容許「調整」（adjustment）已同意之勞動條件，而根本不必修法；同樣的，對工會而言，由於集體交涉較富彈性，所以，經由交涉以改善勞動條件也較立法方式容易（註5）。

(二)不易理解

　　固然，促進勞資關係可以而且通常以勞動立法（制定法）的方式來達成，不過，制定法通常以一種大部分的人看不懂之方式來表達，而無法使關係人充分理解，這些立法以尖銳記述的概念（sharply delineated concepts ）來運作，而完全缺乏微妙而含蓄的表達（subtle shades of expression ），此微妙而含蓄的表達對敏感的人類比法律定義冰冷的說法，可傳達更多的訊息（註6）。

(三)過於集權

由國家以統一的勞動立法規定勞動條件，如果勞動立法技術復缺乏彈性，則將陷於過於中央集權的弊病，無法適應各地區不同之情況，也無法配合各種不同之產業或行業，例如，同樣是「每日工作八小時，每週四十八小時」，可能適合製造業，但不一定完全適合大眾傳播業或運輸業。這在幅員較小之國家，尚能不引起大問題，對幅員龐大之國家則足以造成嚴重問題。相對的，團體協約即具有各產業、行業或企業從國家「分權」之效果。以大陸之社會主義法制為例，所有之勞動條件皆由國家統一決定，極難調動員工之積極性，除外資企業以外，各地區、產業、行業也不可能基於「有利原則」，在國家法令之外，另為有利於勞工之約定。對於我國之勞動法令，雖得基於「有利原則」，另為有利於勞工之約定，使勞動法律只是「半面」集權之效果，但如果企業界普遍認為法令基準非低而鮮有另為有利於勞工之約定之情形下，勞動法令實際上仍具有「全面」集權之弊病。為了緩和此弊病，應設法提高團體交涉（團體協約）之功能。

二、勞動法之形成原則

勞動法之基本任務在於規律「資本」及「勞力」此二種對立之力量及利益，其中，「資本」所追求的是利潤，「勞力」所追求的是安全的工作環境及合理之工資，二者為不同之利益，然而，雙方在利益衝突中，又有「共同利益」，吾人雖不能期待根本消除利益衝突，但確實能以勞動法提供一些基本必要之規則及程序，調整資本與勞力此二種利益，協助建立良好之勞資關係，此即勞動法之基本精神之所在。本此基本精神，可延伸兩項重要的勞動法之形成（或指導）原則（註7）。

(一)保護勞工之基本原則

勞工被納入企業組織之內，居於從屬地位為他人提供勞務，並純依靠勞力謀生，須特別加以保護，因此，整個勞動法係以保護勞工為目的。此不但係勞動立法之原則，同時，也是勞動法之解釋原則，即：勞動法之規定有疑義時，應作有利於勞工之解釋。甚至，勞動法存有漏洞時，也應朝向有利於勞工之方向為法律補充。

(二)社會經濟之負擔能力

　　保護勞工固為勞動法之基本原則，但並非絕對。任何法律之終極目的，均在維護社會公益，勞動法亦不例外，因此，對於勞工之保護，不應超過社會經濟之負擔能力，假若整個經濟因社會負擔過於沉重而崩潰，則最高之工資及其他優惠勞動條件，對於勞工亦無實益；又假若我國產品及勞務在國際上喪失了競爭能力，則失業隨即發生，勞工亦將直接受害。因此，勞工利益與經濟發展，必須適當平衡。近年來，號稱勞工是主人之社會主義國家，紛紛因經濟發展不良而瓦解或改革，值得作為借鏡。但如此說，並非鼓勵廠商假藉經濟發展之名，壓抑勞工合理待遇。

三、強行規定、任意規定

(一)分類

　　法律之規定中，有所謂強行規定及任意規定之分類，此分類影響法律與自治法源（自主法源）之關係或適用。

　　所謂強行規定，是指不問當事人之意思如何，均強予適用之規定，反之，任意規定是指得以當事人之意思變更之法律規定，在當事人無特別約定時，任意規定始得發揮

其補充或解釋功能。判斷一個法律規定是強行規定或任意規定，應依法律規定之文字、體系、規範目的等因素判斷之，在文字方面條文出現「應」、「須」、「不得」等字者多屬強行規定，條文出現「除當事人另有表示」、「當事人另有訂定」、「推定」者多屬任意規定；就體系而言，有關民法債編或契約之規定，多屬任意規定，而勞動法等社會立法多屬強行規定（註8）。

按「任意規定」的承認，給私法自治或自治法源更大的空間，也代表「中央集權」對「私人」的分權，相對於社會主義法制（註9）可謂難能可貴！依憲法第二十二條規定之精神，吾人實應儘可能擴大任意規定之範圍與認定。不過，必須承認，認定任意規定與強行規定經常不是易事。在勞動法方面，屬「勞動保護法」之勞動基準法係規定勞動「最低基準」之法律，由文字及「規範目的」之角度來看屬於強行規定，但縱如此，勞基法本身也有授權當事人另為約定之相對的「任意規定」，如「工資金額直接給付之規定容許『雙方另有約定』（第二十二條第二項但書）、工資支付之時期（第二十三條）」；另工會法中關於「不當勞動行為」（第三十五－三十七條）之規定亦屬強

行規定，但勞動契約法（未實行）中的許多規定則屬於任意規定，例如，其第二章（如第八條、第十三條、第十四條）關於勞動者之義務規定，如雇主願放棄「權利」而與勞工另為約定，自屬有效，在雇主之義務方面，有關「報酬」的許多規定（如第十六條第一項、第十七條、第十九－二十三條、第二十五條）亦屬任意規定。其次，較特殊的是團體協約法，該法也有許多任意規定，但僅能由團體協約本身變更團體協約之規定，不容許勞動契約、工作規則等低位階法源變更之，例如，第十六條關於「規範效力」之規定，即謂：「但異於團體協約之約定為該團體協約所容許……為有效」，第十四條關於協約關係人之規定也允許團體協約另作「特別限制」及對加入者取得關係人資格之時點作「另有規定」。

(二)與自治法源之適用關係

從法源之位階性來看，勞動法之位階經常理所當然地被認為高於各種自治法源包括團體協約、工作規則等，不過，衡諸實際，勞動法之位階並非皆優先於自治法源，勞動法中之強行規定固優先於自治法源，但任意規定之適用

位階則低於自治法源，其關係如下圖：

詳言之，在勞動法領域中，屬於任意規定者，得由具有雙方「合意」性質之自治法源如團體協約、勞動契約加以變更，因此，任意規定之位階低於這些自治法源，只有在自治法源未爲規定或具有漏洞時，任意規定具有補充之功能。較有疑問者，僅具有「單方意思」之自治法源……工作規則、雇主指揮權……，其與任意規定之適用順序如何？本文認爲，法律係國家之單方之意思，應優先於企業之單方意思，因此，任意規定仍應優先於工作規則、雇主之指揮權，只是，有時工作規則、雇主指揮權之一部分已「附合」成爲勞動契約之內容時，任意規定即難予再優先於該部分，再者，如主張工作規則之法律性質爲「契約」（契約說）（註10），則工作規則既爲「契約」，其位階即高於任意規定。茲爲明瞭，將上述關係圖示如下：

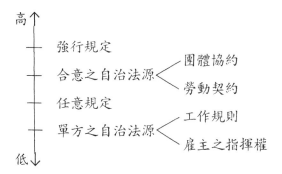

　　至於，勞動法中之強行規定，其適用位階高於各種自治法源！各種自治法源不得違反強行規定，如有違反，該違反之部分無效。例如，勞基法第七十一條規定，工作規則違反法令之強制或禁止規定……者，無效。不過勞動法較諸其他法律領域，有一甚為特殊者，即：在「有利原則」（Günstigkeitsprinzip）（註11）之下，勞動法之強行規定僅具「片面強行性」（einseitig zwingend）（而非一般法律之雙面強行性），凡自治法源之規定較法律有利於勞工時，自治法源之約定或規定仍為有效，斯時，自治法源之適用仍優先於勞動法之強行規定。以上關係如下圖所示。

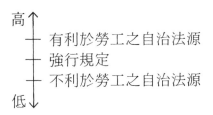

高 ↑
 ┼ 有利於勞工之自治法源
 ┼ 強行規定
 ┼ 不利於勞工之自治法源
低 ↓

　　任意規定得以契約合法改變之，故不生「脫法行為」（Gestzumgehung）之問題，但面對勞動法中之諸多強行規定，人們經常想辦法試圖進行「脫法行為」，以迴避強行規定之適用，對於有關之「脫法行為」，應依法律行為解釋、法律解釋或法律補充之方式解決之，使其仍受有關強行規定之適用或類推適用，而非僅以「脫法行為」之合糊概念帶過（註12），例如，在形式上企圖將「勞動契約」偽裝成「承攬契約」，以逃避整部勞基法之適用，對於此類涉嫌係「脫法行為」者，應依「法律行為」之解釋方法，以「控制程度」（Control test）、「在組織中之地位」（Organization test）及其他關於工作時間及場地之指定、限制等因素「檢驗」該律行為，實質認定該行為之所屬契約之類型（註13），檢驗結果如認其實質為勞動契約，則仍有勞基法對適用。

　　脫法行為係「避法」之問題，與此相反，當事人亦有

利用法律之強行規定以進行「爭議」而「趨向法律」之情
形，此在日本稱爲「順法鬥爭」！例如，爲達集團爭議之
目的，勞工主張於春節或國定假日「集體休假」（或集體
拒絕加班，或一起請假），此涉及勞基法第三十七、三十
八條、三十九條與團體勞動法（如工會法中關於勞資爭議
之規定）等強行規定之適用關係之問題，應認爲具有集團
爭議意思之行爲優先適用團體勞動之規定。

註釋：

註 1：Söllner, Grundriss des Arbeitsrechts, S.37

註 2：陳繼盛，勞工政策與立法載司法院編，民事法律問題研究（三），第 143 － 145 頁。

註 3：王澤鑑，勞工法之社會功能及勞工法學之任務，收於民法學說與判例研究（二），第 355 頁以下。

註 4：Otto Kahn-Freund, Legal Fram work, in：The System of Industrial Relation in Great Britain, PP.44f，轉引自王澤鑑，前揭文，第 357 頁以下。

註 5：Otto Kahn-Freund, Labour and The Law, P.44

註 6：Otto Kahn-Freund, Labour and The Law, P.46

註 7：本段關於勞動法之指導原則，參王澤鑑，前揭文，第 357 － 362 頁。除本文所列兩項重要指導原則外，王教授尚提及「勞工人格權之尊重」、「勞工參與企業經營之理念」、「團體協約制度之建立」、「當事人自治原則」等四項指導原則。

註 8：以上可詳參，王澤鑑，民法總則，第 233 － 243 頁。

註9：例如，在大陸，契約自由的空間非常狹小，例如，所有
之經濟合同必須書面爲之，並經主管機關批准始生效
力，又其內容違反法律、指令性計劃、公共利益、國家
政策者無效（民法通則第六、七條，經濟合同法第七條）：
在勞動法方面，所有之勞動條件，幾乎均由國家勞動法
令規定，企業與勞工自主決定之空間極小。

註10：詳參第六章第一節。

註11：Schmid, Grundzüge des Arbeitsrechts, S.40;
hanau/Adomeit, Arbeitsrecht, s.30。

註12：詳參黃瑞明，契約自由與脫法行爲，台大法研所碩士
論文。

註13：有關案例及具體認定，參拙著，勞基法實用，7－9
頁；350－359 頁。

第二節　勞動法之性質與其他法律之關係

一、私法或公法

　　法律在傳統上分爲公法與私法，進而影響法律之適用或程序，勞動法究爲私法或公法？此項分類是否影響勞動法之適用？即有必要加以探討。由於勞動法所包含之法源特別豐富，因此，乃對傳統公法與私法之分類構成一些挑戰，有將勞動法歸入私法，也有主張其係公法，更有於公法及私法之外，主張勞動法係所謂之社會法（Sozialrecht）之內容者（註1），雖然，因爲勞動法之法源如此豐富，即難避免具有公法與私法之雙重性（Der Dualismus Öfentliches Recht/Privatrecht）（註2），但大體上仍應認爲勞動法係私法，應是用私法理論（註3），蓋現行勞動法係以私法上之勞動契關係爲基礎，形成個別勞動者與雇主間之權利義務，並爲維護「私法自治」之實質平等，形成團體勞動法，以工會爲私法人，與雇主進行團體協商，

或締結團體協約，均涉及私法上之主體與私法上之權利義務，不過，不可否認的，勞動法上含有公法的成份（註4），尤其是勞動保護法之部分，其中，勞基法之性質，國內勞動法學者多認爲其性質爲「公法」，係規定國家與雇主間之權義關係，而非規定雇主與勞工間之權益關係，換言之，該法規定雇主應履行義務之權利人爲國家，並非勞工，勞工僅係雇主履行國家規定之義務而受益，勞工之所以得請求雇主給付，係因其與雇主訂有勞動契約之故（註5）。

在我國司法實務上，針對雇主違反勞基法第五十五條規定而追訴雇主之刑事責任之訴訟中，勞工得否「附帶民訴」請求相當於退休金之損害賠償，法院曾判決「因勞基法係公法，不得附帶民訴請求賠償」，法院認爲「查本件被告任克重未依勞動基準法第五十五條之規定給付退休金之事實，固經本院依勞動基準法第七十八條之規定論罪處刑在案。惟按勞動基準法爲公法之性質係基於保護勞動者之思想，以受僱人地位之勞動者爲社會法益，對於勞動者體力上、經濟上予以保護，此種保護之手段爲公法之強制，國家以其獨自之立場，對於雇主之一方使其負公法之

義務，係規定國家與雇主之權益關係，是其保護之法益乃係全體勞動者之社會法益，而非個別之勞動關係，勞動者僅係為雇主履行義務行為之行為對象而因之受有利益，勞動者並非權利人，權利人係屬國家，雇主若不履行此公法之義務，國家本於強制目的而予處罰之規定。勞動者雖因之有請求權，乃係基於其與雇主間勞動契約而成立勞動關係所生，而非因雇主違反公法作為義務所生。

　　從而，原告主張其等因被告任克重違反勞動基準法規定，導致其受害為犯罪被害人，依照前揭說明，顯無理由，況查，原告等雖因被告違反前開公法義務，而非受領退休金，然其等與被告間本於勞動契約關係而生給付退休金請求權之債權仍屬存在，原告等財產總額並未因之減少，即無受有損害可言，原告自可另依民事獨立起訴謀求救濟，其逕以刑事附帶民事訴訟提起賠償損害，不能認為有理由，應予駁回……」（註6）。

　　其實，在上述案例中，勞工之所以不得以附帶民訴請求賠償，其真正理由應係不構成「侵權行為」（退休金「債權」僅係契約上之關係），與勞基法是否公法未必有必然之關係，但可以肯定的是，上述實務見解已吸收勞工

法學界認勞基法係公法之見解！只是，進一步令人感到疑惑的是，勞資雙方、多數律師、法官，於引用或「適用」勞基法之規定作爲請求權基礎（ Anspruchgrundlage ）時，並未意識到勞基法係公法，實際上反而將其和「私法」等同予以適用，何故？爲何「私權」爭執可適用「公法」之規定？關於此問題，應係勞基法對勞動契約之替代性與補充性所致！詳言之，勞動契約約定之勞動條件未達勞基法所定之基準（包括根本未爲約定），其約定無效，無效之部分以勞基法之規定代之（註7），基於此「替代性與補充性」之效力，該勞基法規定之內容成爲契約之內容（註8）而生私法上之效力（註9），實際上，當事人係依「勞動契約」（已吸收了勞基法之內容）爲請求，並非依勞基法而請求，其請求權基礎或法源係「契約」而非勞基法，關於此項見解，上述判決亦指出「勞動者雖因之有請求權，乃係基於其與雇主間勞動契約而成立勞動關係而生，而非因雇主違反公法作爲義務而生」（註10）。

上述法律結構，應均可適用於「勞動基準」性質之法令，即除勞基法外，亦可適用於「場礦工人受僱解僱辦法」（註11）、「台灣省工廠工人退休規則」或「勞工請

假規則」，但是，對於像「勞工安全衛生條例」屬於「純為公法」之勞動保護法（註 12），不直接成為勞動契約之內容，其與私法體系發生關連，僅能作為民法第一百八十四條第二項規定之「保護他人之法律」，於契約關係以外之侵權行為關係中，發揮「推定有過失」之作用而已。

二、勞動法與民法源

那些勞動法令與勞資間之權利、義務有關？企業界、工會甚至勞工主管機關，對於冠有勞動法之名之勞動法較為熟知，反而對民法等一般法律中涉及勞資關係之規定較為陌生，因此，本節擬探討勞動法令與民法、商事法等一般法律之適用關係，以完全掌握勞動法法源之全貌，方便於勞資雙方作權利、義務之判斷。

(一)勞動法與民法、商事法等

依現代法理論，勞動關係（Arbeitsverhältnis）是一種「勞務」與「工資」的交換關係（Austauschverhältnis von Arbeit gegen Entgelt），即：一種雙務的、債務法上的交換關係（ein gengenseitiges schuldrechtliches

Austauschverhältnis），同時，它也是一種人的繼續性債之關係（persönales Dauerschuldverhältnis）（註 13），在此基礎下，勞動關係原則上有民法債篇、民法總則關於意思表示等規定之適用，只不過，勞動法的產生本係為了「社會化」作為市民法之民法（註 14），民法的若干規定受到勞動法規定之限制或受到勞動法學理論之制約而已。茲為明白起見，將民法中有關勞資關係之規定及問題，略予說明：

在勞動法未為特別規定或通稱「不適用勞基法之行業」等情形下，民法第四百八十二條至四百八十九條關於「僱傭契約」之規定，仍適用於勞動契約。適用民法僱傭之規定，在實務上常發生之類型有二： ①勞資雙方對終止契約是否合法發生爭議期間之工資給付問題，勞方可引用民法第 487 條主張資方受領勞務遲延而仍應付工資，而於勝訴時獲得追溯工資之效力， ②不定期契約，資方原則上得隨時終止契約（民法第四百八十八條第二項），但此只適用於不適用勞基法之行業，又，適用民法第四百八十八條第二項受到「有利於受僱人之習慣」之限制，唯目前於實務上，勞動「習慣」於法源上之地位，仍未受到應有之

重視。

　　相對於西德民法第 611 條、611a 條至 630 條關於「僱傭契約」之規定，我國僱傭契約之規定，顯然有所不足，例如：①服務證明書之請求（德國民法第 630 條），我國僅規定於勞基法第十九條，民法未規定，乃發生無勞基法適用之行業之勞工得否請求雇主發給服務證明書之問題，我國司法判決曾為「肯定」之判決，認為勞基法第十九條之規定「要非不能準用」，並應將各國勞工法發給工作證明書之規定視為法理援用之（註 15），實則，基於勞動契約之照顧義務（Fürsorgepflicht）雇主應發給服務證明書，②性別不利益待遇之禁止，西德於 1980 年修正民法，於 611a 條規定禁止以約定（Vereinbarung）或措施（Massnahme），在勞動關係之成立、終止、升遷、指揮等方面為性別之差別待遇，以及，在民法第 612 條第 3 項增訂男女同工同酬之規定（註 16），我國亦僅勞基法第二十五條有「同工同酬」之類似規定，此外，即無其他一般性之規定，乃發生無法可依，僅能透過民法第七十二條「公序良俗」及憲法第七條平等原則之規定，加以救濟（註 17），③一時的給付障礙：德國民法第 616 條第 1 項規定，勞動

者於勞動關係存續中，因非可歸責的，存於自已一身之事由，在非長期之期間（Verhältnis massig nicht erhebliche zeit）勞務給付不能時，不失其工資請求權，依此規定，勞工因病不能工作，工資在六週之範圍內受到保障，我國民法無此規定，僅有「勞工請假規則」之規定，過於瑣碎而不週全，實應於民法作一般性之規定（註18），否則，如仍適用民法第二百六十六條「因不可歸責於雙方當事人之事由致一方給付不能者，他方免為對待給付之規定」，對勞工甚為不利。　④雇主對勞工生命、健康之保護義務：德國民法第618條規定，雇主為保護勞工之生命及健康免遭危險，就其實施勞務之處所、設備及工具，應有適當之設施與維持，如有不履行，應負損害賠償責任，此為雇主照顧義務（Fürsorgepflicht）之具體化規定，十分重要（註19），我國民法並無規定，有所不足。於發生類似案例時，只能引勞工安全衛生法及勞基法第八條「安全衛生」規定，並依民法第一百八十四條第二項「違反保護他人之法律」之規定，請求侵權行為之損害賠償（註20）。

(二)勞動法與公司法

在西德，商法（Das Handelsgesetzbuch 1897）亦為勞動法法源，例如，其所規定之商業輔助人（Handlungsgehilfe）負有競業禁止（Wettbewerbsverbot）（第 60 條）及勞動關係終止後之競業禁止義務（第 74 條，94 條 a）（註 21）。我國採民商合一制，商人亦適用民法，無商法典，但在學術上仍有「商法」之名，以綜合稱公司法、海商法、保險法、票據法等四個特別法，其中，公司法、海商法之部分規定，為勞動關係之法源，以公司法為例，例如，公司法第三十二條亦規定經理人之在勞動契約存續中之競業禁止義務，與上述德國商法第 60 條之規定相當（註22）。

另，公司法中關於「員工分配紅利」之規定（第二百三十五條第二項）、「員工入股」的規定（第二百六十七條）以及「員工分紅入股」的規定（第 240 條第 4 項），都是事關員工權益之重要法源，於近年來「股價高漲」之時期，為勞工及工會感與趣之訴求之一，深具重要性（註23），再者，為了防止員工入股後立即辭職，如公司與勞工約定，勞工取得股票後任職未滿三年，股票由公司無條

件收回，則涉及違反「公司收回自己股票」之禁止規定（公司法第一百六十七條）；又如公司與勞工約定，勞工在若干年內不得出售股票，則違反了「股票自由轉讓」之規定（第一百六十三條），類此規定，均屬勞工法之法源，且為實務上發生過之案例。

在勞動法無特別規定之情形下，公司法之上述規定也適用於勞動法。

(三)勞動法與海商法

關於海員僱傭契約之勞動條件，海商法第五十四條至第八十條設有規定，另，海商法亦設有關於海員工資優先權之規定（第二十四條第 3 款），其所規定之內容有部分與勞動基準法構成衝突，例如，關於退休之規定（第七十五，七十六條）、職業災害之規定（第七十三條）、終止契約之規定（第五十七，五十八條） 均與勞基法之規定不同，此時，應以何者優先適用？就此二同位階之法源間之適用問題，應適用「特別原則」（Spezialitätprinzip)（特別法優於普通法）（註 24），即：海商法之規定優先適用。實務上，主管機關亦認為，海商法第五條規定：

「海商事件本法無規定者，適用民法及其他有關法律之規定」，海員應先適用海商法之規定，於海商法無規定者，始適用民法及其他法律之規定，勞動基準法之規定，僅能視爲海商法第五條所稱「其他有關法律之規定」，衡諸勞動基準法原係依據陸上勞工之條件爲基礎，其適用於海員，需在海商法無規定之情形下，並應以勞動基準法關於與海員之性質能相容之部分爲準（註25）。

(四)勞動法與專利、著作權法

勞工所加工之動產，其所有權屬於僱主，排除民法第八百一十四條但書「加工所增之價值顯逾材料之價值時，其加工物所有權屬於加工人」之規定（註26）。不僅有形之動產有此問題，即無形之發明、創作、著作，在勞動關係中亦發生其權利歸屬於何人的問題，爲此，我國專利法及著作權法均設有劃分其權利歸屬的規定，可認爲係勞動法之法源。

專利法將發明分爲「職務上之發明」（雇用人所有，第五十一條）、「與職務有關之發明」（共有，第五十二條）、「與職務無關之發明」（受僱人所有，但係利用雇

用人資源或經驗者，雇用人得依契約於該事業實施發明，第五十三條），如受雇人雇用人間所訂契約使受僱人不得享受其發明之權益無效（第五十四條），此些規定於新型及新式樣專利均予準用（第一百一十條、一百二十九條），值得注意的是，已公布但迄未施行之勞動契約法第七條亦針對發明作規定，但與上述諸規定之內容不一樣，於重訂新的勞動契約法時，必須全面加以調整。在著作權法方面，則規定「出資聘人完成之著作，其著作權歸出資人享有，但當事人另有約定者，從其約定」（第10）。

註釋：

註1：以上資料，參見王澤鑑，勞工法之社會功能及勞工法學之基本任務，收於民法學說與判例研究（二），第371頁。

註2：Adomeit, Rechtsquellenfrangn im Arbeitsrecht, S.7.

註3：Zöllner , Arbeitsrecht, S.72。

註4：以上參見王澤鑑，勞工法之社會功能與勞工法學之任務，收於氏著民法學說與判例研究（二），第371、372頁。

註5：陳繼盛，建立勞工法規完整體系之研究，第55頁，行政院71年印行。

註6：參見台北地方法院士林分院74年度附民字第157號判決。另，針對「廠礦工人受僱解僱辦法之性質，同院74年度附民字第156號判決，亦表示相同之看法，該判決進一步認為，勞工僅因雇主履行行為之對象而受有反射利益……，從業員雖因之有請求權，乃係基於其與雇主

間訂有個別之勞動契約而成立勞動關係之故，而非因雇主違反公法作爲義務而生。」

註7：我國勞基法第一條第二項僅規定「雇主與勞工所訂勞動條件，不得低於本法所訂之最低標準」，並未如日本勞基法第13條明白規定「勞動契約約定之勞動條件未達本法所規定之基準，其部分無效；無效之部分依本法所定之基準」，但應作相同之解釋。

註8：參見日本労働省労働基準局編，労働基準法上冊，第172頁。

註9：片岡曻、橫井芳弘，労働法，第330頁。

註10：台北地方法院士林分院74年度附民字第157號判決及同院74年度附民字第156號判決。

註11：同上註第156號判決即係針對「廠場工人受僱解僱辦法」而作之判決。

註12：此係陳繼盛教授之分類（第二類），見氏著，建立勞工法規定整個體系之研究，第42項，行政院71年印行。

註13： Schmid, Gundzüge des Arbeitsrechts, s.41.42 。

註14：陳繼盛，建立勞工法規完整體系之研究，第33 — 36

頁，71 年行政院印行。

註 15：參見板橋地方法院 79 年度勞訴字第 9 號判決。

註 16： Palandt，Bürgerliches Gesetzbuch,l S.607f ； Zöllner，Arbeitsrecht, S.186f。

註 17：王澤鑑，勞動契約上之單身條款、基本人權與公序良俗，載萬國法律，第 50 期，第 3 頁以下，另，有關女性工作上平等問題之詳細立法、判例資料，可參俞慧君，女性工作平等權。

註 18：詳參拙著，勞基法實用第二冊，第 80 － 84 頁。

註 19： Zöllner，Arbeitsrecht, S.172。

註 20：拙著，勞動基準法實用第一冊，第 322 － 324 頁。

註 21： Hanau/Adoeit, Arbeitsrecht, S.48。

註 22：另民法第五百六十二條也有相同之規定。

註 23：筆者曾處理過工會以此作為罷工訴求之調解案件，另，員工分紅、入股、分紅入股之基本問題，可參考洪貴參，公司法有關員工之規定，水牛出版社，78 年 4 月初版。鄭傑夫，員工持股制度之研究，政大法研碩士論文，69 年 6 月；陳金福，我國企業員工分紅入股制度研究，文化勞工研究所碩士論文，70 年七月。

註 24 ： Schmid, Grundzüge des Arbeitsrechts, S.40

Hanau/Adomeit ， Arbeitsrecht, S.31 。

註 25 ：參見行政院 75 年 4 月 19 日台 (75) 內 7899 號函，載行政院勞工委員會勞工法規釋例編審委員會編，勞動基準法暨附屬法規解釋令，78 年 9 月修訂版，第 118 頁。

註 26 ： Sinzheimer 認為雇主取得生產物之所有權係勞動法中「權利法之內容」；見氏著，Grundzüge des Arbeitrechts 之日文譯本，第 157 頁，栖崎二郎，蓼沼謙一譯，東京大學出版會出版。

第三節　勞動法之體系與適用

一、個別勞動法與團體勞動法

　　由於在我國，並沒有一個統一的勞動法典 (einheitliches Arbeitsgesetzbuch)，所謂「勞動法」，實際上係由一群個別的勞動立法（制定法）所組成，這些勞動立法（制定法）當然為勞動法之最主要法源，它們構成一個體系，其中，最普遍為人使用之體系是，將勞動法分類為：以個別勞工及雇主為規範對象之「個別勞動法」 (individual Arbeitsrecht) 及以勞工團體及雇主或雇主團體為規範對象之「團體勞動法」(Kollektives Arbeitsrecht)（註1），以下，本文擬以此分類，概述勞動法之內容，並討論此二類勞動法之間之適用關係：

(一)個別勞動法

　　個別勞動法以個別勞工及雇主為規範對象，又可分為「勞動關係法」及「勞動保護法」兩個領域（註2），前者

以當事人間之「意思表示」為基礎，以成立勞動關係及決定勞動關係內容或終止勞動關係，基本上，這是一種勞動契約之關係；後者，則在選定勞動關係中必需由國家干預之項目，由國家以強制性立法，干預當事人之意思表示以達保護勞工之目的，以下分述之：

1. 勞動關係法（勞動契約法：未施行）

　　勞動關係是一種以當事人之意思表示為基礎之關係，如當事人無成立勞動契約之意思，則無法成立勞動關係，這是所有個別勞動法及團體勞動法有適用餘地之前提。關於此點，筆者因近年來多次與大陸接觸，有機會代表臺灣企業與大陸勞工簽定合同，而深有體會。按大陸採社會主義法制，在「公有制」或「集體制」之下，個人之意思表示，鮮有發揮作用之餘地，以勞動法制為例，多以「工會」名義與「三資企業」（註3）簽定「勞動合同」，完全取代個別勞工之意思表示（註4），在此對照下，令吾人對個別勞工有意思表示之機會，頓覺珍貴，深覺其係一切勞動法具有適用餘地之前提。

　　以個別勞工為基礎之勞動契約雖如此重要，但在我國卻可以說尚乏規範個別勞動契約之完整法律，蓋「勞動契

約法」雖於民國 25 年 12 月 25 日公佈，但迄今仍未施行，因此，規範勞動契約之法律不得不回到民法中僱傭及債法之規定，這可以說是一項未完成的「從僱傭契約到勞動契約」（註 5），殊為可惜，最近，勞動會已委託專家，重新修正勞動契約法，擬將此「社會化」的工作完成，於不久之將來將新的勞動契約法公布施行（註 6），深具意義。

　　勞動契約法相對於民法，增加了許多勞動契約之內容，將原屬於理論上之附隨義務或忠實義務、照顧義務具體化、明文化： ①勞動者之忠實義務方面：兼業禁止（勞動契約法第八條）、服從義務（勞動契約法第十條）、發明之歸屬（同法第七條）、保密義務（陳繼盛草擬修正勞動契約法草案第二十三條）、契約終止後之競業禁止義務（勞動契約法第十四條）， ②雇主之照顧義務方面：一時給付障礙時；雇主仍有給付工資之義務（陳繼盛草擬修正勞動契約法草案第三十八條）、未參與罷工、怠工者之工資請求權（同上第三十九條）、服務證明書之發給義務（勞動契約法第 38 條），

　　由於勞動契約法對於在職業上提供從屬性勞務之人，

均有適用（勞動契約法第一條），具有普遍性，在一般勞動契約多未以明文約定之情形下，勞動契約法規定之強制規定及任意規定，均成為勞動契約之內容，對勞動條件之形成，功能甚大！多年來因勞動契約法未能施行，故於勞動基準法立法時，將關於勞動契約終止之事項，也於勞動基準法第二章中加以規定，實則，該章規定應屬勞動契約法應規定之內容，因此，這樣的「變通」規定，事實上已多多少少破壞了法律應有之體系。

2. 勞動保護法（勞動基準法……）

　　勞動基準法在學理上屬於勞動保護法之一，係國家為了保護勞工，就重要之勞動條件訂定最低勞動條件基準，強制雇主遵守。強制之手段包括公權力之檢查、監督，以及刑罰、罰鍰之處罰，同時，賦予勞動基準成為勞動契約之勞動條件之效力。由於，其只是規定「最低基準」，故通常就重要之事項如工時、工資、安全衛生等基本勞動條件作規定，範圍不宜過廣、條件不宜過高，否則，可能產生兩種弊病：即 ①違反社會經濟負擔能力之原則（註7）；②勞動契約法、團體協約、工作規則等其他法源無適用之餘地。

　　由於目前我國勞動契約法尚未實行，亦無訂立團體協約之文化，故勞動基準法規定之事項較廣，包括勞動契約之終止、資遣費、退休金，均為日本勞動基準法所無，部分企業抱怨勞動基準高於先進工業國家，企業應先檢討我國因受長期戒嚴的影響未能發展團體協約文化所致。

　　在訴訟實務上，勞基法可說是我國勞動法中最常為人援用之法源，有關請求退休金之訴、請求資遣費之訴、請求勞災補償之訴，確認僱傭關係存在之訴、請求追補加班費之訴，均係依據勞基法之規定而請求，雖在理論上稱勞基法為「公法」（注8），但在上列訴訟實務中，當事人及法院適用勞基法，似均無公法之感覺。

　　除勞基法外，原工廠法及其附屬工廠工人退休規則、礦工退休規則、廠礦工人受僱解僱辦法等規定，亦均屬勞動保護法之範疇，此些規定，現與勞基法並存，凡勞基法施行前（73年7月31日）之年資之部分，依勞基法施行細則第二十八條、第八條「分段適用」之規定，該等規定仍有適用之餘地，自為重要法源之一。

　　另「勞工安全衛生法」、「礦場安全衛生法」亦屬勞動保護法之範疇，相對於上述法律，此二法屬純粹之公

法，當事人間權利、義務發生爭議時，甚少援用之，故其內容，一般人較爲不熟；在實務上，發生勞動災害時，如雇主違反安全衛生之規定，可認爲違反「保護他人之法律」，勞工得依民法第一百八十四條第二項規定，主張「推定雇主有過失」，而請求損害賠償，由此角度來看，此二法律亦爲勞工法之重要法源。

最後，有關勞工保險條例之有關規定，亦屬勞動保護法（註9），於雇主依法投保時，勞工對勞保局享有各種勞保給付請求權，於雇主未依法投保時，勞工因此所受未能領取勞保給付之損害，得向雇主請求損害賠償（勞工保險條例73條）。

(二)團體勞動法

團體勞動法係以多數勞工及工會（勞動組織）爲法律規範之基礎，以下分工會法（勞動組織法）、團體協約法、勞資爭議處理法加以說明：

1. 工會法

我國工會法規定工會組織及工會之部分團體行爲，爲團體勞動法之重要法源，其重要之規定包括： ①工會組

織：工會任務（第五條）、工會之種類、設立（第 6 － 11 條）、會員資格（第十二、十三條）、工會職員（第 14 － 18 條）、會員大會（19 － 21 條）， ②爭議行為：非經調解無效，會員大會以無記名投票過半數之同意，不得罷工（第二十六條第一項）、罷工之行為態樣之限制（第二十六條第二項、第二十九條第 1 款）， ③工會活動之免責及責任（第十八條）、工會理監事之請假（第三十五條第二項）， ④不當勞動行為（unfair labor practice）之禁止：不利待遇之禁止（第三十五條第一項）、黃犬契約（yellow-dog contract）之禁止（第三十六條）、禁止以參加爭議作為解雇理由（第三十七條）。

現行工會法在爭議行為、不當勞動行為等方面之規定可謂尚非周全，尤無促進團體交涉之規定（註 10）。對於爭議行為以外工會活動合法與非合法之界限及類型（註 11），更乏規定，判決、學說亦鮮有探討，成為團體勞動法中陰暗不明之角落，勞資間無所適從，目前工會法刻於修正中，實宜在這些方面加強規範。

有趣的是，上述「團體勞動法」之規定，許多與「個別勞工」與雇主間之權利義務直接有關，例如，爭議行為

是否合法影響個別勞工之民事責任（契約責任、侵權責任）、工會活動是否合法影響雇主行使工作規則中規定之懲戒勞工之權限、不當勞動行為之禁止規定影響雇主解雇或調動勞工之效力（註 12），因此，這些規定，可以說是個別勞動法之特別規定。

1. 團體協約法

從規範的角度來說，我國團體協約法無疑地係團體勞動法之重要法源。透過團體協約法第十六條之規定，一個團體協約得以超越「契約」之性質，具有「規範」的效力，對個別勞動契約發生強行及直接規律之效力，另，團體協約法規定團體協約之「繼續效力」（餘後效 Nachwirkung），對嗣後成？協約關係人者亦適用團體協約（第十四條第二項），均使團體協約具有超過「契約」應有之效力，深深影響勞工與雇主間之權利義務，與英國之團體協約僅具有「君子協定」之性質，無「法」的拘束力（註13），大不相同。

2. 勞資爭議處理法

我國的「勞資爭議」處理法，並非關於「爭議行為」之法律，而係「防止爭議行為」之法律，即：藉著「調

解」、「仲裁」之程序，企圖防止爭議行為，甚至於第 8 條規定「勞資爭議在調解、仲裁期間，勞方不得因該勞資爭議事件而罷工、怠工或為其他影響工作秩序之行為」。

本法共計 45 條，大部分均屬調解或仲裁方面「程序」性之法律，而非關係權利或義務之實體規定，在法源論中，不擬探討。其中，與實體上權利或義務有關之規定，除如上述第八條對「爭議行為」之限制規定（爭議權之限制）外，尚有：①第七條：「勞資爭議在調解或仲裁期間，資方不得因該勞爭議事件而歇業、停工、終止勞動契約或為其他不利於勞工之行為」，②第二十一條、第三十五條第二項：調解（或仲裁）成立者視為爭議當事人之契約，當事人一方為勞工團體時，視為當事人間之團體協約。

二、適用關係

個別勞動法與團體勞動法是勞動法體系之基本分類，已如前述，為此，有必要以此分類為基礎，探討個別勞動法與團體勞動法之適用關係：

(一)團體勞動法以個別勞動法為基礎

資本主義社會之勞動關係，以個別的勞動契約為勞資結合之前提，故在法律上，個別的勞動法是團體勞動法之基礎或前提。在邏輯上，個別的勞動法並非「必順」發展到團體勞動法之關係，但團體勞動法則「必須」以個別勞動法為基礎，以工會組織之例子而言，工會法並不承認「以政治活動及社會運動為主要目的之工會」，此係該「工會」已偏離與雇主間之「勞動關係」（勞動契約關係）之原故（註14）；又如，我國之「廠場為業工會」，工會會員、理監事必須具有「受僱人」資格（工會法第13條），更足以顯示團體勞動法律關係以個別勞動法律關係為基礎！並且，這種關係已近乎「極端」，致雇主於個別勞動法「動手腳」，以「解僱」或「調動」之方式，即易於根本動搖團體勞動法律關係（註15），此種「極端」情形，有必要加緩和，否則，團體勞動法不易獲得充分之發展，緩和之方式有二： ①將廠場產業工會擴大為企業別工會甚至產業別工會， ②在某段時間內尤其是爭議期間內暫時維持被「解僱」或「調職」員工之會員資格及理監事資格。當然在採「產業別工會」及「職種別工會」之國家或領域

中，團體勞動法在「時間上」即不以個別勞動法爲基礎，但無論如何，各失業而無勞動關係之人，也「希望」獲得個別勞動法上之勞動關係，依此點「希望」，也多少顯示就「長期」或「常態」而言，團體勞動法以個別勞動法爲基礎。

其次，再以團體協約爲例，依我國團體協約法之規定，適用團體協約之關係人以成立個別勞動法上之勞動契約爲前提（第十四條第二項），終止勞動契約時起終止適用（第十五條後段），亦可顯示團體勞動法以個別勞動法爲基礎，不過，在承認「一般化效力之宣告」（Allgemeinverbindlicherklärung）制度之國家（註16），此種關連基礎，即已和緩化。

綜上所述，吾人於解釋或適用團體勞動法時，必須注意其以個別勞動法爲基礎之關係及「尺度」，對團體勞動法之立法或修法，尤須掌握此種關係及尺度。

(二)團體勞動法對個別勞動法之影響

探討團體勞動法與個別勞動法之適用關係，很自然地，會考慮到團體勞動法本係爲了修正個別勞動法對勞工

保護之不足，進而，推想到團體勞動法對於個別勞動法是否具有優先適用之地位？或團體勞動法對個別勞動法之適用產生如何之影響？

當然，所謂「優先適用與否」，或須是團體勞動法與個別勞動法「競合」之部分，否則，各規範各的，似無優先適用與否之問題。因此，以下就團體勞動法與個別勞動法可能發生規範競合部分及其適用關係加以探索。

按個別勞動法除「公法」之部分外，法律規定之權利或義務人均以個別勞工為主體，與此相對，團體勞動法所規定之權利或義務之主體，理應為勞工團體（工會），然而，團體勞動法卻非以此為限，團體勞動法為了鞏固勞工團體（工會），有時必須特別保護構成勞工團體（工會）之各個分子即勞工個人，就此部分，團體勞動法乃容易與個別勞動法構成競合，而生團體法優位或至少影響個別勞動法之適用之現象，以下舉若干類型說明之：

1. 爭議行為

同樣不給付勞務，在個別勞動法，產生債務不履行之問題，並進而產生是否負損害賠償責任及是否得解僱勞工

之問題；如果，不給付勞務係集體爲之，則在團體勞動法上發生了「爭議行爲」，在承認勞工享有集體的「罷工權」（註17）之下，此時，團體勞動法即影響了個別勞動法之解釋、適用，即：團體勞動法相對於個別勞動法享有優位地位！以下分損害賠償、解僱甚至刑事責任等問題，略加敘述：

(1) 罷工對損害賠償之影響

依據個別勞約的約定，勞方有義務依資方的「指揮監督」，提供勞務。一旦發生了罷工，勞方於外觀上陷於「債務不履行」，其是否須負債務不履行的損害賠償責任？另外，罷工時可能伴隨的占據職場、業務妨害、杯葛等行爲，勞方尤其不已首謀者是否須對雇主負「侵權行爲」的損害賠償責任？乃成爲問題。

在先進資本主義國家，在早期罷工制開始時，罷工即受到「違反契約」及「侵權行爲」所帶來的損害賠償責任及禁止令（injunction）的壓制，經過百數年的努力，各國相繼以立法或判例免去勞方或工會的民事責任（註18），於是，罷工權才算眞正確立。目前日本工會法（勞動組合法）第8條即規定「雇主不得以因正當的罷工或其他爭議

行為而受到損害，對工會及其會員請求賠償」，就是此種「民事免責」原則的具體表現，也可說明，團體勞動法修正了個別勞動法，團體勞動法享有優位地位。

我國民法第二百二十六條規定「因可歸責於債務人事由，致給付不能者，債權人得請求損害賠償」。如依民法，勞方可能須對債務不履行負損害賠償責任，面對此問題，應參考罷工權的發展歷史及團體勞動法，將罷工而不給付勞務解釋為「不可歸責」。

工會法第十八條第一項規定「工會之理事及其代理人因執行職務所加於他人之損害，工會應負連帶責任。但因關於勞動條件，使會員為協同之行為或對於會員之行為加以限制，致使雇主受僱用關係上之損害者，不在此限。」罷工及其他爭議行為，就是所謂的「關於勞動條件，使會員為協同之行為或對會員之行為加以限制」，雇主對於「理事及其代理人」及工會不得請求損害賠償，即團體勞動法（工會法）影響了個別勞動法之適用。

(2) 罷工對解僱之影響

勞工參加「正當」的罷工行動，雇主可否以其連續曠工三日（勞基法第十二條第六款）為理由予以解僱？

　　我國工會會第三十七條規定「在勞資爭議期間，雇主或其代理人不得以勞工參加勞資爭議爲理由解僱之」，可以說是「民事免責」及「不得解僱」的具體表現（註19）（不過，此條文列出「在勞資爭議期間」，容易令人誤會「只有在爭議期間，才不可以解僱勞工；在勞資爭議期間結束後，可以解僱勞工」，因此，宜將「在勞資爭議期間」一詞刪去，希望工會法的修正，能注意到此點）。

　　日本工會法第7條第1款也規定，禁止雇主對參與爭議行爲（包括罷工）的勞工爲不利益的對待。如果法律行爲違反此規定則無效，反之，如果是事實行爲違反此規定，則具備侵權行爲之違法性。此種結論，可以說在日本的判例及學說上均無異論，不過其法律結構卻有一點不同，最高裁判所判例認爲違反工會法上禁止不利益對待規定的法律行爲，當然無效，因爲，此規定屬於私法上的「強行規定」，違反強行規定當然無效；另一方面，則有人認爲，對正當爭議行爲的實行者爲不利益對待，違反了日本憲法第28條保障團體行動權所構築的「公共秩序」，因此而無效（註20）。

　　以上說明，團體勞動法（工會法第三十七條）優先於

個別勞動法（勞基法第十二條第一項第 6 款「繼續曠工 3 日」）。

(3) 罷工與刑事免責

在勞資爭議、罷工期間、勞方容易觸犯那些刑事犯罪規定？法律應規定如保護參與爭議、罷工的勞工，使其在合理範圍內能免於刑事責任的追訴？在承認勞工有爭議權、罷工權的國家，均由法律規定在「刑事免責」、「民事免責」及「禁止不利益對待」等三方面來保護勞工。以下就勞方在罷工期間容易觸犯的刑法規定加以介紹，接著，並對「刑事免責」的法理加以說明。

在勞方實施罷工、職場占據、生產管理、斷絕第三者與之交易等爭議行為時，勞工的行為在表現上很容易構成下列刑法所規定的「犯罪」：　①侵入住宅罪（無故侵入他人住宅、建築物或附連圍繞之土地或船艦者，處一年以下有期徒刑、拘役或三百元以下罰金。無故藏匿其內或受退去之要求而仍留滯者亦同，刑法三百零六條）；　②強制罪（以強暴、脅迫使人行無義務之事或妨害人行使權利者，處 3 年以下有期徒刑……，刑法三百零四條）；　③公然聚眾罪（公然聚眾意圖為強暴、脅迫，已受該管公務員解散命

令三次以上而不解散者，處 6 月以下有期徒刑……，首謀者處 3 年以下有期徒刑，刑法一百四十九條）。

以法律承認勞工有罷工或其他爭議方式的「集體行動權」，首先必須在某種合理的範圍內給予勞工「刑事免責權」，將勞工從上述或其他刑事責任中解救出來，如此，所謂罷工權、爭議權才有實際的意義。

觀諸先進資本主義國家的「罷工權史」，起初，勞工以集體方式「故意」妨害雇主的業務，被認為具有「集團加害性」，以立法或判決有罪，其後，經過百數年的犧牲奮鬥，才免去刑事責任。目前，日本，其工會法（勞動組合法）第一條第二項即明文規定了勞方之「刑事免責權」，大意是說：團體交涉、罷工等工會的「正當行為」屬於刑法第三十五條「依法令或正當業務之行為，不罰」之規定中所謂「正當業務行為」的一種，可以阻卻違法（註21）。

我國刑法第二十二條也規定「業務上之正當行為，不罰」，而工會法的「業務」、「正當行為」不外是集體交涉、集體爭議、罷工（最後武器），在法律解釋學上，應屬於刑法第二十二條之「業務上之正當行為」而不罰。惟在 76 年以前的工會法，並沒有明文「刑事免責」的規定，

希望工會法的修正，能加以明文化。

2. 不當勞動行為

　　為了保障勞工之團結權，各國團體勞動法多設有類似「不當勞動行為」（unfair labor practice）之制度（註22），以限制雇主依個別勞動法、勞動契約或工作規則行使解僱權、調職權或其他不利待遇；此即，團體勞動法對個別勞動法之修正。

　　關於團體勞動法上雇主之不當勞動行為制度，我國工會法規定了三個條文顯示兩種類型：

　　A. 不利益待遇：工會法第三十五條第一項規定：「僱主或其他代理人，不得因工人擔任工會職務，拒絕僱用或解僱及為其他不利之待遇。」

　　工會法第三十七條規定：「在勞資爭議期間，僱主或其代理人不得以工人參加勞資爭議為理由解僱之。」

　　B. 黃犬契約：工會法第三十六條規定：「僱主或其代理人，對於工人，不得以不任工會職務為僱用條件。」

　　與各國制度比較言之，就不利待遇之原因而言，工會法第三十五條第一項法條所提及之原因僅為「擔任工會職

務」，而未提及「組織工會」、「加入工會」、「參與正當之工會活動」，顯然範圍過於狹隘，工會法修正時，有必要將此漏洞補充。至於「不利益待遇」之類型，我國工會法之規定，與各國制度相若，只是，其中之「拒絕僱用」，在我國採以廠、場為組織工會之單位之情形下，根本無從發生，蓋：已僱用之後，才有會員資格，有會員資格，才有機會擔任工會職務。因此，工會法的修正，應調整此類予盾。

大體而言，我國不當勞動行為制度尚極不健全，勞資雙方亦鮮有此類法意識，因此，「動機」實為瓦解工會卻名為「調動」等不利待遇之行為，多為資方所運用，致工會不健全，或成為「閹雞工會」，或走極端，殊非正常。作者認為，為使工會健全，應速在團體勞動法上建立較完整之不當勞動行為之制度，適當地限制雇主在個別勞動法上調職、解僱等權限。

註釋：

註 1：王澤鑑，勞工法之社會功能與勞工法學之基本任務，收
　　　於氏著，民法學說與判例研究（二），第 371 頁；陳繼
　　　盛，建立勞工法規完整體系之研究，第 40 － 46 頁，行
　　　政院 71 年印行； Adomeit, Rechtsquellenfragen im
　　　Arbeitsrecht S.9; 菅野和夫，勞働法； Zöllner,
　　　Arbeitsrecht, S.71。

註 2：參見陳繼盛，建立勞工法規完整體系之研究，第 40
　　　項，行政院 71 年印行。

註 3：三資企業是指外人獨資企業、中外合資經營企業、中外
　　　合作經營企業，在大陸，對三資企業分別立法規範。

註 4：「國務院」頒佈「中外合資經營企業勞動管理規定」第
　　　二條第二項規定「勞動合同，由合營企業的工會組織集
　　　體地簽訂；規模較小的合營企業，也可以同職工個別地
　　　簽訂」。

註 5：瑞士於 1971 年修正債務法，將第 10 章之「僱傭契約」
　　　改為「勞動契約」，其所代表社會化之意義，參見黃越

欽教授著,「從僱傭契約到勞動契約」——瑞士債法第十章修正之意義,載司法院印行,民事法律專題研究(三),第 46－84 頁。

註6:見勞委會委託陳繼盛教授主持研究「我國勞動契約法制之研究」78 年 7 月。

註7:社會經濟負擔能力之原則,參見王澤鑑教授,勞工法之社會功能及勞工法學之基本任務,收於氏著,民法學說與判例研究(二),第 360 頁。

註8:陳繼盛,建立勞工法規完整體系之研究,第 55 頁。

註9:陳繼盛,前揭文,第 63－67 頁。

註10:在日本,工會法將拒絕團體交涉作為雇主不當勞動行為之一種,參見角田邦重等人著,勞働法講義 2,勞働團體法第 369 頁以下。

註11:日本工會活動之類型,合法非法之界限,參見角田邦重,前揭書,第 101－118 頁。

註12:參見拙著,勞工團結權及企業管理權之侵害,載法學叢刊,第 137 期,79 年 1 月,第 88 頁以下。

註13:參見王澤鑑,英國勞工法之特色、體系及法源理論,收於氏著,民法學說與判例研究(二),第 414 頁以

下；菅野和夫，勞働法，第 436 頁；佐藤進，イギリ
スにわける労働協約，收於有斐閣，新労働法講座 5
労働協約，第 33 項以下。

註 14：參見日本工會法第 2 條 4 號，石井照久，労働法總
論，第 211 頁。

註 15：詳細例子及判決，參見拙著，勞工團結權及企業管理
權之侵害與救濟，載法學叢刊，第 137 期，第 91 頁以
下。

註 16：Hanau/Adomeit, Arbeitsrecht, S.60。

註 17：關於罷工權之憲法及制定法基礎，詳參黃程貫，勞資議
法律體系中之罷工概念、功能及法律結構，載政大法
學評論，第 39 期，195 頁以下，。管野和夫，労働
法，第 472 頁以下。

註 18：王澤鑑，英國勞工法之特色、體系及法源理論，民法
學說與判例研究（二），395 頁以下。管野和夫，労
働法，第 472 頁以下。

註 19：廖義男，現行勞資爭議法規與抗爭手段規定之檢討，
載台大法學論叢，第 19 卷 1 期，第 99、100 頁。

註 20：以上參見管野和夫，労働法，第 475、476 頁。

註 21：管野和夫，劳働法，第 472 － 474 頁。

註 22：關於日本、西德、英國「不當勞動行為」之制度，可詳參拙稿，團結權及企業管理權之侵害救濟，法學叢刊，第 137 期，第 91 頁以下，79 年 1 月。

第四節 行政法規及解釋令

研究勞動法法源，絕對無法忽視勞動行政法規及解釋令的存在。在我國，發行量最多的勞動法令圖書，應是行政院勞委會所編輯的「勞動基準法暨附屬法規解釋令」乙書，各級勞工行政機關之所有官員、企業人事部門之所有人員、各級工會幹部幾乎都人手一冊，他們對書中的任何一個解釋令，在那一頁？內容如何？都記得滾瓜爛熟，勞動基準法的內容，就靠著這些行政法規及解釋令，而爲人們理解、適用。因此，從實務的角度來看，行政法規及解釋令在勞動法法源或形成勞動條件之法的要素（rechtliche Faktoren der Gestaltung der Arbeitsbedigungen）（註1）中，占有舉足輕重之地位。本節擬對此二種法源加以探討。

一、勞工行政法規

(一)功能

我國勞動法除勞動契約法（未施行）以外，具有強烈

163

之公法成分，勞工行政主管機關依據法律授權或職權制定、頒佈了許多勞動行政法規，以規範未來、一般之事項。以最常爲勞資雙方適用之勞基法爲例，勞工行政主管機關依勞基法之授權所頒佈之行政法規即有九種之多（註2），因本文以探討勞資之間之私權爲重心，故以下僅就在實務上影響及於勞資間私權之重要規定，加以探討：

在勞動法實務上，輒被勞資雙方引爲權利或義務之依據者計有：①勞工請假規則：規定勞工得請婚假、喪假、公傷病假、普通傷病假、公假、事假之日數及請假時雇主是否應支付工資（註3）；②工資尤其是「經常性給與」之定義，勞基法施行細則第十條列舉了十種「非經常性給與」，此條規定影響勞工所能請求之退休金、資遣費、職業災害補償之金額，十分重要，此條規定，在「形式」上雖算明確，但其與母法即勞基法第2條第3款（工資之定義規定）之關係如何，必須謹慎認定，蓋二者在邏輯上並無必然之關係，詳言之，所謂「非經常性給與」並不限於勞動基法施行細則第十條所列舉之情形，反之，形式上之名稱雖符合列舉之情形，但如實質屬「經常性給與」，仍屬工資；③年資分段適用新舊法及「應比照」之規定（勞

基法施行細則第二十八條、第八條），此項規定，影響不適用工廠法但適用勞基法之行業（例如，運輸業）至鉅，引起許多勞資退休金爭議、訴訟，並造成行政與司法見解之不一致（詳如下述）；④事業單位實施勞工值日（夜）應行注意事項（註4），於勞基法之工作時間制度之外，創設經勞工同意從事「非勞動契約約定之工作」即值日（夜）之制度。

　　上述勞動行政法則，有的對法律具有解釋功能，有的則在法律之外發揮創造、補充功能：

1. 解釋之功能

　　前述「勞工請假規則」及「非經常性給與」之規定，可說是對勞基法之「解釋」，後者進一步具體化勞基法第二條第三款關於「工資」及「經常性給與」之定義，前者「勞工請假規則」則具體化勞基法第四十三條「勞工因婚、喪、疾病或其他正當事由得請假；請假應給之假期及事假以外期間內工資給付之最低標準，由中央主管機關定之」之規定，此規定變更了民法第二百六十六條關於「危險負擔」之規定，正符合「保護勞工之原則」。

2.創造、補充之功能

關於事業單位值日（夜）之問題，法律並未規定，上述「事業單位實施勞工值日（夜）應行注意事項」，毫無疑問地具有創造、補充之功能，彌補了法律之不足！至於，創造、補充是否合法係另一問題，於下段討論之。其次，勞基法施行細則第二十八條但書「應比照」的規定，究爲「解釋」性質或「創造、補充」性質，即有爭論。勞工行政主管機關一向認其係法律之授權（委任立法），故係「解釋」性規定，但資方則一向認爲其係「溯及既往」而逾越法律的規定，故係「創造、補充」性的規定。法院採取後者之見解，詳見下段之說明。

(二)法源地位及效力

上述勞動行政法規緊密地涉及勞資雙方之權利或義務，依法治國原則，必須探討這些規定是否違反「法律保留原則」。按所謂法律保留原則，最嚴格者爲「國會保留」（Parlamentsvorbehalt），凡涉及人民權利義務者，概由國會（立法機構）來制定法律，但隨著國家事務之日益繁雜，這樣的理想顯然無法運作，而必須放鬆，採取一

般的法律保留，將法律保留之「法律」擴充包括立法機關制定之「法律」、法律所授權之命令（委任命令）及地方自治規章（註 5）。至於，那些事項應由國會制定法律加以規範？那些事項可以授權「委任命令」或地方自治規章來規範？對此問題？西德以「重要性理論」（Wesentlichkeits-theorie）來作爲法律保留程度之區別標準，認爲凡規定之內容對公益或人民有重要、基本、強烈影響，對人民之基本權利之干預持續愈久威脅愈大，問題的複雜性在公衆間愈有爭議的，應由立法機關以法律加以規定（註 6），雖然，此項重要性的判斷標準欠缺足夠的明確性與可預測性（註 7），但至少已指出一個區別之方向、標準。就此問題，我國中央法規標準法第 5 條規定：「左列事項應以法律定之：一、憲法或法律明文規定，應以法律定之者。二、關於人民權利、義務者，三、關於國家各機關之組織者，四、其他重要事項之應以法律定之者。」，其中第四款「其他重要事項……」，與前述「重要性理論」類似，但其中第三款「關於人民權利、義務之事項」，一律以「法律」定之，顯然未依「重要性理論」加以區別，衡諸行政命令涉及人民之權利義務並不少見之實際，這樣嚴格

的法律保留之規定，顯非可行，以勞工行政法規而言，上述「勞工請假原則」、「非經常性給與之列舉規定」、「分段適用」、「應比照」之規定、「值日（夜）規定」，莫不多多少少涉及人民之權利義務，但我們實難指摘其全部均違反中央法規標準法第五條第 2 款規定而無效，只有勞基法施行細則第二十八條但書「應比照」的規定，涉及原不適用工廠法但適用勞基法之行業，例如運輸業，必須溯及既往地，「比照」台灣省工廠工人退休規則之標準，對勞基法施行（73 年 8 月 1 日）前之年資之部分支付退休金，而使這些行業因法令之變動而「額外」增加負擔千萬、億萬之退休金，顯係行政命令對人民有重要、基本、強烈的影響，並且，該問題的複雜性在公眾間具有強烈爭議性，依上述「重要性理論」，不得以「委任命令」之方式規定之，因此，在實務上，許多法院判決也認為「應比照」的規定使無義務之人溯及既往地負擔義務，違反中央法規標準法而無效（註 8），實務與理論，可謂一致，因此，應依「重要性理論」來限縮中央法規標準法第 5 條第 2 款，並以之作為判斷勞工行政法規規範勞資權利義務是否有效之標準。

二、勞動行政解釋令

(一)功能

在勞動法領域內，存有龐大之行政解釋令，其中以下列四大類為多：①勞動基準類、②工會類、③勞工保險類、④勞工安全衛生類（註9），每一類解釋令均各已編印成冊，成為關係人執法、適用法律之「聖經」，實際上成為引用最多的「法源」。其產生之原因不外乎：①下級勞工行政主管機關遇有執行疑問，每行文勞委會詢問，②各事業單位或工會遇有法令疑義，亦行文勞委會詢問，可見，解釋函令係行政主管機關因下級機關或人民之函詢，依公文程式條例第2條第4款之規定，以函之方式發布之對法令疑義之解釋（註10），以勞基法為例，論者謂勞基法之主要條文幾乎均有解釋令加以補充，離開解釋令，即無法了解勞基法（註11）。

按勞基法之解釋令對於勞基法具有解釋、具體化之功能，以及補充法律漏洞之功能，以下說明之：

1. 解釋、具體化之功能

　　勞基法中存有許多不明確的不確定法律概念，均需進一步解釋及具體化。本來，此項工作如能透過司法判決，則較具權威，但司法判決以發生訴訟為前提，對於極力避免訴訟之勞資雙方，自然無法促成有足夠之司法判決來進行此項工作，於是勞資雙方對法律之適用遇有疑義，每函詢主管機關作成解釋，對勞動法發揮了解釋、具體化之功能，例如①勞工之定義：總經理（註12）、廠長、人事人員（註13）均屬勞工；②「虧損」之認定，依近年來之經營狀況、經營能力及事實狀況個別認定（註14），③「預扣」工資之意義：指在違約、賠償等事實發生前或事實已發生，但責任歸屬、範圍大小、金額多寡等在未確定前，雇主預先扣發勞工工資作為違約金或賠償費用之意（註15）。

2. 創造、補充之功能

　　對於勞動法未規定之事項，行政解釋令也經常發揮「補充法律漏洞」之功能，而在事實上發揮極大之影響力。例如，①「調動五原則」雇主調動員工應依下列五原則：基於企業經營的必需、不得違反勞動契約、對勞工薪資及其他勞動條件未作不利之變更、調動後工作與原有工

作性質爲其體能及技術所可勝任、調動工作地點過遠雇主
應予以必要之協註（註 16），此項法律規定以外、基於誠
信原則及雇主指揮權之理論所作之「補充」，已在實務上
廣爲引用。②關於「試用」的法律關係：試用期間未屆滿
之終止契約，不發資遣費（註 17）、試用期間之假日及假
日工資與其他勞工相同（註 18）；③留職停薪之法律關
係：將留職停薪之人「資遣」，計算資遣費之平均工資
時，應以留職停薪生效日前六個月平均工資總額計算之
（註 19），留職停薪期間之年資不算入年資（註 20）。

(二)基本原則

　　勞動解釋令不問對勞動法進行解釋、具體化，或者爲
漏洞之補充除了應符合一般法律解釋及補充規則（註 21）
外，均應符合「勞動法之形成（或指導）原則」，即：
「保護勞工之基本原則」（憲法第 153 條）及「社會經濟
力負擔原則」，尤其前者。例如，關於「公司因訂單減
少，每星期工作五天，星期天停工一天，工資不發，是否
違反勞基法」之問題，有解釋令認爲「勞資雙方間，不論
明示或默認既成之勞動條件，基於『保護勞工原則』，不

得片面違約,事業單位為因應經濟不景氣,不得任意採取減少勞工工作日數藉以減發工資;惟事業單位如確有實際困難,倘該項工作日數及工資係於工作契約或團體協約明定者,其更改程序自須獲得工人或工會同意……」(註22)、也有認為「事業單位因業務無法正常營運部分停工,在維護勞工基本生活及兼顧雇主經營困難情形原則下,其停工期間之工資,應由勞資雙方商定」(註23),雖等於未能解決問題,但已指出兼顧「勞工基本生活」及「雇主經營困難」原則。

(三)法源地位與效力

　　勞動法領域之行政解釋令在法源上之地位如何?有無拘束主管機關、人民之效力?應如何控制其不違法或違憲?關於行政解釋令之法律性質,在行政法學上向來有「行政規則說」及「職權命令說」之爭論。有認為行政解釋令是一種「行政規則」(Verwaltungsvorschriften),乃行政機關就行政內部事務之處理規定不發生法規範效力之規定,對行政主體本身及人民不發生法規範(Rechtsnorm)之拘束力,對法官亦無拘束力,並且,因其非屬

「法規命令」，不受違法及違憲審查（註 24），又有認為行政解釋令之性質屬於中央法規標準法第七條所規定之「職權命令」，得由行政機關依職權逕行發布，不必法律授權，並且具有拘束行政主體本身及人民之法規範效力，但須接受違法和違憲審查（註 25），蓋判斷某行政行為在法律上之地位，不能純從理論著手，應考慮其於實務上扮演之角色以及實務見解之態度，即行政解釋令在現行行政實務上既廣受援用，行政法院見解亦承認其具有「與法律相同之效力」（註 26）。可見行政解釋令在現行法制上實具有職權命令之地位（註 27）。

本文認為，行政機關對於解釋令並無經過「公示」程序，只有在行政機關或一般出版社將其編成「彙編」時，人民始有知悉之餘地，故宜將其低列為其內部之「行政規則」之地位，且從其形式而言，依中央法規標準法第三條「各機關發布命令，得依其性質，稱規程、規則、細則、辦法、綱要、標準或準則」之規定，一般所稱之「職權命令」只能採用此七種名稱，行政解釋令顯非此七種，故不宜將解釋令認為職權命令。

然而，認為行政解釋令為「行政規則」，卻不一定須

如上述「行政規則說」所載之內容，絕對否認行政解釋令之對內及對外之拘束力。以對內（對公務員）效力而言，在日本認爲不違反法令之訓令、「通達」對受命機關之公務員而言是「職務命令」，有拘束下級行政機關公務員之效力，但其之所以發生效力並不是由於該訓令、通達本身，而是訓令、通達已轉換爲「職務命令」（註28）；在德國則認爲，行政規則是行政機關依據指揮權或組織權而制定，適用於下級機關，以規範其行爲，下級機關基於職務上之服從義務而受拘束（註29），依此理論，中央勞動主管機關所爲之解釋令，自有拘束各級勞工行政主管機關之拘束力。至於，對法院及人民之「對外效力」方面，在日本認爲訓令、通達對國民不具法的拘束力、不具有單方使國民之權利、義務變動之效力，法院也不能直接適用訓令、通達作爲裁判基準（註30）；但由於訓令、通達之公開，使一定之國民知悉，而逐步失其純粹「內部」之性質，從一定方向誘導國民行動，直接產生行政指導之事實上效果（註31）。在西德，雖認爲行政規則無直接的對外效力，不能對人民產生創設權利或義務之效力，以及法院不受行政規則之拘束，但透過「平等原則之行政自我約

束」理論、「行政慣例」（Verwaltungsübung）及「信賴保護原則」等方式，使行政規則產生間接對外效力（註32）。

由此可見，絕不能因認行政解釋令係行政規則而全然否認其對內及對外之效力，在勞工行政實務上，即接近於此種見解，即：勞工解釋令對內有拘束下級勞工主管機關之效力，對於人民則具有強烈「誘導人民行動」之事實上效果，產生了「事實上的對外效力」（faktisch Aussenwirkung），對法院而言，勞動解釋令雖非得作為裁判規範之「法源」，但卻係裁判時之「重要參考資料」，無論係對勞動法之解釋或補充，均具有法的創設機能，並強烈誘導法院依之而為判決（註33）誠如大法官會議釋字第216號解釋所言，法官「固可予以引用，但仍得依據法律，表示適當之不同見解，並不受其拘束」，以下詳述之。

(四)司法審查

就行政解釋令之法律地位及是否有拘束法院之效力，司法院大法官會議曾為數次解釋，最新之釋字第216號解釋，最為清楚，茲謹錄於下：

「法官依據法律獨立審判，憲法第80條載有明文。各

機關依其職掌就有關法規爲釋示之行政命令，法官於審判案件時，固可予以引用，但仍得依據法律，表示適當之不同見解，並不受其拘束，本院釋字第137號解釋即係本此意旨；司法行政機關所發司法行政上之命令，如涉及審判上之法律見解，僅供法官參考，法官於審判案件時，亦不受其拘束，惟如經法官於裁判上引用者，當事人即得依司法院大法官會議法第4條第1項第2款之規定聲請解釋……」（註34）

在勞動法司法實務上，法院不乏對勞動解釋令「表示適當之不同見解，並不受其拘束」之判決，例如，勞工應休而未休之特別休假，對其未休，雇主應補發工資，此項補發之工資，是否應算入「平均工資」以計算退休金，主管機關曾認爲「計算平均工資時，應將特別休假工資列入一併計算」（註35），然而，因爲不休特別休假加發之工資一年只拿一次，而且，無法確定係退休前「六個月內之所得」或「十二個月內之所得」，不符「經常性給與」之定義及平均工資以「六個月內」爲計算基礎之規定，因此，法院即不採解釋令之見解，認定「不算入均工資」（註36），值得參考。這也顯示，行政解釋令不得違反法

律甚至法理的基本原則。

　　法官依上述大法官會議釋字第 216 號解釋之意旨，如於判決中，依據法律，對勞工解釋令表示適當的不同見解，產生司法與行政釋令之衝突，面對此衝突，必造成人民無所適從，以及下級勞工行政主管機關之困擾，尤其是，法院之判決多起而不再是個案時，為尊重司法對權利事項之最終裁決權。此時，為解釋令之中央主管機關，宜速依據法律檢討、修正該釋令，不宜以形式上該判決非「判例」為理由而牽延改善。

註釋：

註1： Zöllner, 即將「法規命令」(Rechtsverordnung) 列
為法源論討對象之一，見氏著 Arbeitsrecht, S.64 ；有
泉亨亦將勞工行政法規及解釋令，列為法源討論對象，
見氏著，勞動基準法，第 11 － 31 頁。

註2：包括勞基法施行細則、勞工請假規則、勞工退休準備金
提撥及管理辦法、事業單位勞工退休準備金監督委員會
組織規程、退休準備金收支保管運用辦法、違反勞動基
準法罰鍰案件處理要點、省市勞工檢察機構組織準則、
勞工檢察員服務規則、勞資會議實施辦法。

註3：有關請假之實務問題，詳參拙著，勞基法實用第二冊，
第 91 － 122 頁。

註4：內政部 74 年 12 月 5 日 (74) 台內勞字第 357972 號函。

註5： Hartmut Haurer, Allgemeines Verwaltungsrecht,
1985, S.77f 。

註6： Hartmut Haurer, 前揭書，§ 6 Rn.11

註7： Michael Klopfer, Der Vorbehalt des Gesetzes im

Wandel, JZ 1984, S,692。

註 8：最高法院 75 年台上字第 943 號判決。

註 9：以上解釋令彙編計有勞委會編「勞動基準法暨附屬法規解釋令」；中華民國勞資關係協會編，勞工保險法令彙編；

註 10：參見胡開誠，我國現行法制之結構及行政法規之檢討整理，台大法學論叢，6 卷 2 期，第 117 頁。

註 11：有泉亨，勞働基準法，第 30 頁。

註 12：內政部 74 年 7 月 1 日 (74) 台內勞字第 329130 號函。

註 13：財政部 74 年 9 月 4 日 (74) 財豬字第 21603 號函。

註 14：內政部 74 年 3 月 28 日 (74) 台內勞字第 303703 號函。

註 15：內政部 73 年 12 月 15 日 (73) 台內勞字第 2799123 號函。

註 16：內政部 74 年 9 月 5 日 (74) 台內勞字第 328433 號函，其他相同函及其詳細討論，見第七章第三節。

註 17：內政部 74 年 4 月 20 日 (74) 台內勞字第 308108 號函。

註 18：內政部 74 年 4 月 8 日 (74) 台內勞字第 296654 號

函。

註 19：內政部 74 年 4 月 26 日 (74) 台內勞字第 306914 號
　　　函。

註 20：內政部 75 年 9 月 17 日 (75) 台內勞字第 438627 號
　　　函。

註 21：法律解釋及法律補充，參王澤鑑教授，民法實例研習
　　　叢書第一冊，基礎理論，第 125 頁以下。

註 22：內政部 71 年 11 月 10 日 (71) 台內勞字第 115453 號
　　　函，74 年 12 月 29 日 (74) 台內勞字第 281233 號
　　　函。

註 23：內政部 74 年 8 月 28 日 (74) 台內勞字第 333097 號
　　　函。

註 24：朱武獻，命令與行政規則之區別，收於氏著公法專題
　　　研究（一），75 年 1 月初版，第 15 頁；莊國榮，職
　　　權命令與行政規則之研究，台大碩士論文，75 年，第
　　　150 頁。

註 25：參見翁岳生，行政法與現代法治國家，第 109 頁以
　　　下。

註 26：參行政法院 59 年判字第 148 號判決。

註 27：以上見解及資料，參見林合民，行政解釋令之法律地
　　　　位與司法獨立，載植根雜誌，3 卷 7 期，第 253 頁。

註 28：平岡久，訓令、通達，收於現代行政法大系，第 7
　　　　卷，昭和 60 年 6 月初版一刷，第 212、213 頁，有
　　　　斐閣。

註 29：Hartmut Haurer，前揭書，§ 24 Rn.16。

註 30：平岡久，前揭書，第 212 頁。

註 31：Hartmut Haurer, 前揭書，§ 24 Rn.17。

註 32：詳參莊國榮，職權命令與行政規則之研究，37--52
　　　　頁。

註 33：本多淳亮，労働法の法源，載日本労働法約會編，労
　　　　働法の基礎理論，第 114、115 頁。

註 34：此項解釋載於司法周刊，第 320 期，76 年 6 月 24
　　　　日；另與此號解釋相關者有釋字第 137 號、173 號、
　　　　191 號解釋。顯見，對於一個重要問題，大法官會議
　　　　應儘可能解釋清楚，免得須一連串以 4 號解釋加以解
　　　　釋。

　　　　有關釋字第 216 號解釋之解釋理由如下：

　　　　「法官依據法律獨立審判，不受任何干涉，憲法第八

十條載有明文。各機關依其職掌就有關法規為釋示之
行政命令，法官於審判案件時，固可予以引用，但仍
得依據法律，表示適當之不同見解，並不受其拘束，
本院釋字第 137 號解釋即係本此意旨；司法行政機關
所發行政上之命令，不影響於審判權之行使，為法院
組織法第 90 條所明定。司法行政機關自不得提示法律
上之見解而命法官於審判上適用，如有所提示亦僅供
法官參考，法官於審判案件時，不受其拘束。惟上述
各種命令如經法官於裁判上引用者，當事人即得依司
法院大法官會議法第 4 條第 1 項第 2 款之規定聲請解
釋。」

註 35：內政部 74 年 3 月 22 日（74）台內勞字第 294374 號
函。

註 36：台北地方法院 78 年勞訴字第 76 號判決、台灣高等法
院 78 年勞上易字第 68 號判決、台灣高等法院 77 年度
上字第 773 號判決。

第四章　團體協約

第一節　團體協約之法源地位

一、概說

　　團體協約（Tarifvertrag）是雇主或有法人資格之雇主團體與有法人資格之工人團體（工會），以規定勞動關係為目的所締結之書面契約（團體協約法第一條），它在勞動法之法源論中，一直被認為扮演著極為特殊之角色，為重要的勞動法的形成因素（arbeitsrechtliche Gestaltungs-faktor）（註1），其特殊性在於：①自治法源：團體協約雖具有較一般契約為強之規範效力而不同於契約；但它卻與勞動契約一樣，屬於「自治的勞動法」（autonomes Arbeitsrecht），以當事人之意思表示為成立基礎，為協約自治（Tarifautonomie）及法律所授權之法源，不同於和當事人意思無關之「國家勞動法」（staatliches Arbeitsrecht）（註2）！團體協約也具有與一般契約相同之「債務的效

力」（schuldrechtliche Wirkung），即：團體協約中不問債務的部分或規範的部分，除了具有一般債務法之效力外，更具有協約法上特別的履行義務（Durchführungspflicht）、和平義務（Friedenspflicht）（註3），②為團體的自治法源：團體協約係工人團體（工會）為促進眞正之契約自由（註4），以集體之方式與雇主締結書面契約，此種法源為其他法律領域所無；③規範的效力：針對團體協約之集團性，由團體協約法賦予團體協約「規範的效力」（normative Wirkung），對個別之勞動關係具有直接（unmittelbar）且強制（zwingend）的規範力，甚至在外國通過所謂「一般化宣告」（Allgemeinverbindlicherklärung）之制度，使其效力不僅及於協約當事人及關係人，均使得團體協約具有較民法規定所有契約較強之效力（註5），經由此些特殊性，吾人已不難體會團體協約在諸法源中，實具有豐富之內容及突出之地位！

團體協約在勞動法之諸法源中，立於「承上啓下」之地位，它上承勞動法律，依「有利原則」（Günstigkeitsprinzip）致勞動法律之強行規定僅具「片面強制性」（einzeitig zwingend）（註6）的空間中，成為勞方團體與雇

主間自治的規範，並進一步扮演「啓下」之工作，以團體協約法所賦予之「規範的效力」，對其下位階規範包括勞動契約、工作規則、雇主之指揮權等發生強行及直律的效力（團體協約法第 16 條）！當我們對個別的勞動契約（或一般契約）感覺較難於說明契約之「規範機能」（註 7）時，面對團體協約對下位階之勞動契約之「規範效力」，即有豁然之感。

如將法源之意義了解爲「得作爲裁判之大前提」，則團體協約因其「規範較力」及「債務的效力」得作爲裁判之大前提，而具有法源之地位，不過，因其拘束力係來自協約自治（Tarifautonomie）及團體協約法之授權。勞資爭議處理法第四條第二項則明白規定，團體協約與法令、勞動契約並列，同爲「權利事項」之依據！也代表法源之意義。

以下擬從自治法法源、團體法法源及規範設定契約之角度，來探討團體協約之法源地位。

二、自治法法源與國家法法源

Sinzheimer 於勞動法法源論中，將勞動法法源分爲：

國家的勞動法（staatliches Arbeitsrecht）、自治勞動法（autonomes Arbeitsrecht）及習慣勞動法（註8），此種分類可予延用。憲法、勞動法令（制定法令）屬國家的勞動法，本文於第二、三章中分別加以討論，其次，自治的勞動法則包括團體協約、工作規則、雇主之指揮權四種，均以當事人之意思（Will）為基礎，堪稱為「自治的法源」，其中尤以團體協約最具特色。此類自治的勞動法內容十分豐富，並不亞於國家的勞動法。在現代法治社會，為何容許如此豐富之自治法？此可從下列幾個角度來觀察：

(一)自治法法源豐富之原因

1. 社會力對國家力之補充

固然，國家是最有力之團體，國家得以立法之形式規範各種生活關係，然而，尺有所短，強大的國家力對於社會各層面尤其是各個細微之點，絕無法充分地予以必要的規範，其原因有二：①所謂的國家法其形式必屬固定化的、公式化的具有一般性的規定，必然無法完全追隨活的、多樣的社會發展，②社會中的各種力量，在利益矛盾的狀態中，面對國家力，必趨於以各種方式予以對抗、抵

制（正所謂上有政策、下有對策）（註9）。在此種實況下，必須承認社會力「寸有所長」，以之補充國家力之不足，一方面，以代表各種社會力之各種自治法法源對國家法之不足爲必要之補充，以適應活的、多樣的、激化的社會發展或變遷；另一方面，則「以力制力」，讓各種社會力互相制衡，在國家法容許的空間中，達成適當的自治，均衡彼此間及對國家利益衝突。

因此，自治的勞動法並非國家法，但從屬國家法，其形成必須得到國家的承認，且不得逾越國家所劃定之界限。當然，國家欲給予多少空間，涉及「政策」及立國思想、文化等問題，社會主義國家相對於資本主義國家，顯然地，國家給予社會力自治的空間相當狹小，因而，社會的活力較爲不振。

2. 分權原則

自治法法源之豐富，代表自治當事人從國家分權之結果，此種現象之性質與地方自治團體從「中央」分權（權力下放）相同（註10），符合憲法第十章中央與地方「分權原則」之精神。依此分權原則，有關勞動保護法中「最

低基準」之訂定，必須考慮是否仍然留有空間，使團體協約、勞動契約、工作規則等自治法源仍有發揮之餘地，苟法定之「最低基準」相對於社會經濟力，已屬相當高，則在理論上有可能影響自治法法源之空間，進而，破壞分權原則，導致勞動條件幾乎由中央政府統一決定（註11），各自治法源之當事人及地方自治團體幾無置啄之餘地。就像大陸在公有制之下，所有之勞動條件均由國家法令決定，自治法源之空間極小。

3. 勞資之對立與共利

誠然，沒有任何法律關係像勞資關係一樣，是在利益對立的現實中發展出來的（註12），不過，在利益對立之中，勞資關係同時又具有高度的共利性，企業生產力的提高可藉工資上升、獎金甚分紅，分紅入股等方式回饋勞工，反之，如企業生產力不具競爭性，勞工即面臨減薪、資遣、失業之威脅，是以，許多學者以「人格法的共同體」（personliche Gemeinschaftsverhältnis）來說明勞動關係，以代替將勞動契約與買賣等契約同視之「交換關係」（Austauschverhältnis）（註13），雖然，由於整個私

法體系基本上是建立在「交換關係」（雙務契約）上，若完全以「人格法的共同體」來說明勞動關係，不易使其納入既有的私法及契約法體系，且與「從身分到契約」之趨勢有違（註14），故只能在既有的私法及契約法體系之前提下，考慮「人格法共同體」之因素，對勞動體契約之解釋及附隨義務發生影響力（註15），但此種思想及理論，相當地可以說明勞資之共利性。

　　勞資關係既對立又共利，豐富了勞動法的自治法源，由於「對立」關係，資方即憑其優勢，輒以「單方」意思形成勞動關係，即工作規則、雇主之指揮權等「單方」意思之法源。勞動契約雖是雙方意思之法源，但多由雇主單方決定其內容。在此種個別勞工力量不足之現實下，勞工即以團體（工會）之力量與雇主進行集體交涉，同時，也在雇主能體認勞資關係「共利」之考慮下，與勞工團體訂立團體協約，甚至，進一步發展成德國的「共同參決制」（Mitbestimmung），以企業協定（Betriebsvereinbarung）代替工作規則，成為主要之法源（註16）。

(二)團體協約與國家法法源

談完了一般的自治法法源與國家法法源（制定法）的關係之後，擬探討自治法法源之一團體協約與國家法法源之對比。

我國團體協約具有「債務效力」及「規範效力」（前述一、概說所述）係立於團體協約法賦予團體協約法律效力（尤其是規範的效力）之制度上，反之，倘若如英國勞工法，曾將團體協約認為只是一種「君子協定」（gentle-man's agrement）並非契約，不具法力有上拘束力時（註17），則團體協約顯非「得作為裁判之大前提」而非法源！此種制度，易令人誤以為團體協約對勞動條件之形成不具重要性，實則，團體協商、團體協約才是英國勞資關係形成之主要形式及工具，勞動立法規律勞資關係之功能反而非常有限（註18）！何以團體協約無法律拘束力卻又扮演如此重要角色？此係英國工會發達有力，立法只是消極防止司法限制工會活動而已之歷史背景所致！工會既不相信立法，也不相信司法，無意創設法律關係（to create legal relation）及循求司法救濟，但自 70 年代以後，受經濟力衰微及勞工問題嚴重之影響，英國在立法政策上已有

所更易（註 19），值得注意。

　　究竟以團體協約或勞動立法之方式形成勞資關係，何者為佳？團體協約應具有下列三重「優點」：①勞動立法一般較團體協約僵硬（rigid），無法適應經濟之變化，反之，團體協約可訂一年、二年或三年，具有隨經濟及其他狀況變化而調整之彈性，不必依繁複之立法程序修改法律（註 20）；②當事人協商出來的團體協約，字字經過自已斟酌，應不似「立法」總以大部分人民不能瞭解之方式表達（註 21）；③團體協約係由各個產業或職業訂立勞動條件，較勞動立法決定全國劃一的勞動條件（註 22）靈活與合理。然而，在如此諸多「優點」之情形下，欲由團體協約來達成規範任務，則須有健全之工會及運作經驗，工會既須強大又須知其節制，資方也須有協商之誠意及義務，在需要如此多「條件」及無充分經驗之情形下，團體協約之成就事實上總比不上第三者（國家）立法之「強制」！我國目前之狀況就是如此，儘管主管機關一再輔導訂立團體協約，但在工會制度不健全及雇主無協商義務（無團體交涉之制度）之情形下，其績效一直不彰，因而，在實際上，團體協約之法源地位，遠遜於勞動法（主要是勞基法），

極待改善。

三、團體的自治法法源

(一)團體協約之特殊性

團體協約在諸多自治法源之中有何特殊性？一言以蔽之，在於其團體法法源之性格，其他之自治法法源，無論是雙方意思之勞動契約，或雇主單方意思之工作規則、雇主指揮權，均屬個別法上之自治法法源。團體協約之團體法法源之性格，以所謂之「規範的效力」對各個個別法上之自治法法源，發生強行效力及直接效力，十分特殊，為其他私法領域所無。換言之，在一般私法領域，作為法律關係當事人之個人以及其所訂之契約，直接受國家及國家法律所支配或規範（如圖一所示），而在勞動關係，作為勞動關係當事人之個別勞工、雇主以及勞動契約，除受國家及國家法律所支配或規範外，同時也受勞工團體（工會）及其與雇主（或團體）所簽訂之團體協約所支配或規範，形成雙重規範之局面。（如附圖二）。

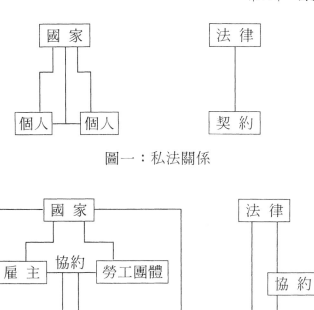

圖一：私法關係

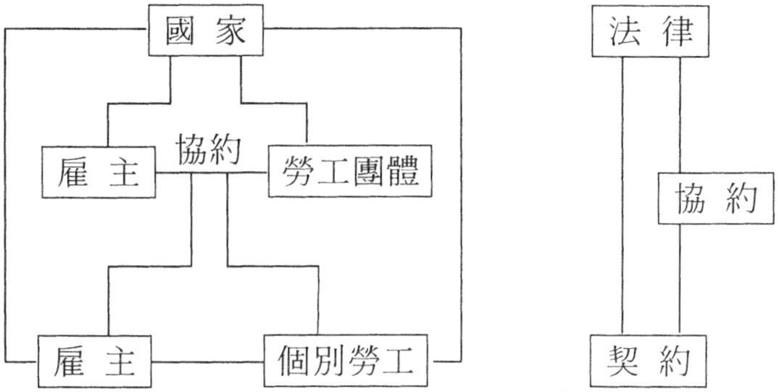

圖二：勞動關係

(二)協約之基本理念

近代市民法之基本原理係以自由、平等爲出發點,每個個人均爲自由、平等之主體,透過契約以形成私法上之關係。此種個人自由、平等之理念,係對人的尊重,在法制史上是一種偉大之進步,使個人從經濟外的強制獲得解

放，此種原理對勞動契約基本上亦無例外，即勞動關係是自由且對等的勞、資間之契約關係。然而，如從方法二元論「應然」（或當為）(sollen, ought to be)與「實然」（或存在）(sein, to be)兩種不同的角度來看勞動契約，上述市民法自由、平等之原理，對勞動契約只不過是「應然」而已，但在「實然」方面，由於資方經濟力的強大，個別勞工淪為絕對的從屬地位，使「實然」與「應然」有極大之差距，契約自由實際上已形骸化，個別勞工對勞動條件之決定過程幾無參與之餘地。

團體協約之基本理念即係為了縮小契約自由之「實然」與「應然」之差距，即：以個個人之自己決定(Selbstbestimmung)為基礎之契約自由，事實上轉化為雇主之單獨決定(Alleinbestimmung)之現實中，藉著勞動團體（工會）之集團的共同決定(Mitbestimmung)，回復實質的勞工之自由、平等（註23），質言之，團體協約之理念在於：①契約自由之實質的回復，②實質保障勞工對勞動條件決定過程之參與。

(三)協約自治之界限

　　如前所述，協約之理念在於契約自由之實質回復，因此，為了達到此目的，勞工之意思必須能夠反映到協約內容，藉著協約來實現大多數勞工之意思。反之，如果協約內容無法代表大多數勞工之意思（甚至反於勞工之意思），則協約即喪失其正當性之基礎，不發生「規範的效力」，此種能夠代表勞工之意思即為協約自治之界限。如再加以具體化，協約自治之界限包括下列三項：①須符合工會之目的範圍，②須適合於團體規範之事項，③須工會之意思形成民主，以下分述之：

1. 須符合工會之目的範圍

　　勞工為了契約自由之實質回復，合意犧牲自己個人之部分自由，委由工會統制，與雇主簽訂團體協約，凡逾越此目的之部分即屬勞工自己保留之自由，不在團體統制力（Kollektivmacht）之範圍，詳言之，工會之目的在於透過團體統制力以維持、改善勞動條件，逾越此目的之事項特別是勞工私人的領域或「固有個人權利」（urspruengliche Individualrecht）之領域，即非團體統制力所及（註24），

195

例如，協約條款中禁止或限制工會會員之政治活動，或約定對勞災不得在法令補償之上再為損害賠償之請求，應否認其規範的效力；又勞工已獲得之權利，亦非團體統制之範圍，例如，對於雇主過期未付之工資、退職金，協約規定一部放棄或遲付，對個個勞動者不生拘束力（註 25）。對於此種「私人領域」之界限，雖有 W. Herschel 採反對之見解，但其有不當擴大協約規範之範圍，引來強烈之批評，倒是，Nipperdey 認為所謂「私人領域」過於概念、形式，對於具體問題之解決可能導致過於僵硬，從而，應以「協約的社會保護目的」、「團體自治的原理、要求具體判斷解決之（註 26），值得參考。

2. 須適合於團體規範之事項

前面言及，逾越工會之目的範圍外之事項，非協約規範效力之所及，但此並非意味著，凡屬工會目的範圍內之事項均為協約規範效力之所及，此時，尚須考慮是否適合團體規範之問題。詳言之，難於團體地、劃一地處理，而適合由個個勞工自己決定之勞動條件，即非協約規範效力之所及，例如，關於工作內容、工作地點，應由個個勞工

與雇主決定，不得以團體的決定代替之，縱使工會不得不
關心此類事項，於協約之人事基準及程序條款中加以規
定，但對於最終的決定仍應尊重個個勞工之意思，以符合
實質的契約自由之保障；又如，加班問題，不待言，係重
要的勞動條件，此事固應由協約予以團體之規範，但具體
是否加班，仍應保留由個個勞工決定，團體的規範對勞工
無拘束力（註27)（註28），蓋加班問題不僅係工作時間問
題，還涉及勞工之私生活及作息之安排，應由勞工個人安
排。

3. 工會意思形成之民主

　　團體協約之第二項理念是為了保障勞工實質參與勞動
條件之決定過程。因此，將勞工意思反映至協約內容之制
度的保障為意思形成之民主手續。協約之各項條款只有在
以民主形成之工會意思為基礎時，法律始賦予規範的效力
（註29），但此並非意味著協約條款須經全體工會會員之
決定，依據工會章程或工會會員大會，由具有交涉權限之
工會代表簽約，亦有可能；相反的，也有可能經工會會員
大會決議必須所有之會員參與始得為意思決定（註30）。

四、規範設定契約‧法源性

前面探討了團體協約作爲一種自治法法源，與國家法法源間之關係，以及團體協約與其他自治法法源尤其是勞動契約之關係，接下來，擬略述團體協約之法律性質。

關係於團體協約之法律性質之爭論，源自 1918 年德國勞動協約法（Tarifvertragsverordnung）第一條「不可變效力」之規定制定之前，當時協約理論之先驅 Lotmar 主張「契約說」（Vertragstheorie），認爲團體（工會）係代理其構成員締結協約，團體之構成員爲協約當事人，與此相對，Sinzheimer 主張「團體說」（Verbandstheorie），認爲團體係協約之當事人，不過，由於協約是契約，難於引申出不可變的效力，故不得不期待於國家立法，及至 1918 年衆所期待的協約法施行，協約性質之爭論，則移至 Sinzheimer 等人之「法源說」及 Jacobi 之「債權契約說」，Sinzheimer 和 Nipperdey 認爲，協約係經由國家立法所承認具有法規創造性質之特殊契約，亦即，係一種「規範契約」（Normenvertrag），且因爲協約之規範的部分爲「客觀的法」，具有法源性（註 31），與

此相對， Jacobi 則認為協約是一種團體的債權契約（kollektive Schuldvertrage），不具有法源性（註32），1949 年新成立的勞動協約法第 4 條第 1 項明文承認了「協約之法規範強行的效力，即以立法承認了 Sinzheimer 的法源說（註33），我國團體協約法第 16 條之規定，顯然與法源說的結論相同。

註釋：

註1：Adomeit, Rechtsquellenfragen im Arbeitsrecht，S.155ff；Zöllner, Arbeitsrecht, S.65；hans Brox, Grundegriffe des Arbeitsrechts, s.21；有泉亨，労働法的法源，載日本労働法學會編，新労働法講座，第1卷，第62頁以下。

註2：Sinzheirmer, Grundzüge des Arbeitsrechts, 日譯本，楢崎二郎，蓼沼謙一譯，第51－54頁。

註3：Hanau/Adomeit, 前揭書，S.68ff, 管野和夫，労働法，第452頁以下，史尚寬，労働法原論，第118頁以下。

註4：Hans Brox, 前揭書，S.3。

註5：Hanau/Adomeit Arbeitsrecht, S.57。

註6：Zollner, Arbeitsrecht, S.63。

註7：契約除了具有「法律事實」對性格外，亦具有「規範機能」，為當事人間之權利、義務之依據，參見，黃茂盛，法學方法與現代民法，第231頁以下，另參本文第

五章。

註 8：Sinzheimer, Grundzüge des Arbeitsrechts , 楢崎二郎，蓼沼謙一譯，第 51 － 62 頁。

註 9：參閱 Sinzheimer, 前揭書，第 54 頁。

註 10：黃越欽認爲，協約之立法效果在法律體系的地位，等於地方政府的地方自治法，見氏著，從勞動鬥爭權到和諧義務，載政大法學評論，第 39 期（78 年 6 月），第 3 頁。

註 11：依憲法第 108 條第 13 款規定「勞動立法」爲中央立法並執行或交省縣執行之事項。

註 12： Adomeit, Rechtsquellenfragen im Arbeitsrecht, S.54 。

註 13： Hanau/Adomeit, Arbeitsrecht, s.138f; 大橋範雄，BRD における労働關係の性質に關する理論狀況について，載龍谷法學 15 卷 1 號（1982 年 6 月），第 33 － 56 頁。

註 14：秋田成就，労働契約論，載沼田稻次郎還曆紀念，労働法的基本問題，第 511 頁，綜合労働研究所 昭和 49 年 5 月 25 日。

註 15：詳參，和田肇，西ドイツ労働契約における忠實義務
と配慮義務，載名古屋大學，法政論集，第 104 號，
第 596、597 頁。

註 16：Hanau/Adomeit, Arbeitsrecht, S.109ff；31。

註 17：關於英國團體協約之法源性及其近年來之變化，參見王
澤鑑，英國勞工法之特色、體系及法源理論，收於氏
著，民法學說與判例研究，第二冊，第 415 頁。

註 18：王澤鑑，勞工法之社會功能及勞工法學之基本任務，
收於前揭書，第 356、357 頁。

註 19：王澤鑑，英國勞工法之特色、體系及法源理論，氏
著，前揭書，第 416 頁。

註 20：Kahn-Freund, Labour and The law. P.34。

註 21：Kahn-Freund, Labour and The Law. P36。

註 22：極端的例子，便是社會主義國家，全國所有勞工之勞
動條件均由國家統一規定。

註 23：以上協約之原理，參見西谷敏，労働協約と労働契
約，收於本多淳亮還曆紀念，労働契約の研究，第
414--418 頁，法律文化社，1986 年 9 月 1 日發行。

註 24：此爲 W. Siebert 之見解，參見片岡舁，労働協約論，

第 123 頁。

註 25：西谷敏，労働協約と労働契約，載前揭，第 420 頁。

註 26： Hueck/Nipperdey, Grundiss des Arbeitsrechts, 4.Aufl. S.198 。

註 27：以上參見，西谷敏，前揭，第 422 頁。

註 28：依我國勞基法第三十二條規定，工會或勞工均有同意加班之權利，但如同「協約自治之界限」一樣，工會之同意並無拘束個個勞工之效力。

註 29：片岡舛，協約自治論，載日本労働法協會誌労働法第 61 號，第 13　頁。

註 30：參見，西谷敏，前揭，第 424 頁。

註 31： Hueck-Nipperdey, Lehrbuch des Arbeitsrechts, Bd. Ⅱ , 1930, S.118ff；轉引自川口實，労働協約の法的性質，收於日本労働法學會編，労働協約，第 162 頁。

註 32： Jacobi, Grundlehren des Arbeitsrechts, S.246ff, 轉引自，川口實，前揭文，第 163 頁。

註 33：同樣主張「規範設定契約」者，可參考山口浩一郎，労働組合法，第 149 、 150 頁。

第二節　團體協約與勞動法令

一、勞動法令之優位與有利原則

　　勞動法令尤其是勞動保護法屬強行法，其效力優於團體協約，關於此點，在實證法上之依據有二：①團體協約法第四條第二項規定：「主管官署發現團體協約條款中有違背法令、……應刪除或修改之。如得當事人同意時，得就其刪除或修改後之團體協約認可」，②勞基法第一條第二項規定：「雇主與勞工所訂勞動條件，不得低於本法所定之最低標準」。在勞工法令之強行效力（zwingende Wirkung）的影響下，違反法令之團體協約之部分，依民法第七十一條規定，應屬無效，無效之部分，應以法令之規定代之（註1）。不過，此種勞動法令之位階優位，在「有利原則」（Güstigkeitsprinzip）之下已經鬆動（aufge-lockert）（註2），當團體協約所約定之勞動條件對勞工而言，優於勞動法令時，團體協約仍為有效，主管官署亦不得認其「違背法令」而依團體協約法第四條第二款規定，

予以刪除或修改。

固然，勞動法令之位階優於團體協約，但在我國司法實務上，針對「煤礦業」卻出現團體協約「破棄」勞工法令即台灣省礦工退休規則台灣省工廠工人退休規則之案例類型（註3），造成難於解釋法源之位階關係但卻十分有趣之現象。

對於煤礦礦工退休之計算，究應依台灣省礦工退休規則、台灣省工廠工人退休規則或煤礦業團體協約之約定？法院認為，關於礦工於勞基法施行前（73年8月1日）之年資，應依「團體協約」之約定計算退休金，而排除對礦工較為有利之台灣省礦工退休規則及台灣省工廠工人退休規則（註4）之適用，台灣高等法院75年上易字第1084號判決要旨如下：「本件被上訴人係上訴人之礦工，自51年起開始工作，依台灣區煤礦業同業公會及台灣省礦業產業工會聯合會依據團體協約法及行政院53、4、15台內字第2524號令先後於61年12月、63年3月、64年8月、67年3月訂立四次團體協約，最後之協約第十一條約定乙方（勞方）會員工會之會員合於退休規則者，甲方（資方）會員應予辦理退休，其工作年資之計算應依照內政

205

部釋示辦理，退休金支付標準由甲、乙雙方另行協定如附件，並送經內政部函令台灣省社會處認可，該處亦函覆依法認可，此有該團體協約影本附卷可憑，台灣省社會處就協約所附退休金臨時支付標準，有關退休金計算部分，認可由勞資雙方協調辦理，而勞資雙方代表簽訂協約及協調金臨時支付標準事項，均係依會員代表大會通過或授權理事會協商，而得理事會同意，兩造均為協約團體所屬之會員，應受團體協約之拘束，自己同意排除台灣省礦工退休規則及台灣省工廠工人退休規則之適用，而依團體協約第四次續約第四條固規定有效期間為三年，但同條後段復規定如團體協約已屆期滿，新團體協約尚未訂立時，於勞動契約另為約定前，原團體協約於勞動條件之規定，仍繼續為該團體協約關係人之勞動契約之內容，則團體協約第四次續約於 70 年 3 月屆滿，然在團體協約第五次續約尚未訂立時，該第四次續約仍然有效，被上訴人謂團體協約第四次續約之有效期間為 3 年，應於 70 年 4 月 23 日失效，團體協約第五次續約迄今未再續約，不得再加援用，應依台灣省礦工退休規則及台灣省工廠工人退休規則辦理退休金之計算，核無足採。至於台灣省政府社會處 73 社一字第

13811 號函對團體協約第五次續約呈送認可時固載礦工之退休應依台灣省礦工退休規則之規定辦理，其年資之計算，依內政部函釋辦理，此有該函在卷可稽，惟此係對第五次續約所為之指示，而團體協約第五次續約尚未訂立完成，自仍應依第四次續約規定辦理，被上訴人稱依該函所示，本件之退休金及退休年資之計算，仍應依台灣省礦工退休規則之規定辦理，亦無足取。又依前述勞動基準法施行細則之規定，本件退休金標準之計算在該法施行前之工作年資，自應適用團體協約第四次續約附件「退休金臨時支付標準」計算，施行後應適用勞動基準法第五十五條第一項第一款之規定計算，上訴人主張全部應依團體協約第四次續約之規定計算，也不足採……」。

　　為何煤礦業之團體協約具發破棄或優於台灣省礦工退休規則及台灣省工廠工人退休規則之效力？在上述判決中，似未具體說明其理論依據何在！礦工在訴訟中，主張簽訂團體協約之背景或理由為：「依台灣地方礦業之作息習慣，礦工按產量計酬，各個工作日是否上工，悉依各礦工之自由，是以，各個礦工每年之工作日不盡相同，有的礦工一年工作並無幾日，如均算年資，對礦方並不公平，

因此，應以每年工作日數超過標準始算年資，並按團體協約所附附件退休金臨時支付標準所列方式計算退休金」（註 5），但在判決書中亦未明列此背景理由！究竟，在本件中，團體協約為何享有優位效力？

如果，爭執的關鍵是團體協約與勞基法之位階關係，礦方勝訴之機會恐怕不多，因此，令人懷疑，是否因為上述兩種「退休規則」均屬行政命令，依中央法規標準法第六條本無拘束人民間權利義務之效力；才使團體協約獲得優先效力之結果？如此似不無道理，然而，當我們進一步指出已有最高法院判決（註 6）及大法官會議釋字第 226 號解釋，肯認上述二退休規則之效力，則上述理由似又無法成立。本文認為，在此案例類型中，團體協約獲得優位地位可嘗試由下列幾個理由來說明：①團體協約與其他法源之結合：在本案例中，並非團體協約此一種法源獨立作為權利事項之依據，除團體協約外，尚結合內政部解釋令（年資之計算），行政院令（訂團體協約）、台灣省社會處認可等一係列「行政命令」，而增強其事實上之規範力，雖然，從中央法規標準法第六條的角度來看，行政命令之增強作用，存有問題，但至少此些「行政命令」之位階並

不比兩種「退休規則」爲低，在本案中法官價值判斷之成份不輕，事實上對法官應有影響；②作者一直認爲，兩種退休規則加上一系列判例及大法官會議解釋之後，已形成習慣法，然而，習慣法可能在不知不覺中由新的習慣法及新的一系列判例予以變更，關於此類煤礦業之一系列案例，可能處於形成新的習慣法之途中，如果，將來習慣法形成，確立煤礦業之團體協約有優先於兩種退休規則之效力，此種位階結構，與本節二、（如下所述）建議於若干勞基法中加「但團體協約有約定者，從其約定」之但書規定，正是不謀而合，③「有利原則」（Güstigkeitsprin-zip）之認定？按對勞工「是否有利」之認定，相當複雜，就各個勞動條件各作分割比較，或就相關勞動條件尤其是具有對價性質之勞動條件一併比較（例如，每日工作四小時月薪二萬元較每日工作八小時月薪三萬元。可能有利於勞工），結果可能有所不同。本件煤礦業團體協約簽訂之背景，如前所述係礦業以礦工之「上工與否之自由」換取了「年資及退休金之特別計算方式」，主管機關認可了這樣的團體協約，除非代表「有利勞工」之意義，否則，實難肯認團體協約其有變更兩項退休規則之效力！

二、團體協約與勞基法

　　在勞動法令之強行效力及有利原則之下，團體協約所約定之勞動條件必須優於勞動法令，團體協約始有存在之空間。倘勞動法令過於「中央集權」，將各行各業之各種勞動條件以一套單一之法令全部加以「劃一」的決定（註7），再加上，如果其「基準」不算低（註8），則可斷言勢必影響各行各業團體協約所能享有之存在空間，因此，提高勞動法令之基準與鼓勵簽定團體協約，就相當程度而言，具有相互矛盾性。當然，不提高或降低勞動基準，並不代表雇主即有「誠意」或提高與工會簽定團體協約之意願，也不代表工會有足夠之團體交涉能力，能與雇主簽定團體協約。在此兩難之情形下，本文認為適合我國國情之方式是：勞基法在一些規定中宜有「但書規定」，容認「但團體協約另有約定者，從其約定」。此方式之特色在於：給予雇主一些「誘因」，誘使他們與工會協商簽定團體協約，用一些「條件」來與工會交換，變更勞基法之規定（限於有「但書規定」之部分）。宜有「但書規定」的勞基法條文，至少應包括：

(一)工資的定義：

　　勞基法第二條第 3 款關於「所有經常性給與均屬工資」之定義，係爲保護勞工，防止雇主將「底薪」訂得過低，進而影響勞工取得退休金、資遣費、災害補償之權益（註 9），但卻引起兩個弊病：①由於計算過於瑣碎、複雜，在此類訴訟中，輒見部分法官有喜歡駁回勞工之請求以減輕工作量的傾向，②雇主無法以類似「積效獎金」來調動勞工積極性及無法精確預測及計算退休金、資遣費等勞動成本究竟多少之弊病。爲解決此兩難性，可考慮於勞基法第二條第 3 款後面加「但團體協約另有約定者，從其約定」之但書規定。

(二)特殊行業之工作時間

　　勞基法對於工作時間之安排，如每日工作八小時（第三十條）、例假（第三十六條）、休假日（第三十七條）均係以「工廠」爲假想對象，因此，對於非工廠之「在外工作者」或「工作場所流動者」或管理幹部，例如，在漁船工作者、貨櫃運輸、演員、記者，均有難於硬性適用之餘地，應容許這些行業以團體協約約定適合自己之工作時間

制度。

註釋：

註1：沼田稻次郎，労働協約の締結と運用，第 83 頁。

註2： Zöllner, Arbeitsrecht, S.63 。

註3：在此稱「案例類型」指非單一個例，至少有：台灣高等法院 75 年上易字第 1084 號判決（確定）、台北地方法院 76 年度 6642 號判決、台北地方法院 76 年度訴字第 8133 號判決。

註4：台灣省礦工退休規則第一條規定，礦工之退休依台灣省工廠工。

註5：此項背景載於同註 3 判決之事實欄（當事人主張）。

註6：最高法院 70 年台上字第 2624 號判決，載最高法院裁判還輯，第二卷第三期，第 397 頁。

註7：在大陸「公有制」的體制下，各企業與勞工之勞動條件，均由國家法令、政策劃一的決定，長久以來，在「大鍋飯」的影響下，勞工無積極性，益使人感覺私法自治之可貴。近年來，筆者因工作關係，對此問題深有所感，特誌於此，並益覺得法令應將權力下放。

註8：我國勞基法所定勞動基準之高低，見仁見智，在此，本
　　　文未作詳細之實證調查，僅用「如果」之方式來表示。

註9：關於工資之定義、計算、功能，詳見拙著，勞基法實
　　　用，第一冊，第 251--259 頁。

第三節　團體協約與勞動契約

一、團體協約與勞動契約之強行效力、直接效力

團體協約與勞動契約作為法源或權利事項之依據（勞資爭議處理法第四條第一項），二者間之關係或效力之位階如何？關於此問題，一般人常識性的、簡單化的感覺是「團體協約之位階高於勞動契約」，但這樣理解，顯不夠精確，就此，在我國實證法上之具體化規定為團體協約法第十六條，該條規定「團體協約所訂勞動條件當然為該團體協約所屬僱主及工人間所訂勞動契約之內容。如勞動契約異於該團體協約所定勞動條件者，其相異部分無效；無效部分以團體協約之規定代之，但異於團體協約之約定為該團體協約所容許，或為工人之利益變更勞動條件而該團體協約並無明文禁止者為有效」。

就前述規定加以分析，其中段「如勞動契約異於團體協約所定之勞動條件，其相異部分無效」，在學理上稱為

團體協約之「強行效力」(zwingende Wiirkung)，至於
後段「無效部分以團體協約之規定代之」，在學理上則稱
爲「直接效力」(unmittelbare Wirkung)（註1）；此外，
也有人綜合中段及後段爲「不可貶低性效力」或「不可變
效力」，並主張團體協約具有「補充性效力」，謂「團體
協約所定勞動條件，對於其適用範圍內之個別勞動契約，
不問當事人之意思如何，當然爲其勞動契約之內容」（註
2）此種說法，可謂係針對團體協約第十六條前段「團體協
約所訂勞動條件當然爲該團體協約所屬僱主及工人間所定
勞動契約之內容」，只不過，如勞動契約之約定違反團體
協約時將歸於無效，因此，所謂「補充性效力」，恐不僅
係「補充」而已！

　　如所週知，協約條款有的是「積極性的規定」應如
何，有的只是「消極性的規定」禁止某些事項（例如，禁
止按件計酬），積極性的規定對勞動契約發生強行效力及
直接效力，反之，消極性的規定，只發生強行效力，而不
是直接效力。

　　上述「強行效力」及「直接效力」合併構成團體協約
法上有名的「規範的效力」(normative Wirkung)。一

般論及團體協約之效力時，習慣上將其分為「規範的效力」及「債務的效力」兩方面來討論，由此可知，規範的效力係專門針對團體協約與勞動契約之關係而設。

二、協約是否成為勞動契約之內容 —————「繼續效力」理論

前述所謂「團體協約所訂勞動條件當然為該團體協約所屬僱主及工人所訂勞動契約之內容」，在「當然」成為勞動契約之內容後，嗣後發生團體協約期間屆滿（餘後效問題）或工人脫離該團體協約所屬之工會時，勞動契約之內容是否須「挖掉」原團體協約所填補之部分？關於此問題，涉及「直接之效力」在理論上「如何展開」其效力之問題，就此，向來有「外部規律說」及「內容說」之爭論，前者認為，團體協約之直接效力之本質並非成為受其支配之勞動關係的一部分，而係單純對勞動關係之內容之規律（動詞）（註3），後者則認為團體協約所訂之勞動條件進入勞動契約，構成勞動契約之內容（註4）；如採「內容說」，則因團體協約已成為勞動契約之內容，在團體協約期間屆滿或工人脫離工會時，仍然繼續有效；反之，若採

外部規律說，則結論有所不同。西德於 1949 年制定勞動協約法規定「協約期間屆滿後，於協約、企業協定、勞動契約等未爲不同規定以前，仍繼續有效」（繼續效力，餘後效，Nachwirkung）以前，亦透過「內容說」而導致相同之結論（註 5）；在日本，典型之判例爲朝日タクシー件事，在該案件中，雇主於工資協約失效後，以經營危機爲理由，單方作成新的工資方案而對工會會員給付較從前爲低之工資，工會會員乃起訴請求工資差額，法院判決要旨認爲，勞動協約因期間屆滿而失效，協約上規定之本身不能再繼續有效，但，協約失效後之勞動契約當事人之合理意思，應解爲存續協約上之勞動條件（註 6），在學說方面，多數說與上述判例一樣，一方面否定勞動協約終了後之餘後效，另一方面則循勞動契約當事人之合理意思的解釋方面，而導出存續從前之勞動條件之結論，但反對說則主張仿效西德在 1949 年立法解決之前相同之議論，藉著「直接效力」使勞動協約之規範部分成爲勞動契約之內容，並於協約失效後，使契約內容繼續發生效力（註 7）。在我國，團體協約法第十六條前段旣已規定「團體協約所訂勞動條件……當然爲勞動契約之內容」，在實證法上顯

採「內容說」，另在「餘後效」放面，團體協約法第十七條規定「團體協約已屆期滿，新團體協約尚未訂立時，於勞動契約另爲約定前，原團體協約關於勞動條件之規定，仍繼續爲該團體協約關係人之勞動契約內容」，其既明示「……繼續爲……勞動契約內容」，亦屬「內容說」的表現。但有學者在立法論方面，認爲「團體協約之法律性格本爲契約，而團體協約法第十六條特別賦與協約規範性效力，職此，學理上似應認爲規範性效力係以優越地、獨特地、外在地立場來規範勞動契約，職是，外部規律說較爲可採」（註8），值得注意。

三、有利原則

(一)有利原則之存否

當勞動契約約定之勞動條件低於團體協約時，依上述協約之強行效力及直接效力（合稱規範之效力），勞動契約無效，無效之部分以團體協約之內容代之，固無問題，反之，如勞動契約約定之勞動條件高於團體協約時，是否也產生相同之效果？團體協約之強行效力及直接效力是否也產生相同之作用？如答案爲否定，則團體協約僅具片面

強行性（einseitig zwingend），反之，如答案爲肯定，則團體協約具有雙面強行性（zweiseitig zwingend）。此問題即學理上所稱「有利原則」（Gustigkeitsprinzip）是否存在之問題。所謂有利原則是指，團體協約與勞動契約抵觸時，雖然以團體協約爲優先，但如勞動契約有利（zugunsten）於勞工時，以勞動契約爲優先。詳言之，如否定有利原則之存在，則團體協約具有雙面強行性，勞動契約約定之勞動條件不得高於團體協約；反之，如肯定有利原則之存在，則團體協約僅具片面強行性，勞動契約約定之勞動條件得高於團體協約（註9）。

我國團體協約法第十六條後段規定「……但異於團體協約之約定爲該團體協約所容許、或爲工人之利益變更勞動條件而該團體協約並無明文禁止者爲有效」，顯然，承認有限制的「有利原則」，所謂「有限制」是指團體協約可以明文禁止有利原則。此條規定，可說是仿效 1918 年 12 月 23 日德國勞動協約法第一條第一項，該條項後段規定「與協約之規定相異之約定，如爲協約上原則所容許或爲工人之利益而變更勞動協約而協約未明文禁止變更者，爲有效」，日後，1949 年西德勞動協約法第四條第三項

亦規定「與協約之規定相異之約定，只有在協約所容許或其變更有利於工人之情形始得為之」，若否定有利原則，有認為在法理上係違反給付原則（Leistungsprinzip）、侵害憲法上個人人格發展自由、違反社會的市場經濟（Sozialmarktwirtschaft）及社會法治國原則（註10）。在日本，由於缺乏類似的實證法之根據，乃發生是否承認有利原則之爭論，否定有利原則者認為日本之勞動協約全為「企業別協約」，與德國「產業別協約」不同，其已能針對個別企業之特殊狀況，締結個別企業與工會間符合實際狀況之協約，勞工也認識此狀況，所以，無再承認有利原則之必要，如承認有利原則，允許雇主於勞動契約中再約定較有利之勞動條件，容易使僱主藉此收買個別勞工，並進而分化工會，造成不當勞動行為（註11）。肯定有利原則者則認為日本工會法第16條並未全面排除私法自治，所謂規範效力之意義僅在設定「最低基準」之勞動條件，為了改善、維持勞動條件，工會之集團的規制力有其必要，但並非在排除個個勞工以協約以外之手段獲取更佳之勞動條件（註12）。

其實，日本可謂徘徊在西德制與美國制之間，西德法

承認有利原則，有其事實上對需要，因爲該國之團體交涉爲「產業別統一交涉」，整個產業所訂之「統一的協約」，未考慮到各企業之特殊狀況，整個產業所訂之協約只能訂立最低勞動條件 (Mindestarbeitsbedingungen)（註13），各個企業再基於有利原則，根據各個企業之狀況，以產業別協約爲基礎，訂立更詳細之企業協定或勞動契約；反之，否定有利原則之美國法制，因採排他的交涉代表 (exclusive representative)（註14），如僱主給予個個勞工較協約更爲有利之勞動條件，違反與排他的交涉代表間之誠實交涉義務，構成不當勞動行爲，此種法制之社會基礎在於，團體交涉由產業別工會之各分會 (local union) 在各個工場、企業進行，而締結詳細規定各工場現實勞動條件之協約（註15）。

在我國，締結團體協約之比例仍相當少，而除煤礦業締結過「產業別團體協約」外，其他數量尚少之團體協約多屬比「企業別協約」更下層之「廠場別協約」，比較日本「企業別協約」之情形，在外觀上似乎應採取日本不承認有利原則之「否定說」（註16），不過，本文認爲，日本的「否定說」所引用之理由在於其「企業別協約」與美

國近似，而不同於德國，但美國的「排他的交涉代表制」爲日本所無，美國之否定有利原則，未必當然能爲日本所採用；在我國，固然「廠場別協約」之特色近於美、日，但我國一無排他交涉代表制，更乏美、日「不當勞動行爲」之法律文化，故在立法論方面實難率而據「廠場別協約」推論在法理上應否認有利原則之存在。

(二)有利與否之判斷

　　何謂「爲工人之利益」？何謂「有利於勞工」？對於適用「有利原則」即團體協約法第十六條但書有決定性之影響！一些反對有利原則者也將不易區別有利原則作爲反對之理由之一，認爲「勞動契約所定勞動條件與團體協約比較時，究竟有利或不利？其判斷標準會因持短期或長期，總體或個體眼光之不同而異，故以有利或不利來作爲違反團體協約時是否生效之標準，易生紛擾」（註17）。但本文認爲，判斷有利與否有的是容易的，有的是困難的，縱有困難，也應去克服，而非持之作爲否定有利原則之理由。

　　於實際判斷是否有利時，應注意下列幾個原則：①原

則上應遵重訂立勞動契約之個人的主觀意願，但個人之利益不得與工人全體之利益相反（註 18）；②注意各個勞動條件之關連性：有些勞動條件具有密切之關連或互為對待給付，判斷是否有利，不得過分片面地觀察，例如年資與基數之計算共同形成退休金，判斷退休金是否有利，應將二者一併觀察；又如，Part time 之工資與工時形成「對待給付」，判斷 Part time 勞動契約之工資是否較團體協約有利，應顧及 Part time 契約之工時（註 19）。

四、規範部分之範圍及對勞動契約之影響

(一)規範部分與債務部分

在一個團體協約中，並非所有之內容均具有如前一所述之強行效力及直接效力（合稱規範效力），而影響其下階層法源即勞動契約之效力，具有規範效力之部分僅限於規定「勞動條件」之部分（團體協約法第十六條），此部分在學理上稱為「規範部分」，與此相對者，為「債務部分」（Schuldrechtliche Teil）「債務能力」（Schuldrechtliche Wirkungen），內容包括「履行義務」（Durchführungspflicht）、「和平義務」（Friedenspflicht）以及

違反義務時之損害賠償問題（註 20），不過必須注意，規範部分也同時具有「債務效力」（註 21），茲為明白起見，分列如下：

規範部分 ＜ 規範效力 / 債務效力

債務部分 ──── 債務效力

(二)規範部分之範圍

為了解規範的部分之範圍，必須進一步探討何謂規定「勞動條件」之部分？關於此問題，可參考與我國類似之日本工會法第十六條之規定，加以說明，說條規定規範的部分為「規定勞動條件及關於其他勞動者之待遇之基準」，其具體內容包括（註 22）：

(1) 工資、工作時間條款

團體協約中有關工資、工作時間之條款，可說是規範部分之代表，詳細內容包括工資額、工資體系、工作時間、休息、假日、特別休假、賞給、退職金也包括在內。

(2) 人事條款

升遷、調動、解僱、懲戒、退休等人事條款，一般被認為係屬規範部分，但也存在著一些問題，例如，關於升遷、調動、懲戒問題縱使存有協約約定，但對於那個勞工應升遷、調動，應由僱主行使裁量權加以確定，個別之勞工能否獲得如何之待遇，事實上並不具單義的明確性，因此，人事條款並不發生使個個勞工取得直接之權利或負擔義務之效果，從而，其雖屬規範的部分，但僅具強行效力，但不具「直接的效力」，堪稱為「半規範效力」，吾人於探討團體協約此一法源對勞動契約之影響力時，必須注意此點，此亦係僱主之指示權（ Direktionsrecht ）此一法源，發揮其效力之空間。

(3) 服務規律、勞災條款

勞工應遵守之服務規律（ 服務守則 ）屬於規範的部分。勞災補償之基準亦屬規範的部分。

以上所謂「規範的部分」，無非是與個體勞工之勞動條件相關之事項，可說是個體勞工法與團體勞工法「重疊」的部分，此重疊之部分，個體的勞動契約應受團體的

協約所規範。

　　比較特殊者，關於「採用」、「僱用」之規定，無規範的效力，對勞動契約無強行效力及直接效力，蓋規範的效力是勞動契約成立後規律其「內容」之效力，「採用」或「僱用」協定則係勞動契約成立前之事項（註 23）。

註釋：

註1：參見 Zöllner, Arbeitsrecht, S.ff。

註2：參見，經濟部中小企業處編印「勞資關係實務手冊」，第57頁，1989年11月印行。

註3：Hueck-Nipperdey, Lehrbuch des Arbeitsrechts, Bd. II，6.Aufl.1957, S.376ff；Nikisch , Arbeitsrecht, Bd. II，1959, S.385ff。菅野和夫，勞働法，第445、446頁。

註4：川口實，勞働協約の效力，載日本勞働法協會編，新勞働法講座5，勞働協約，189頁，有斐閣，昭和43年4月，初版二刷。

註5：參見，菅野和夫，勞働法，第469頁。

註6：朝日タクシー事件，福岡地小倉支判，昭和48年4月8日，載判タ298號，第335頁。

註7：以上二説，可參菅野和夫，勞働法，第470頁。

註8：行政院勞委會委託中華民國勞資關係協進會編撰，事業單位工作規則訂立指南（煤礦業及土石採取業）第一篇

　　諸論，第 34 頁，1990 年 6 月 1 日出版。據查，該緒
　　論部分係劉志鵬所撰。

註 9 ：有利原則，詳參 Zöllner, Arbeitsrecht, S.320ff 。

註 10 ：參見川口實，前揭文，第 191 頁。

註 11 ：參見，角田邦重等人著，勞働法講義 2 勞働團體法，
　　　　第 386 頁；外尾健一，勞働團體法， 638 頁；菅野和
　　　　夫，勞働法，第 447 頁。

註 12 ：花見忠，勞働協約上私的自由，載勞働法，第 21 號，
　　　　56 頁；吾妻光俊，勞働法，第 255 頁。

註 13 ： Hanau/Adomeit, Arbeitsrecht. S.57 。

註 14 ：排他的交涉代表制是指由交涉單位內受僱勞工之過半
　　　　數所選出來之代表出面交涉、締結勞動協約，縱使違
　　　　反少數勞工之意思，亦拘束所有勞工。

註 15 ：以上參照菅野和夫，勞働法，第 446 、 447 頁。

註 16 ：參見行政判勞委會委託中華民國勞資關係協進會編
　　　　撰，事業單位工作規則訂立指南（煤礦業及土石採取
　　　　業）第一篇緒論部分，第 35 頁。該緒論係劉志鵬先
　　　　生所撰。

註 17 ：同上註第 36 頁。

註18：參見，史尚寬，勞動法原論第 112 頁。

註19：關於各個勞動條件之關連性及分割性問題，另可舉基本演員之勞動條件、報社檢字工、按件計酬之勞動條件爲例，詳見拙著，勞動基準法實用，第一册，第 49 － 54 頁。

第20： Hanau/Adomeit, Arbeitsrecht, S.68。

第21：相同見解，可參考菅野和夫，労働法，第 445 頁。

註22：以下參考，山口浩一郎，労働組合法，第 155 － 157 頁。

註23：參見菅野和夫，労働法，第 449 頁。

第四節　團體協約與工作規則

一、團體協約對工作規則之強行效力及直接效力

前節言之，團體協約之規範部分具有規範效力，包括強行效力及直接效力，而直接影響勞動契約之內容。在此，擬進一步探討團體協約之強行效力及直接效力，是否影響及工作規則之效力？

關於團體協約與工作規則間之關係，我國勞基法第七十一條規定「工作規則，違反法令之強制或禁止規定或其他有關該事業適用之團體協約規定者，無效」，所謂「工作規則……違反團體協約規定者，無效」，可說是團體協約之強行效力之部分，但除此之外，法律並未明文規定團體協約對工作規則之直接效力，即：未規定該工作規則無效之部分以團體協約之內容代之。但在結論上，應認為團體協約對工作規則亦有直接效力，至於採取此結論之理由構成，在法學方法論上之性質究為適用或類推適用（註1）

231

團體協約法第十六條，則須視工作規則之法律性質而定，如將工作規則之法律性質定性為「定型化契約條款」（註2）或更直接之「契約說」，則因工作規則與勞動契約之性質無異，應適用團體協約第十六條之規定；反之，如將工作規則之法律性質定性為「規範說」，則因工作規則與勞動契約有異，不得直接適用團體協約法之規定，而係「類推適用」團體協約法第十六條之規定。

　　與我國勞基法類似，日本勞基法第九十二條規定「就業規則，不得違反法令及適用於該事業場所之勞動協約」，所謂「不得」，即違反之效果為「無效」，工作規則因此而無效之部分，縱使嗣後團體協約失效，亦不因而回復其效力（註3）。

　　另外如有一部分勞工未加入締結該團體協約之工會，而不適用該團體協約時，對此部分之勞工而言，在理論上，即無工作規則違反團體協約之問題，仍然適用工作規則（註4），如此，所謂「無效」，可說是「相對的無效」，因而形成錯綜複雜的法源關係，不可不慎。目前，我國工會法因採「強制入會制」似不發生此問題，但據悉修正中的工會法將採「自由入會制」，苟如此，產生此問題矣。

二、有利原則之問題

　　對於團體協約與工作規則此二類法源之關係，勞基法第七十一條泛稱「工作規則，違反……團體協約，無效」，在理論上包括兩種情形：①工作規則較團體協約不利於勞工，②工作規則較團體協約有利於勞工。前者，固無問題，至於後者，如依勞基法第七十一條之「文義可能」而作解釋，似乎亦應解釋為「無效」？或者，應依團體協約法第十條後段但書的規定，認為應依「有利原則」來處理？該但書之規定為「……但異於團體協約之約定，……為工人之利益變更勞動條件而該團體協約並無明文禁止者為有效」。

　　究竟應作如何解釋？有學者認為工作規則所定勞動條件不論是否較團體協約為有利，均認為違反勞基法第七十一條之規定而無效，並提出四點理由如下：

　　(1)就勞基法第七十一條規定之文義來看，工作規則「違反」團體協約之規定者無效，所謂「違反」團體協約之規定，並係包括有利及不利之情形。

　　(2)或謂基於保護勞工利益之考慮，工作規則所定勞

動條件較團體協約所定者不利時固爲無效，而於有利之場合，不妨承認爲有效。然而，勞動契約所定勞動條件與團體協約比較時，究竟有利或不利 ？其判斷標準會因持短期或長期，總體或個體眼光之不同而異，故以有利或不利來作爲工作規則所定勞動條件違反團體協約時是否生效之標準，易滋紛擾。

（3）團體協約係工會與雇主經由團體協約所締結，而工作規則由雇主單方即可制定，團體協約之效力應優於工作規則，乃當然之理，而勞基法第七十一條可以說正是此種尊重團體協商結果之精神表現。因此，若採取工作規則所定勞動條件較團體協約有利則有效、不利則無效之見解，將會割裂勞基法第七十一條尊重團體協約（ 勞資自治原則 ）之立法精神。

（4）工作規則之法律性格爲定型化契約，而團體協約內規範部分（即有關勞動條件之規定）則具有（ 法 ）規範性效力，從而，解釋上將違反團體協約之規範部分的工作規則條款，不論有利或不利，均判斷爲無效，至爲當然（註5）。

但本文則認爲，勞基法第七十一條應受「有利原則」

之限制，即：僱主單方所制定之工作規則較團體協約有利於勞工時，仍應認爲有效。蓋工作規則既爲雇主單方所制定，其單方決定「拋棄」團體協約對自己有利之部分，即應受到拘束。我國勞基法第七十一條之立法，未橫向地顧及團體協約第十六條但書關於「有利原則」的明文規定，同時在勞基法第七一十條同類之規定，結果形成二者在「價值判斷」上的衝突，形成「衝突式的漏洞」，此或許是勞基法第七十一條於立法時參考日本勞基法第九十二條之規定，但未慮及日本勞動組合法第十六條關於協約之強行效力之規定，並未如我國團體協約第十六條但書作了「有利原則」的規定，二者不同所致。前述關於否定「有利原則」之看法，實係站在日本勞動組合法第十六條未明文規定「有利原則」之基礎，反之，在我國團體協約法第十六條但書明文規定「有利原則」之情形下，結果應該有所不同（註6）；再者，前述否定「有利原則」之見解之理由四爲「工作規則之法律性格爲定型化契約……」既視工作規則爲定型化「契約」，則工作規則顯有團體協約法第十六條適用，更足以證明勞基法第七十一條與團體協約法第十六條衝突，吾人應將認爲勞基法第71條承認有利原

則，即在有利於勞工之情形下，工作規則得違反法令及團體協約。

註釋：

註1：適用或類推適用之區別，參見王澤鑑，民法實例研習卷
　　　書第一冊，基礎理論，第116頁以下。

註2：參見劉志鵬，工作規則之法律性質，律師通訊第七十二
　　　期，第12　頁。

註3：可參大津地裁決定，昭25年（ウ）第31期，中川練瓦
　　　製造所事件，昭25.10.13，引自日本勞働省勞働基準局
　　　編著，勞働基準法下冊，第731頁。

註4：參見日本勞働省勞働基準局編著，前揭書，第731頁。
　　　不同見解，認爲工作規則採規範說時，對所有勞工，均
　　　爲無效，參有泉亨，勞働基準法，第207頁。

註5：參見，行政院勞委會委託中華民國勞資關係協進會編
　　　撰，事業單位工作規則訂立指南（煤礦業及土石採取業），
　　　緒論部階，第36　、37　頁。

註6：上述否定「有利原則」之見解，係站在「立法論」之立
　　　場，參同前註，第34　、35頁。

第五章　勞動契約

第一節　勞動契約之法源地位

一、概說

　　勞動契約（Arbeitsvertrag）是指當事人之一方在他方之從屬關係下，提供其職業上之勞動力，而他方給付報酬之契約（註1），其在法源上之地位如何？依本文第一章所述，所謂「法源」為「得作為裁判之大前提」，則勞動契約顯然得作為裁判之大前提，而為「法源」之一種，但只是「當事人」間之法源，非具普遍性之法源；又依勞資爭議處理法第四條第二項關於「權利事項之爭議」之規定，勞動契約係與法令、團體協約並列，得作為權利事項之依據者，故由此規定亦可說明勞動契約屬於「法源」，因此，勞動法學者在探討勞動法法源時，均將勞動契約列為法源加以討論，而以勞動法的形成因素（arbeitsrechtliche Gestaltungsfaktor）稱之（註2）。

　　然而，依民法第一條之規定，其所列舉之法源僅有「法律」、「習慣」、「法理」三種，並無明文規定「契約」，則勞動契約作爲一種當事人間之法源，其與民法第一條之關係如何，便不無疑問。一般認爲，此係現行法律制度承認私法自治（Privatautonomie）即：在私法自治下，契約係當事人間之規範。因爲，民法第一條之功能主要在於宣示法律存有漏洞及應依習慣、法理補充漏洞而已，不能因民法第一條未明列「契約」，而謂其非當事人間之法源（註 3），蓋德國民法並未有如我國民法第一條之規定，但有關法源論，亦爲相同之處理。且，我民法於衆多條文明文規定法律行爲當事人得依其意思排除法律規定（例如，第 119 、 154 、 314 、 315 、 316 、 317 條），可知民法係採私法自治原則，承認當事人得自主（Selbstbestimmung）地創造其相互私法關係，所以未設明文規定，乃視爲當然也（註 4）。

　　按勞動契約之法源機能表現在「規範」機能與「創設」（Begründung）機能兩方面，稱爲勞動契約之雙重功能（Doppelfunktion des Arbeitsvertrages）（註 5），以下分此二分面進一步闡述勞動契約之法源地位：

二、勞動契約之規範機能

　　私法以法律行為（Rechtsgeschäft）為構築體系之基礎。所謂法律行為，一般認係「以意思表示為要素，因意思表示而發生一定私法效果之法律要件（Tatbestand）」（註6），從此「發生一定私法效果」之定義本身，即可體會出法律行為除了具「法律事實」（法律要件）之性格外，更具有法律規範之性格或機能，蓋一個「成功」即無瑕疵的法律行為，本身即產生一定之私法效果，得作為一項請求權之基礎（Anspruchgrundlage），此係在法律體制上肯認私法自治（Privatautonomie）之結果（註7），此外，進一步由雙方當事人意思表示一致而成立之有名契約，它作為一種雙方的法律行為，也具有規範功能（註8）。只不過，因為法律針對各個有名契約，多設有關於其主要給付義務之規定（例如，買賣：民法第345條；僱傭：民法第482條），人們多依此些法律規定作為請求之規範依據，而忽略了法律行為或有名契約本身所具有之規範效力。

　　勞動契約係在「合意原則」（Konsensprinzip）之下，

因勞資雙方合致之意思而成立，其性質為一種法律行為及有名契約（註9），自具有法律行為及有名契約所具有之規範效力（Regelungseffekt），而為勞動關係形成因素之一，必須於法源論中加以探討。

然而，比起其他法律行為或有名契約，勞動契約之規範機能具有如下之特殊性：由於像勞動保護法（如勞基法）之強行規定、團體協約、工作規則等規範工具（Regelrungsmittel），已對許多勞動條件加以設定，使勞動契約幾乎只是成為「勞動關係存在之標記（Merkmale），而非決定勞動關係內容之因素（Faktor）」，或成為所謂「內容空洞之勞動契約」（inhaltsleerer Arbeitsvertrag）；以團體協約與勞動契約之關係而言，對不屬於工會會員之勞工，因其不適用團體協約，理應擁有較大契約自治之空間，致勞動契約發揮較多之規範機能，但大多數人於結論上仍會依照協約規範所定之標準（註10）。

這種現象，和我們俗稱之「工作」具有兩種層面之意義，有異曲同工之處。「工作」的兩種意義是①找到一份「工作」之抽象意義之「工作」，②找到「工作」後，每日去勞動之「工作」即具體意義之工作，當勞工因不可抗

力之原因（如服兵役、颱風、停電），於某一、二日無法具體工作時，如認為雇主仍應給付工資，不適用民法第267條關於危險負擔之規定，其理由有謂係「企業危險」(Betriebsrisiko) 理論（註11），有的則認為所謂工作是指找到「工作」之抽象工作，在此狀況下，勞工處於雇主之指揮圈內，不可能再到別處工作，勞工雖於短期內未為具體之工作，仍應給付工資，無 no work, no pay 原則之適用（註12）。不問何者為是，同樣的，以勞動契約為基礎而成立的勞動關係（Arbeitsverhältnis）也具有兩個層面之意義：①勞工作為特定雇主之從業員之地位，②勞工每日將其勞動力在雇主處分下給付勞務之行為；基本上，前者由勞動契約加以確定，後者則由勞工法令、團體協約、工作規則，甚至雇主之指揮權等勞動契約以外之因素決定其內容（註13），質言之，勞動契約僅創設了「基本關係」(Grundbeziehung)，單純為勞動關係之成立及存續提供了依據，此外，它通常也決定了雙方當事人之對待的主要義務 (gegenseitigen Hauptpflichten)（註14），即工資及基本的勞務性質，此係勞動關係內容之最基礎部分，工作規則、勞工法令等決定因素 (Bestimmungsfaktoren)。另

在此基礎上，進一步將權利義務具體化或補充之，以完成整個勞動關係（註15）。勞動契約既決定了勞動關係內容之最基礎部分（即工資及勞務性質），則就此最基礎部分，勞動契約具有規範之機能，為當事人間之請求權基礎！

此外，對於不適用勞基法令之勞工及未訂有工作規則、團體協約之企業或勞工，勞動契約所扮演之規範角色，當然增加了比重！還有，對於法令、團體協約等規範以外之事項，由雇主一方利用其優勢地位所主導而訂立之契約，例如，保證任職最短期間、離職後短期內之競業禁止、保守營業秘密、出國受訓後之回國服務期間，均可以勞動契約加以規範，更足以顯示，在空洞化之情勢下，勞動契約仍具有相當大之規範功能為勞資間重要的「法源」。

三、勞動契約之創設功能

法律行為除具有規範機能，本身能夠發生私權效果以外，同時也具有法律事實或法律要件（Tatbestand）之性格，成為適用法律（大前提）之三段論法過程中之「小前提」，而導出法律所規定之效力！如該法律行為又是一種

有名契約時，則關於該有名契約之法律規定，對於該有名契約有二種機能：①任意規定補當事人約定之不足：當事人對契約要素必有約定，否則契約不成立，但對其他事項，未爲約定者，時常有之，法律所規定之任意規定，得補充之，②強行規定保護一方當事人之利益：爲了避免造成實質的不平等，當事人之約定違反法律所設之強行規定者，無效（註 16）。在此適用法律之過程中，法律行爲或契約具有媒介或創設功能（Begrundungsfunktion）。

　　勞動契約是一種法律行爲及有名契約，也具有創設勞動關係之功能。儘管勞工法令、團體協約、工作規則或法源位階高於勞動契約或實際上發揮多數決定勞動條件之功能，使得勞動契約作爲一種規範工具（Regelungsmittel）所發揮之功能有被取代之可能，但其作爲勞動關係之創設行爲（Begrundungsakt）所具有之地位則是唯一獨特，無可取代的（註 17），一個勞動關係之成立，意味著方當事人（雇主與勞工）就工資及約定之勞務給付取得合意（Einigung），此種意思之合意係勞動契約不可缺少之核心（notwendigen kern），勞工之主要義務即勞動義務必須以此核心爲基礎，透過契約之其他相關約定（非必須如此）、

245

透過團體協約、透過法律、透過雇主之指揮（Weisung），
獲致其具體化之內容（konkrete Inhalt）。

亦即透過勞動契約創設了雇主與勞工間的「基本關
係」（Grundbeziehung），勞動契約以外之其他勞動關係
決定因素（Bestimmungsgrunde），再以此「基本關係」
為前提，與基本關係發生關連，並增加基本關係之內容，
而形成勞工與雇主間之「綜合關係」（Grundbeziehung），
即勞動關係（註18）。

在此，必須進一步強調，勞動契約所創設之「基本關
係」在整個勞動關係繼續之期間（ganze Zeitdauer des Ar-
beitsverhältnisses）具有根本的重要意義（fundamentale
Bedeutung），蓋不問其他各個規範（或決定因素）如何改
變，勞動契約在規範上仍保持其基本特性！只要勞動關係
並非過於短暫，在「繼續性」契約的特質下，勞動關係之
內容可以或難免必須透過修改或補充勞動契約條款、通過
法律之修正、通過不斷的雇主之各個指揮（示）(durch
standig erneuerte Einzelwisungen des Arbeitgebers)，
透過團體協約之修正、甚至透過雙方當事人之履行行為而
不斷的變更（註19），但勞動契約仍扮演著維持「基本關

係」之重要地位！基本上，無論國家怎麼變更法令、雇主
怎麼修正工作規則、指揮內容，或工會怎麼與雇主商定團
體協約，勞動契約在當事人間仍扮演著自主規範的角色，
爲勞動關係提供了基本的安定性與繼續性。

註釋：

註 1：陳繼盛，勞資關係，第 17 頁。

註 2：Zöllner, Arbeitsrecht, S.66；Adomeit, Rechtsquellenfragen im Arbeitsrechts s.91ff。

註 3：但有學者將契約置於民法第 1 條所規定「法律」之項目中加以討論，參見黃茂榮，民法總則，第 3--6 頁。

註 4：詳見王澤鑑，民法總則，第 183 頁以下。

註 5：Adomeit, Rechtsq1uellenfraagen im Arbeitsrecht, s.92。

註 6：王澤鑑，民法總則，第 188 頁以下。

註 7：Adomeit, 前揭書，S.79 以下。

註 8：黃茂榮，法學方法與現代民法，第 239 頁以下。

註 9：Zöllner Arbeitsrecht, S.196。

註 10：Adomeit，前揭書，S.93

註 11：Zöllner, Arbeitsrecht, S.196。

下井隆史，労働契約における使用者危険負擔の原則收於氏著労働契約法の理論，第 157 頁以下，有斐

閣，昭 60 年初版一刷。

註 12：有斐閣編，判例労働法(3)，第 131 頁。

註 13：片岡　，労働契約論の課題，載季刊労働法別冊 1 號，
　　　　労働法準法，第 42 頁。

註 14： Adomeit, Rechtsquellenfragen im Arbeitsrecht,
　　　　S.94 。

註 15：參見，片岡　，前揭文，第 43 頁。

註 16：參見王澤鑑，債法總論，第一卷，第 93 頁。

註 17： Adomeit, Rechtsquellenfrangen im Arbeitsrecht,
　　　　S.93 。

註 18： Adomeit, 前揭書，S.94 。

註 19： Adomeit, 前揭書，S.95 。

第二節　勞動契約與其他法源之關係

勞動契約與其他各種法源之關係，除了一般之位階關係以外，尚可從前面第一節所述之「勞動契約之空洞性」引申出各法源對勞動契約之補充關係，及從「勞動契約之創設機能」引申出勞動契約係各法源之適用之前提，以下分述：

一、補充關係

勞動關係之內容，除依勞動契約之約定外，多由其他法源來補充，其補充適用順序基本上以法令之強行規定為第一優先，其次是團體協約之強行條款、勞動契約之約定、工作規則之規定、勞動習慣、任意規定，最後是雇主之指揮權（註1），但由於「有利原則」之存在，致其補充順序也非絕對如此，以下分「高位階法源」及「低位階法源」說明此種補充關係。

(一)高位階法源對勞動契約之補充

　　勞工法律、團體協約之法源位階均高於勞動契約，凡勞動契約與此二種法源發生競合時，應依「位階原則」(Rangprinzip) 有「有利原則」(Günstipkeitsprinzip) 來處理，即：①法律中的強行規定 (註2) 及團體協約中規範之部分具有強行效力 (Zwingende Wirkung)，效力優先於勞動契約，勞動契約與其抵觸之部分無效，無效之部分以強行規定及協約之規範部分代之，即強行規定及協約之規範部分，成為勞動契約之內容，②依據「有利原則」，上述勞工法律協約之規範部分所具有之強行效力，僅具有片面強行性 (einseitig zwingend)(註3)，當勞動契約之約定較勞動法令、團體協約有利於勞工時，雖違反勞工法律及協約，仍然有效 (註4)。

　　以上係就勞動契約有約定之部分而言，如就勞動契約內容未約定之部分，除上述法令之強行規定、協約之規範部分外，法令之任意規定對勞動契約亦有補充功能。

(二)低位階法源對勞動契約之補充

　　在勞工法之「法源」或形成因素 (Gestaltungsfaktoren)之中，工作規則、雇主之指揮權、勞動習慣等「法源」，其位階均較勞動契約低！因此，與如上所述之高位階之法源不同，低位階法源對勞動契約之補充，只限於勞動契約未爲約定之部分，以下分述之：

1. 工作規則：

我國由於團體協約尚不發達，再加上勞資雙方鮮有訂立「書面」勞動契約，因此，有關勞動條件幾乎均由工作規則加以決定！較諸純個別之勞動契約，工作規則具有集團地、劃一處理勞動條件之等質傾向，如此照「團體法優先於個體法」之原則，則工作規則之效力位階似應高於勞動契約，日本勞基法第九十三條規定「勞動契約所定勞動條件未達工作規則所定基準時，該部分無效；於此場合，無效部分依工作規則之基準定之」，即採此見解，但依「合意原則」(Konsensprinzip)（註5），工作規則缺勞動契約之「勞方之同意」，其位階應低於勞動契約！對此問題，我國勞基法並無如日本勞基法第93設有「工作規則位階高於勞動契約」之規定，本文採勞動契約位階高於工作規則之見解（註6），但如雇主單方所規定之工作規則較

契約有利勞工時，工作規則仍為有效，即以「有利原則」（Günstigkeitsprinzip）來修補位階原則（註7）！

2. 雇主之指揮權：

雇主單方之指揮權（Weisungsrecht）之位階低於勞動契約，並無疑問！故指揮權只能在未逾越契約的範圍內，形成勞動關係之內容。由於勞動關係是「人的繼續性關係」（personliche Dauerverhältnis)（註8），從人格的信賴角度，難免必須將一部份的權義關係信賴地交由他方來決定，又從繼續性的角度，也必須將一部分決定權交由企業行使以應付不可知的未來！對未來已知之部分，如果願意而又有力量，則應以契約加以確定，使指揮權不逾越契約之範圍，在契約之範圍內補充勞動契約之內容。

3. 勞動習慣：

如前所述勞動契約雖非法律，但依私法自治原則，它在當事人間扮演相當於法律之角色，因此，其效力位階高於法律下面之勞動「習慣」。勞動習慣僅在契約未約定時，對勞動條件之形成有補充之餘地。

　　勞動習慣之補充勞動條件之途徑，涉及勞動習慣究為「獨立法源」或「借用法源」，前者認為勞動習慣係與法律、團體協約、工作規則並列之獨立的個別的法源，後者則認為習慣依附在其他法源上以發揮規範功能（註9）。縱使依我民法第一條規定，將勞動習慣當作該條所規定之「習慣」，而將其作為獨立法源（註10）！不過，由於在所謂「法律未規定」（民法第一條）之情況下，多數認法律有意不作規定，而依「反對解釋」之邏輯作裁判，實務上鮮有認定「法律未規定」係「存有漏洞」而進一步依習慣而裁判之情形，故於實際操作時，多寧可將習慣依附於例如「默示之合意」（契約）等「法源」上，使習慣扮演類似「不完全法源」（例如，「不完全法條」）之作用，而補充勞動契約之內容。

二、各法源以勞動契約為適用前提

　　在尊重個人意思、自由的法制下，私法關係發達，私法亦以契約為構築法律關係之基礎！此種精神表現在勞動法法源論上，則為法律、團體協約等法源之適用，以個別勞工與雇主間成立及存續勞動契約為前提！反之，以實行

社會主義之大陸法制爲例，則不僅私法之地位卑微（註11），即在勞動關係方面，亦不重視個別勞工與雇主（國家？）間之意思或契約，有關勞動條件悉由國家法令規定，本無所謂「勞動合同」（契約）之概念，雖自1979年以來實行改革開放政策，始行「勞動合同制」，允許企業解僱勞工（但很難），允許較國營企業靈活之「三資」企業簽合同，但在三資企業，勞動關係仍不以企業與個別勞工間之「勞動合同」爲必要，法令規定勞動合同可由工會或個別勞工與三資企業訂立（註12），唯於實務上，大陸方均有意無意地以工會名義訂立勞動合同，故勞動關係並不以個別之勞動契約爲必要！在我國法制下，整個勞動關係則以勞動契約爲前提，茲說明如下：

(一)個別勞動法

1. 勞動契約與類型之規避

如所週知，法律對有名契約所規定的強行規定，只有對屬於該契約類型之法律行爲，始有適用之餘地，因此，於實務上，當事人輒以類型規避之方式，作爲排除該強行規定之適用之「脫法行爲」（Gesetzesumgehung），斯時，

應依法律行爲之解釋方法及類型論之角度，綜合其內容忠實地認定該法律行爲是否屬於該有名契約（註13），如屬之，則仍有該強行規定之適用！

　　勞基法作爲勞動何護法，係強行規定，僅適用於「勞動契約」！其強行規定之「數量」，遠較一般私法上之其他有名契約爲多，故自該法施行 伊始，即出現許多將「僱傭契約」或「勞動契約」改爲「承攬契約」，企圖以類型規避之方式，逃避勞基法之適用！此種情形，亦應依雇主對勞工之控制程度（control test）、工人在組織中之地位（organizarion test）、對工人選用之影響、對工作時間、地點之影響等「類型」因素，具體認定其究否屬於勞動契約，進而決定是否應適用勞基法（註14）。

　　由此可見，個別勞動法之適用，以成立勞動契約爲前提。

2. 勞動契約之強制締約

　　在個別之情況，有以公法強制締結勞動契約之情形，例如，在德國依據重殘人法（SchwerBeschG）第10條之規定，邦勞工主管機關以行政行爲（Verwaltungsakt）強制

雇主僱用重殘疾者，如此，勞動關係似不以勞動契約而以行政行為為成立基礎，但一般仍認為：雇主與重殘者間之勞動契約視為締結，勞動契約與行政行為同為勞動基本關係（Grundverhältnis）之法律基礎，此項基本關係再以其他形成因素（Gestaltungsfaktoren）補充，即形成全部之勞動關係（註15）。

3. 所謂「事實上之勞動契約」

個別勞動法以勞動契約為適用前提，可能有一例外被提出，但隨後又被拉回契約之領域，此即所謂「事實上之勞動關係」（faktishces Arbeitsverhältnis）之理論，謂：勞動契約在進入履行階段後，始發現其無效、不生效力或被撤銷者，依民法一般原則，當事人所受領之給付，應依不當得利規定負返還義務，勢必導致複雜及不公平之結果，對勞工甚為不利，因此德國 Haupt 教授提出事實上勞動關係之理論，主張勞務若已一部或全部給付，已發生複雜之法律關係，且勞工已納入團體之組織中，即應基此事實成立契約！不過，此項理論近來已被「有瑕疵之勞動關係」（fehlerhaftes Arbeitsverhältnis）理論所取代，此說

認為，勞工納入企業組織之事實本身不足作為契約成立之基礎，原則上仍應回到民法上法律行為及契約之理論體系，但為保護勞工，應限制勞動契約無效、被撤銷後之溯及力，以避免適用不當得利之規定，使勞工仍得取得約定之報酬（註16），由此二種理論之演變，可說明勞動契約仍為勞動關係及勞動法適用之基礎！

(二)團體勞動法

　　勞動契約之創設功能，亦影響團體勞動法之適用。在爭議行為法之領域可以「同情性罷工」為例如以說明，所謂同情性罷工是指「勞工並非為提高自己之勞動條件而爭議，而係為了他人之勞動條件而爭議」，一般認其無法以團體交涉作為解決途徑之可能，因而認其不具正當性（註17），即隱含著「勞動契約」以外「他人勞動契約」之事項，並非爭議之事項，進而影響爭議行為法之適用；又，無受僱關係之「第三者」領導或幫助受僱之勞工進行合法之爭議行為，縱使勞工得享受刑事及民事之免責權，但無勞動契約關係之第三者是否得享有免責權，則有疑問，亦可證明勞動契約之存在，對團體勞工法之適用有所影響。

　　於實務上最重要者，爲工會會員資格與勞動契約之存續關係。在我國「廠場別工會」之制度下，一個公司下有三個廠，分別於三個廠設三個工會，而以廠內之勞工爲工會之會員，於是，解僱與廠間之調動，均會影響工會之會員資格，進而影響工會理、監事之資格，動搖工會之幹部，因而，極易促成工會與企業之緊張關係，有必要在制度、設計上，使其衝突和緩化（註18）。

(三)團體協約

　　團體協約之效力位階高於勞動契約，但一般亦以勞動契約之存續作爲其規範拘束力之前提；未與雇主成立勞動契約或勞動關係已終止之勞工，自不受團體協約之拘束。雖依團體協約法第十四條、第十五條規定之意旨，在協約存續期間由當事團體「退出」或「除名」者，仍受團體協約之拘束，以避免勞方藉退出以規避團體協約之拘束，但此僅指自當事團體（即工會）退出或除名而言，如已終止勞動契約，應不受團體協約之拘束。但有一例外，即：由團體協約所得勞動契約上之「權利」，如於勞動契約終了後三個月內仍不行使其權利者，始不得復行使之（團體協

約法第 18 條第 1 項但書），換言之，於勞動契約終止後三個月內，勞工仍得行使因團體協約所取得之權利。

(四)工作規則、指揮權、勞動習慣

工作規則、雇主之指揮權之共同特色為雇主之「單方行為」，但其拘束力發生之前提，均為勞動契約之成立及存續。工作規則於實際制作時，多於條文中規定「受僱員工」或「正式任用」員工受工作規則之拘束，而指揮權更係勞動契約成立或存續期間，受僱人處於將勞動力委由雇主處分之狀態，當然以勞動契約為前提，所謂離職時之移交義務（註 19），雖係在契約終止後履行，但基本上仍屬契約之義務。

至於勞動習慣，亦係在勞動契約成立及存續之前提下，以默示契約條件、指揮其形成勞動關係之作用（註 20），對非勞動契約之當事人，勞動習慣絕難依民法第 1 條獨自創設勞資間之關係。

註釋：

註1：參見陳繼盛，勞資關係，第 29 頁。

註 2 ： Hanau/Adomeit, Arbeitsrecht, S.30; Schmid, Grundzuge des Arbeitsrechts, S.40 。

註3：Zöllner, Arbeitsrecht, S.320 。

註4：勞工法令與勞動契約之關係，詳參第三章；團體協約與勞動契約之關係，詳參第四章。

註5：合意原則參見，Zöllner, Arbeitsrecht, S.127 。

註6：陳繼盛教授亦認爲勞動契約之約定優先於就業規則（工作規則）之規定，見氏著，勞資關係，第 29 頁。

註　：另有利原則應採「相對的有利原則」，詳參第六章第四節三。

註7：Schmid，前揭書，S.41 、 42 。

註8：詳參第七章，第三節三、。

註9：以上參見山口浩一郎，勞使慣行の破棄と法理，載季刊労働法 133 號，第 61--63 頁。

註10：但依通説，認爲民法第一條所謂之「習慣」是指「習

慣法」，則勞動習慣並非獨立法源，詳見第九章第一
節。

註 11 ：在大陸，調整平等主體間橫向連合之法規定，合同違反
國家政策、國家計劃、公共利益而無效。其無效之機
會較台灣地區甚多。

註 12 ：中外合資經營企業勞動管理規定（ 1980.07.26 國務院
公布施行 ）第 2 條第 2 項規定「勞動合同，由合營企
業同本企業的工會組織集體地簽訂；規模較小的合營
企業，也可以同職工個別地簽訂」

註 13 ：關於類型之認定，參見 Leenen , Typus und Rechts-
findung, S.142 、 143 ；黃茂榮，法學方法與現代民
法，第 244 － 248 頁。

註 14 ：參見拙著，勞基法實用，第 350 － 360 頁；第 4 － 9
頁。

註 15 ： Adomeit, Rechtsquellenfragen im Arbeitsrecht,
S.94 。

註 16 ：王澤鑑，民法實例研習叢書，第三冊，債編總論，第
168 頁；陳繼盛，勞資關係，第 27 頁以下；史尚寬，
勞動法原論，第 41 頁；黃劍青，勞動基準法詳解，第

138 頁以下； Söllner, Grundriss des Arbeitsrechts, S.245 ; Hanau/Adomeit, Arbeitsrect , S.151f。

註 17：菅野和夫，勞働法，第 485 頁。

註 18：詳參第三章第二節一、（一）。

註 19：參見台北地方法院 77 年勞訴字第 34 號判決，該判決認為，移交義務與薪資請求權不構成同時履行抗辯。

註 20：山口浩一郎，勞使慣行の破棄法と法理，載季刊勞働法，第 133 號，第 66　頁。

第三節 勞動契約之規範內容

如前所述，勞動契約具有規範當事人間權利、義務之功能，得作為當事人間之請求權基礎，其規範之內容或來自明示之契約條款，或依據勞動契約之補充解釋，以下分此兩種情形，加以說明：

一、勞動契約條款

在不違反勞動契約之上位階法源包括憲法原則、法律之強行規定、團體協約之前提或有利於勞工之前提下，雇主與勞工得以書面或口頭方式，約定各種勞動契約條款內容，此些勞動契約條款即為雙方當事人間之規範，雙方當事人有遵守之義務。由於企業之力量通常優於勞工，因此，以勞動契約條款之方式來建立規範，也通常由企業即雇主來決定，勞方僅有決定是否接受之餘地！但近年來，於台灣地區由於環境之變遷，企業苦於找不到足夠之勞工，勞工也未必一定沒有機會參與契約條款之決定。

由於法令、工作規則對勞動契約之內容具有補充性，

故於實務上，勞資雙方鮮有訂立包括工資、工時、休假、退休……等具有完整內容之勞動契約條款，如有訂立書面之勞動契約條款，多係針對特殊事項之需要，訂立單項內容之勞動契約條款，常見者有：①約定最低任職期間之條款，②約定於受訓後服務義務之條款，③約定離職後競業禁止之條款，④約定結婚、懷孕、生育時辭職之條款。一般言之，第④項因違反公共秩序及平等原則而無效（註1），①、②、③項於我國法上原則上為有效，但如約定終生不得競業或服務期間過長，則涉及生存權、公共秩序之問題，則非有效（註2），企業宜作自我約束，以下就實務上較為重要之「離職後競業禁止」之約定，加以探討。

甲公司以產銷接連器為業，雇用乙業務經理，月薪72,000元，乙離職時，甲公司支付乙195,000元，並要乙簽了一份文書，上面記載「I accept the sum of NT$ 195,000, as good-will from 甲 in return for my guarantee not to engage myself in the connector business or any other related activities that are deemed detrimental to the business of 甲」（我同意由甲基於好意支付195,000元，以保證本人不從事接連器業務或其他任何

有損於甲公司營業之相關活動）。

接著，乙立刻轉任丙公司之協理，而丙公司的產品目錄印有接連器的業務。甲公司認為，乙違背了承諾，影響了甲公司的營業利益在苦想對策之後，乃向法院起訴請求乙返還 195,000 元，其法律上的依據是「195,000 元公司的贈與，乙的保證是贈與的負擔，因為乙不履行保證，所以，甲可以根據民法的規定，撤銷贈與，請求乙返還 195,000 元。」

乙則除了主張丙公司的業務種類很多，他所擔任的工作與接連器無關以外，還主張 195,000 元是資遣費而非贈與（認為甲公司玩弄法律技巧），更重要的是，這樣的約定，使他終生必須放棄自已賴以維生的專長，斷送他一生的事業前途，顯然違背公序良俗而無效。

於是，雙方演變成「營業利益、重然諾」與「工作權、生存權、公序良俗」之爭。

就此案例，台灣高等法院認為：①勞動契約終止後，經理人即不負有競業禁止的義務（民法第 562 條、公司法第三十二條所規定的是勞動關係存續中的競業禁止業務），②甲公司限制乙終生不得從事接連器之工作權，使之拋棄

自由，違背了公共秩序及善良風俗，應認為無效（註3）。

　　對於此類問題德國基於「利益衡量」的角度，一方面承認「勞動關係存續中取得的能力和知識，是勞工的資本，將此資本以儘可能的好條件且不被妨礙的利用，對於勞方在勞動關係終止後，另謀生計，具有重要的意義」；另一方面，也承認「雇主對於勞工於勞動關係終止以後的競業禁止，享有業務上的利益」。兩相權衡的結果，德國將此問題加以折衷，認為：①資方可與勞方以書面約定勞方於勞動關係終止以後不得競業；②但是，競業禁止的期限以兩年為限，且以保護資方業務上之正當利益為限（商法第74條第1項）；③另外，除了過去曾支付勞方特別高額的薪水以外，資方對勞方因不競業所受的損失應負責補償（karenzentschadigung）（商法第74條第2項），不過，如果勞方因從事其他工作（非競業項目）而有所得，應從此項「損失補償」中扣除（註4），值得參考。

　　對於勞動契約條款，尚涉有一項問題，即：由雇主單方決定勞動契約之內容，在學理上屬於所謂「附合契約」，甚至為「定型化契約條」，本應依附合契約或一般契約條款之規整（控制）方法，從司法、行政等方面加以規整，

或從嚴解釋或不明確時作不利於製作人之解釋，以保護弱者之相對人（註 5），但由於勞動法領域保護勞工之社會原則已發展相當時期，較規整附合契約或定型化契約之制度為早，或較早熟，已自有一套成熟的社會化方法，由團體協商（甚至參與決定）或勞動保護立法，達到保護勞工之目的，故通常不再經由一般化的附合契約、定型化契約條款之制度，來解決勞動問題，德國於 1967 年制定「一般契約條款法」，以規整定型化契約條款，即於第 23 條第 1 項規定，該法不適用於勞動法。

二、勞動契約之補充解釋

只要注意法學方法論之論述，吾人即可發現，除了法律之明文規定及其解釋為權利、義務之依據以外，當法律被認為存有漏洞而進行法律補充時，因該法律補充活動而形成或具體化出來之規則，亦為當事人間權利、義務之依據，得作為裁判之大前提（註 6）。此種現象，亦存在於勞動契約條款及契約條款以外之補充解釋。換言之，勞動契約所負載之規範內容，除了前述之契約條款相當於法律規定以外，另有契約條款以外之契約補充解釋相當於法律補

充，由契約之補充解釋活動所具體化出來之規則，亦為當事人間權利、義務之依據，並得作為裁判之大前提。

在勞動關係領域，勞工負有「忠實義務」（Teurpflicht），雇主則負有「照顧義務」（Fürsorgepflicht），是大家經常肯認及提及的（註7），然則，此種義務既非全係法律明文規定，也非勞動契約條款所約定，而係由勞動契約作補充解釋而發展出來之「規範」！蓋一般認為，勞動契約係一種人的、繼續性的結合關係，必須要求彼此間之信賴，在共同體思想下，雇主對勞工負有照顧義務，相對的，勞工對雇主負有忠實義務，並由此種相對之義務派生出雇主對勞工之保護義務、勞務受領義務（Beschaftigungpflicht）等義務，派生出勞工對雇主不為競業之義務、守秘之義務等義務。當然，如認為不宜在契約關係以外，過分強調「共同體」之精神，並認為不宜在一般之契約法理論之外，特別強調「忠實」及「照顧」義務，則可在民法誠信原則之規定之基礎上，強調勞動契約中之附隨義務（Nebenpflicht），即以附隨義務之架構，去說明勞動契約條款以外，勞工及雇主應負之義務群（註8），在日本，有學者認為，由於日本並無像德國

一樣共同體思想，在勞動契約中強調忠實義務與照顧義務，並不一定貼切，但不能否定基於人的、繼續的關係產生附隨義務，例如，雇主負有保護勞工生命、健康之義務、努力避免解僱員工之義務、解僱時之說明、協議義務，勞工則負有保持企業秘密之義務、競業禁止義務、不損害雇主名譽、信用之義務（註9），以及為工會活動時應顧及雇主利益之誠實義務（註10），此種見解，在我國同無共同體之歷史淵源下，應值參考。在瑞士，於1971年修改債務法，以「勞動契約」取代「僱傭契約」，於第321條b明列勞工之忠實義務（Treupflicht）及其他忠實義務之照顧義務之具體化類型（如報告義務、時間外勞動義務），並規定雇主之照顧義務之具體化類型如人格之保護（Schutz der Personlichkeit）、休假義務等（註11），我國於民國25年公布之勞動契約法亦規定部分「忠實義務」之具體化類型（如競業禁止，第14條）；時間外勞動義務，但並未施行，現主管機關刻正主導修正勞動契約法，擬對「忠實義務」及「照顧義務」作更詳細及廣泛之規定（註12），相信在完成修正及立法後，得為勞資雙方之權利、義務提供更具體、確實之法源基礎，惟在立法完

成以前，本文欲特別強調，從法源論之立場，得作為裁判之大前提者或得作為權利、義務之依據者，並非限於法律或契約之明文規定，無寧，忠實、照顧義務或附隨義務係勞動契約之「本質的」（ wesentlich ）義務（註 13），它先於立法及契約條款而存在，為當事人所應遵守之義務！為當事人間之「法源」之一。

至此，作者深感在此部分，法理、學說、判決、契約甚至立法等法源或間接法源，係一種動態的關係，彼此相互助力，或共同形成裁判之大前提，或共同在使一項法理成熟化、具體化後，形成立法化之結晶。而從律師工作的角度而言，通常不會放過其中任何一種「可能」形成裁判之大前提之因素的！

本文將忠實、照顧義務或附隨義務，在權宜上除放在法理、學說中討論外，另放在勞動契約中加以探討，係認為放在契約論中討論已相當具體化，已超越法理或學說之階段！違反此等義務勞基法第 12 條第 4 款「違反勞動契約」之規定之可能情況。

註釋：

註1：王澤鑑，勞動契約法上之單身條款，基本人權與公序民俗，載萬國法律，第 50 期，第 3 頁以下；俞慧君，女性工作平等權，Zöllner，Arbeitsrecht, S.185。另詳見第二章，第三節。

註2：有關案例、判決，詳參拙著，勞基法實用第二冊，第 10 － 30 頁。

註3：台灣高等法院 75 年上易字第 12 號判決，因不能上訴而確定。

註4：和田肇，西ドイツ労働契約における忠實義務と配慮義務，載名古屋法學、法政論集，第 95 號，第 380 頁。

註5：參見黃越欽，論附合契約，政大法學評論，第 16 期（66 年 10 月），第 86、87 頁；第 61 － 68 頁。

註6：法律補充，參見王澤鑑，民法實例研習：基礎理論，第 167 頁以下；黃茂榮，法學方法論與現代民法，第 303 頁以下。

註7：陳繼盛，勞資關係，第 33 頁、第 41 頁；黃越欽，論勞

動契約，收於司法院編，民事法律專題研究（三），第
22、30 頁；史尚寬，勞動法原論，第 23 頁以下及 44
頁 以 下 ； Schmid, Grundzüge des Arbeitsrechts,
S.46ff, 61ff。

註 8： Gernot Muler 即以契約關係之附隨義務，説明忠實義
務及照顧義務，參見，和田肇，西ドイツ勞動契約にお
ける忠實義務と配處義務，載名古屋大學，法政論集，
第 104 號，第 600--607 頁。

註 9：菅野和夫，勞働法，第 63、64 頁；片岡　勞働契約論
の課題，季刊勞働法別冊第一號，第 46 頁。

註 10：菅野和夫，前揭書，第 501 頁。

註 11：詳參黃越欽，從僱傭契約到勞働契約，載政大法學評論
24 期，152 頁以下，秋田成就，勞動契約における權
利と義務の考察，載有泉亨古稀記念，第 33、34
頁。

註 12：勞委會委託陳繼盛教授主持修改勞動契約法，詳參氏
著，我國勞動契約法制之研究，78 年 7 月勞委會委託
研究。

註 13：秋田成就，前揭文，第 35 頁。

第六章　工作規則

　　工作規則（Arbeitsordnung）在現行法下是由雇主單方所制定，規定統一勞動條件及應遵守紀律之文書。以下分工作規則之法律性質、工作規則之法源地位、工作規則與其他法源之關係三節加以探討。

第一節　工作規則之法律性質

一、問題所在

　　工作規則之內容依勞基法第七十一條之規定，非常廣泛，包括工時、休假、工資、紀律、獎懲、受僱、解僱、退休。災害補償、福利等事項，這些事項基本上可分為兩類：①關於「勞動條件」之事項，如工資、工時、休假、退休、勞災補償等事項，②關於企業紀律之事項，包括應遵守之紀律、考勤、獎懲等事項。前者關於勞動條件之部分與勞動契約之內容及機能相近，後者關於企業紀律之部分則與雇主之指揮權相互有關，由此可見工作規則內容之

豐富，為現行勞動關係中事實上之重要之規範工具。為了防止雇主恣意地制定不利於勞工之工作規則，勞基法從兩方面來控制工作規則：①程序上之行政監督：制定工作規則應經主管機關之核備，核備後並應公開揭示（勞基法第七十條條）。②內容之控制：工作規則之內容違反法令之強行規定或團體協約者無效（勞基法第七十一條）。

企業單方制定之工作規則為何具有拘束勞工之效力？制定工作規則是否須經勞工同意？企業得否單方變更工作規則？這些問題，都和工作規則的法律性質為何具有關連性，有必要先加以說明，為說明起見，以下以「工作規則」的單方變更的具體事例，作為焦點，加以探討：

1、甲公司原有的工作規則規定「退休金基數最高不得超過 60 個基數」，問：甲公司可否片面地修改變更為「不得超過 45 個基數」？

2、甲公司原有工作規則規定「踐踏原料或成品者予以申誡」，問：甲公司得否片面將其變更為「記過」？

以上第 1 個問題屬於「勞動條件」之事項，第 2 個問題則屬「企業紀律」之事項，此二類問題均與工作規則的法律性質有關。如果採「契約說」，則雇主不得單方變更

工作規則，反之，如果採「規範說」，則原則上雇主得單方變更工作規則。以下介紹學說及判例之見解，再表示個人之意見。

二、學說

我國勞基法制定不久，關於工作規則法律性質之認定及其對解釋工作規則之變更的影響，不免引起爭論，以下謹就我國及日本學說加以介紹：

(一)我國
1. 法規説

關於工作規則（就業規則）之法律性質，我國勞動法學界尚少有論及，在勞基法之前，黃越欽教授認為「現行法令所據論點，似持法規論之主張，且以法規論中之授權立法說為原則」（註1）。

2. 有組織的私法上意思表示

不過，針對實務上之見解，黃教授續從「憲法之基本原則」（法治國原則、民主國原則、共和國原則）、「行

277

政法之原則」、「私法自治問題」對「法規說」提出嚴厲之批評，謂「我國現行法對就業規則默示採法規說之誤謬至為明顯，由於法規說過分提高就業規則之法律地位，不當授予私法人立法權，使資方因此立於近乎國家對國民之統治地位，吾人對雇主之法律制定權採堅決反對態度，只承認斯為雇主之有組織的私法上意思表示而已，充其量僅有事實上的習慣之效力，尚無習慣法之可言，遑論法規」（註2）。上述在工廠法時期之見解，基本上於勞基法施行後並未見改變之理由，殊值參考。果爾，依黃教授之見解在現行法令下，工作規則性質之「實然」（sein, to be）為「法規說」，但「應然」（sollen, ought to be）則非法規說。

3. 定型化契約說

另外，有學者認為在我國勞基法體系下，工作規則之法律性質應為「定型化契約」，理由為：①從比較法來看，日本採「法規範說」者之有力依據為日本勞基法第93條「勞動契約所定勞動條件未達工作規則所定基準時，該部分無效；於此場合，無效部分依工作規則之基準定之」

之規定，我國無此規定，不足採「法規說」。②工作規則之制定、變更須經主管機關之核備、監督，顯而易見，工作規則不具法規範性格。③工作規則之利用實態及須經「開示原則」及「合理原則」之監督程序，與定型化契約條款相同（註3）。

(二)日本

關於工作規則之法律性質，在日本可說是眾說紛云，以下扼要的加以介紹（註4）：

1. 契約說

契約說大抵上認為工作規則之所以能夠拘束勞工，是勞工對於工作規則明示或默示之同意，而經勞工同意之工作規則因而成為勞動契約之內容。但是，同樣主張契約說者，也有不同的說法，很難統一，主要有「事實規範說」、「事實上習慣說」。

(1) 事實上習慣說

認為工作規則乃是雇主基於統一處理多數的、個別的勞動關係之便宜，單方面所決定之勞動契約的內容，為民

法第 92 條之「事實上習慣」，性質與近代資本主義社會中企業為交易所需而普遍採用之一般契約條款，並無兩樣。

(2) 事實上規範說：

認為在近代法原理上，個人只受國家所制定之規範以及受契約的規範，工作規則不過是雇主一方制定之基準，如將工作規則視為法規範，顯與近代法原理不符，因此，工作規則只是一種事實上之規範，仍須經勞工明示或默示之同意，才能發生效力。

如果，依照「契約說」，凡是修改工作規則，均需勞工同意。

1. 法規範說

法規範說的特色在於，直視工作規則具有強大社會規範的機能而將工作規範視作法規範，其效力之發生與勞工之意思無關。至於，針對工作規則之強制力之根源（法源性），在同樣規範說裡也有不同的說法，包括經營權說、習慣法說、授權法說。

（1）經營權說將工作規則視為法規範的依據求諸於所

有權及經營權，認爲工作規則是雇主基於經營指揮權及企業統制權，一方所發布的企業內法規，是國家對企業的授權。

（2）習慣法說將工作規則視爲習慣法，謂工作規則已以習慣法之機能在運作，勞工對之也有法的確信，其依據爲日本民法「法例」第二條：「不違背公共秩序及善良風俗之習慣，只有在法令之規定所承認及法令所未規定之事項，與法律有同一之效力」。

（3）授權法說將工作規則作爲法規範的根據求諸於勞基法，認爲勞基法賦於工作規則之法規範法。

2. 根據二分說

根據二分說將工作規則的規定分成兩部分，其一爲關於工資、勞動時間等狹義之勞動條件部分，此部分之工作規則，必須獲有勞工同意方能生效；其二爲勞工就業時必須遵守之行爲規律，此部分是雇主依其指揮命令權制定，只須告知勞工即能生效。如依根據二分說，雇主嗣後欲單獨變更工作規則時，若係有關於狹義勞動條件部分，自須得到勞工同意方生效力；反之，若僅屬行爲規律之部分，

雇主只須告知勞工即可生效。

有人批評，此說無視於工作規則整一體性，並有將勞資對等決定勞動條件之範圍予以不當之狹窄化。

三、判決

(一)我國

關於工作規則（或人事管理規則）之性質如何？雇主得否單方變更？我國台灣台北地方法院及台灣高等法院曾採近於「契約說」的見解，茲將判決要旨摘錄如下：

台北地方法院 76 年度訴字第 6299 號判決：「次查原告於六十五年十月二十二日至被告公司任職時，該公司之人事規則並無離職員工前往信託同業服務，不予發給退職金之規定，至六十七年八月間，始修改第一百二十四條，規定離職員工前往信託同業服務者，不予發給退職金之規定，此爲兩造所不爭之事實，並據被告提出該公司人事管理規定之制（修）訂函件在卷可稽。經核原告前往被告公司任職時，兩造間之勞動契約即僱傭契約即已成立，且有關被告公司人事管理規則中，員工服務滿一定期限後離職者，得請求公司發給退職金之規定，已成爲雙方勞動契約

內容之一部分。事後被告公司對該項規定作不利於勞方之修改，足以損及原告之權益，原告應有爭議權，以符當事人對等原則。因之，前項人事管理規則嗣於六十七年八月間修改，增列離職員工經查明前往信託同業、租賃業或分期付款業服務者，不予發給退職金乙節，應屬不利於勞方之勞動內容之變更，於原告未同意上開變更前，兩造間勞動契約之內容，仍應以原告於六十五年有到職時所成立之勞動契約為準。茲原告既否認同意被告對於勞動契約作不利勞方之變更，被告復未能舉證證明前揭人事管理規則之修定，事前曾經原告之同意，或事後得原告之追認，則其指稱原告於該規則修改後未默示拒絕，應推定為默示同意云云，並無可採。」

台灣高等法院 77 年上字第 95 號判決要旨：「被上訴人於六十五年十月二十二日任職上訴人公司時，人事管理規則固尚無離職員工轉往信託同業服務，不予發給退職金，惟至六十七年八月二十八日修改人事管理規則時，增列「離職人員經查明轉往信託同業服務者，不予發給退職金」之規定，該規則非但修訂後即傳閱週知，並明載於六十八年初發給職員之章則彙編中，經被上訴人簽收領用，

有上訴人公司章則彙編及被上訴人簽收單與領用紀錄可證。迨七十一年十月十六日再次修改該規則時,規定「離職員工轉往信託同業、租賃業或分期付款業服務者,不予發給退職金」,亦以傳閱方式週知員工,此為被上訴人所自認,(見本院七十七年三月四日筆錄)是被上訴人謂上訴人修改人事管理規則,增列「轉業禁止」之規定,未得其同意或不知情,應不受該規則之拘束,要不足採。」

(二)日本

關於工作規則之法律性質如何?及僱主得否單方變更工作規則,對我國必是一個重要的問題。本文認為,如果將此問題「過於簡單化」,單純依據某一「學說」或某觀點來處理此問題。恐怕都會引致不當的結果。在日本,有關此一問題之判例,眾說紛云,判例可以說是均避免用單一之「學說」來解決有關問題,通常是站在某一基本學說上兼顧及其他觀點,以解決具體案件。

為供參考,以下選譯一些具有參考性之代表判例:

1.認為「只要合理,不須勞工同意」者

此可以日本最高法院「秋北巴士事件」判決要旨為代
表：

（1）雖勞動條件本係勞工與雇主基於對等之立場所決
定（勞基法第二條第一項），但是，在使用多數勞工之近
代企業，其實際情形卻是：基於經營上之要求，勞動條件
被統一的、且劃一的決定，勞工不得不依從經營主體所決
定的定型契約內容，附從地締結契約。此種定型決定勞動
條件之工作規則，不僅具有一種社會規範之性質，在其規
定合理的勞動條件之限度內，經營主體與勞工間之勞動條
件依照工作規則之事實上習慣已成立，其已至可認為達法
的規範性之程度（民法九十二條參照）。

因此，以前述實態為前提，勞動基準法係立於監督之
立場，監督及限制工作規則之規定。亦即：該法對於雇用
一定人數之雇主課予作成工作規則之義務（八十九條），
同時，工作規則作成及變更之際，須聽聽勞工之意見，並
將意見書添附於工作規則向主管機關申報（九十條），並
且，課予讓勞工周知之方法（一百零六條一項及十五條），
亦設有關於制裁內容之一定限制（九十一條），此外，工
作規則不得違法令及適用於該事業場所之團體協約，主管

機關可以命其變更抵觸法令或團體協約之工作規則（九十二條）等規定。此些規定，任何一者均不僅止於社會規範而已，而係鑑於工作規則已至具有法的規範之拘束力之程度，爲了其內容之合理而爲必要的監督規制。像這樣，爲慮及保障工作規則合理性之措施，勞基法特別進一步明文規定「勞動契約所約定之勞動條件未達於工作規則所規定之基準者，該部分無效，此無效之部分依照工作規則所定之基礎」，此即：已肯認工作規則所謂直接規律之效力。如前所述，因爲工作規則可解爲已經具有法的規範之性質，而不僅止於該事業場所內之社會規範之地步，故不問該事業場所之勞工是否現實知悉工作規則之存在與內容，以及不問是否對工作規則之存在與內容以及不問是否對工作規則爲個別之同意，當然應有工作規則之適用。

（2）雖工作規則得由經營主體一方予以作成及變更，但是，關於其與既存勞動契約之關係，是否准許重新作成或變更工作規則而一方地課予勞工不利之勞動條件？即有如下述之問題。

雖原則上應不許藉著新工作規則之作成及變更，以剝奪勞工既得之權利、單方地課予勞工不利之勞動條件，惟

從工作規則之性質旨在集合地處理勞動條件，特別是在統一地且劃一地決定勞動條件而言，則在該工作規則條款合理之限度內，對於個個勞工，應解爲不許其以未同意爲理由而拒絕適用工作規則，當對工作規則有不服時，只能循團體交涉之正當手續予以改善。因此，每當新退休制之採用時，不論其是否對勞工爲不利益之變更，其理亦無不同。

　　縱使因爲退休制是：可以以勞工到達一定年齡之理由自動地以解僱之意思表示使勞工喪失其地位之制度，因而不容否認勞動契約所規定之退休年齡是一種勞動條件而得爲勞動契約之內容，惟勞動契約中無關於退休年齡之規定，也只是未約定僱用期間而已，並非意味著對勞工保障終身僱用，將來不採用退休制。俗話所謂之「終生僱用」（生涯僱用），就法律而言，亦不出於：在團體協約及工作規則無規定之情形下，有繼續僱用之可能性而已。從而，被上訴人公司對於無退休制之上訴人等主任級以上職位者，在工作規則規定新的退休制，亦不生侵害上訴人旣得權問題之餘地。又，大凡退休制一般係針對老年勞工相對於該業種及職種所要求之勞動適格性遞減而其工資卻遞

增，爲了人事刷新、經營改善、企業組職及營運適正化所施行之制度，一般而言，其並非不合理之制度，本件工作規則亦然，新規定 55 歲之退休年齡；參照我國（日）產業界之實情，且從被上訴人公司一般職種勞工之退休年齡爲50 歲之規定予以比較衡量而言，亦不能謂失之過低。此外，本件工作規則條款，徵諸第五十五條之規定，並非規定到達退休年齡須自動退職之所謂「退休退職」之制度而係採以到達退休年齡（停年）爲理由而解僱之所謂「退休解僱」之制度，依此條所爲之解僱仍須受勞基法第二十條之限制。特別是，本件工作規則之條款中，亦設有再雇用之特別規定（雖不一定規定得十分充分），已經成爲一律適用該條款所產生之過酷結果展展緩和之路。另外，依據原審確定之事實，現在對於上訴人，被上訴人公司在其解雇之後亦已表示再雇用其爲顧問；再者，以上訴人等中堅幹部所組職之「輸心會」之成員，於本件工作規則條款制定後，亦多承認本條款係讓後進者有昇遷之道之不得已惜施。

綜合以上所述事實，本件工作規則之條款，絕對不是不合理之條款，對於本條款制定後直接適用該條款而被解

僱之勞工之關係上，被上訴人公司制定這樣的規定，因為亦不能認為違反誠實信用原則及權利濫用，故上訴人不得拒絕本件工作規則條款之適用（註5）。

2. 認為須勞工同意者

此說可以秋北巴士事件之地院判決（秋田地判昭37.4.1）為代表，其判例要旨如下：

「……退休制係因勞工到達退休年齡而消滅僱傭關係之制度，因此，新退休制度之建制，在對既存勞動契約附加年齡限制之意義上，對於勞工意味著不利益地變更。然而在解僱自由存在之情形下，雇主可以隨時因一方之意思表示而終止勞動契約，故有無退休制度都產生相同之結果，但是，在另一面，無退休制之勞工擁有不管年齡而能工作之可能性，退休制之設定從勞工一律且無差別地被剝奪比可能性之點而言，對於勞工亦屬於不利益，而此種不利益之程度，參酌權利濫用之法理，解僱之自由逐漸被限制之趨勢，可謂被強化。

因此，雖工作規則可由雇主單方地予以制定、變更，但是，在其變更與既存之勞種契約對比之下，如果對勞工

產生不利益時，未得勞工同意，不得變更勞動契約之內容。從而，本件因為無證據可認為原告等對於前述之退休制之設置已有同意，因此，前述變更後之退休制規定，不適用於原告已明，從而，不得以原告等已達退休年齡為理，解僱原告等」（註6）。

3. 折衷（二分）說

(1) 日本貨物檢數協會事件

「……成問題的是，得否承認雇主依據一方作成之工作規則，單方降低既存勞動條件之實質效力？僱傭契約係約定勞工對雇主服勞務，而雇主對此支付報酬所成立之諾成雙務契約，工資支付之合意及勞務提供之合意，是僱傭契約成立之要件，否則，僱傭契約不成立，此在勞動契約之成立上，亦無不同之理。上述勞動契約，因為將勞務之自由使用委諸雇主，所以，必然伴隨著雇主對勞工指揮命令之權能。因為在近代企業裡，雇主必須雇用多數勞工井然有序地經營事業，故其指揮命令權不得不為劃一的、定型的，為此，大多於工作規則中規定勞工於就業中之行為準則，此些事項由雇主基於指揮命令權而作成工作規則，

周知予勞工而有拘束力。因爲關於此種條件之事項，本係雇主指揮命令權範圍內之事項，其變更在合理的限制內，雇主可以單方地變更工作規則，改廢其內容，而其變更的效力及於全部勞工。反之，關於工資之事項，其之拘束當事人，並非將其規定於工作規則，使勞工周知，而是透過合意以作爲雇主與勞工間個別勞動契約之成立要件。雇主對於勞工支付工資義務之發生及其內容，係以當事人之合意爲其直接根據，且爲工作規則作成以前之問題。像本件遲到、早退、欠勤之場合，不得扣工資仍全額支付，亦係以第一群原告等與被告之合意作爲根據，已如前述。從而，像工資一樣，作爲勞動契約之要素之基本勞動條件，其一旦經合意成爲勞動契約之內容，應解爲，雇主不得藉著單方作成之工作規則，將其內容爲不利於勞工之變更，其變更工作規則須個別地得到個個勞工之同意，此事，不問改訂工作規則之內容及改訂之程序是否合理皆然。

　　總之，契約當事人之一方，不須相對人之同意得變更契約內容乙事，不能爲一般法理所肯認，又，如果肯認雇主變更工作規則有對個別勞動契約爲一方不利益變更之效力，則有違反法律規定勞動條件應係勞資對等立場而決定

之精神（勞基法第二條第一項），且雇主藉著工作規則之變更降低勞動條件，將招來間接地不以其他理由而將不合其意之勞工解職，而使限制解雇之許多規定形成具文之結果。昭和 43 年 12 月 25 日最高法院關於所謂秋北巴士事件之判決，係關於退休制之判決，因為退休之規定本來並非以當事人之合意為成立要件之勞動契約要素，故不屬於以合意作為根據而成為僱傭契約內容之基本勞動條件，從而，對於像本件之事件並非適當之判例」（註 7）。

(2) 山手事件

「……工作規則係就勞基法第 89 條所規定之事項，由經營者之雇主為了統一、劃一的處理多數從業員之勞動條件而作成，而適用於作成時該事業場所所僱用之全部從業員。

此種由雇主單方所作成之工作規則，其所規定之勞動條件係基於何種根據而拘束勞資雙方，如所週知，有見解上的分歧。

因為勞動契約係以勞工將勞務之自由使用委諸雇主作為其內容之一的契約，當然伴有雇主對於勞工為指揮命令

之權能，雇主設定關於維持職場秩序、勞務供給程序之一定基準，將其規定於工作規則以作為勞工之行為準則，因此，此些事項拘束勞工之根據，在於前述勞動契約內容中之雇主的指揮命令權。

從而，工作規則中關於此些事項，當其不合諸般事宜時，在合理之限度內，雇主得未經從業員之同意單方地加以變更，一旦變更即為規範而拘束從業員，然而，當工作規則中規定關於工資決定、計算等支付工資事項之場合，其拘束勞資雙方之根據，求諸於該當事項成為個別勞動契約之內容始為相當。何故？因為，關於支付工資之事項，係締結勞動契約最重要之要素，而不問其是否規定進入工作規則之中。

這樣一來，因為如前所述，成為勞動契約要素之基本勞動條件，一旦經過合意而成為勞動契約之內容時，一方當事人未經他方相對人之同意不得將其變更，是契約法上當然之法理，故雇主在單方制定的工作規則中將其內容為不利於勞工之修訂，僅在此範圍內亦不能解為具有規範上的權力」（註8）。

四、本文看法

面對上述「契約說」、「法規範說」、「根據二分說」及諸多不同觀點的判決，我們應以什麼態度，來決定工作規則之法律性質？以及決定雇主得否單方變更工作規則？

本文認為，「契約說」包含定型化契約說之弱點在於使工作規則等同於契約，使工作規則之變更須經每個勞工同意；反之，「法規範說」之不合理在於：工作規則絕非國家立法，如果工作規則像國家立法一樣可以「恣意」單方地變更勞動條件，那麼，勞工何有保障？

在以上二說均存有不合理的情況下，本文基本上認為：

(1) 工作規則是勞基法第七十條授權企業單方制定的「企業內」社會規範（是社會規範之一種，但尚非「法規範」），類似於法律授權行政機關制定行政命令，但是因為企業的地位及公信力比不上行政機關，故工作規則尚未達到「法規範」的地位，但卻與「法規範」的作用類似，扮演社會規範之角色。

　（2）根本上，工作規則是企業根據勞基法授權單方所制定的，制定時原則上無須勞方同意（尚未到達勞方同意的程度），此點與我國勞基法規定之「實情」相符。不過，爲了保護勞方之既得權，必須對規範說作相當限制。

　（3）但不可避免地，工作規則的內容有一部分與勞動契約之內容重疊（即如問題 1 所述勞動條件之部分）或未以勞動契約具體約定，但以工作規則作爲契約內容，就此部分，雇主雖得於單方變更工作規則時將涉及「勞動條件」之部分，一併加以變更，但是，就此部分卻無拘束已雇勞工之效力，必須勞工同意變更勞動條件（勞動契約），才對勞工發生拘束力，才不會發生勞動契約與工作規則位階之衝突。

　（4）雖然，什麼是「勞動條件」有此部分很難被認定，也有的人認爲工作規則中，「應遵守之紀律」部分（如問題 2 所述）也是廣義的「勞動條件」，這樣說，雖不無道理，但是，本文認爲，爲了作出上述合理的區別，還是必須努力去區分；以「遵守之紀律」的部分也是廣義的「勞動條件」爲理由，就不加以必要之類型化，亦有不妥。

（5）根據二分說具有類型化之功能，不失為解決「法規範說」不合理現象的方法之一，依此種方法做類型化處理所可能造成的缺點，應小於「契約說」、「法規範說」之未做類型化。

（6）前述我國判決先例認為「公司人事管理規則中，員工服務滿一定期限後離職者，得請求公司發給退職金之規定，已成為雙方勞動契約內容之一部分，事後被告公司對該項規定作不利於勞方之修改，足以損及原告之權益，原告應有爭議權，以符當事人對等原則」，看起來，雖近似於「契約說」，但由其提及「已成為雙方勞動契約內容之一部分」，似仍認為「工作規則」並不等於「勞動契約」，而只是成為勞動契約內容之一部分，也可以說，工作規則另有一部分並未成為勞動契約之內容，又近於「根據二分說」。

（7）日本最高裁判所在「秋北巴士事件」中認為「只要合理，不須勞工同意」，以「合理」、「不合理」作為區別、類型化之標準，思考方法與根據二分說之類型化沒有太大的區別！當然，「合理」與「不合理」的區別，也有困難的部分，就像區別什麼是勞動條件，有時也是困難

的。

（8）本文基本上認為工作規則之法律性質應偏向於「規範說」（社會規範，而非法律規範），但必須力求克服「規範說」可能造成對勞工不利的缺點，「根據二分說」、「合理性」（日本最高裁秋北巴件判例）都是克服規範說缺點的嘗試，值得斟酌。此外，「雇主不得為權利之濫用」及「誠信原則」、「不得任意剝奪既得權」都是限制雇主任意制定、變更工作規則的「法理」，必須加以強調。尤其是，保護勞工權益及工業民主的呼聲、要求日益增強，堅持採「規範說」，依目前勞基法下的法理縱使有所依據，也可能有不符勞工之要求，而易於影響勞資和諧；因此，在規範說的現實基礎上，雇主宜遵重勞方之意願，多以「契約說」之精神來處理此問題，恐較妥適。黃越欽教授即曾指出現行法規之「實然」採「規範說」，但從「應然」而指摘、反對規範說，誠屬的論。

（9）固然，工作規則之機能及其控制，與定型化契約條款類似，但二者究有不同，蓋定型化契約條款一旦經雙方簽定，欲變更時必須再經雙方之同意，而非如採該說者謂「只要合理，不須勞方同意」（註9），蓋其基本與契約

法之合意原則有違。

（10）最重要的，從法源論之角度而言，工作規則與勞動契約為不同之法源，且位階並不相同，如採「定型化契約說」則使工作規則此種法源等同於勞動契約，造成法源之混亂及位階之「統一」。事實上，工作規則此種法源只是對勞動契約此種法源發揮「補充」。機能而已（註10），工作規則「補充」勞動契約之內容後，其本身並非即變成勞動契約。總之，從勞基法規定工作規則之「實然」來看，工作規則並非「契約」或定型化契約，至於從勞資對等原則或如黃越欽教授以憲法原則等來批判法律之「實然」，則屬「應然」之另一問題。

註釋：

註1：黃越欽，從勞工法探討企業管理規章之性質，載政大法律評論，第17期（62 年2月），第61頁。

註2：同上，第65頁。

註3：劉志鵬，論工作規則之法律性質及其不利益變更之效力，載台北律師公會律師通訊，133期（79年10月），第61、62頁。相同見解，見廖義男，現行勞資爭議法規與抗爭手段規定之檢討，載台大法學論叢，第19卷第1期，第107頁。

註4：參考劉志鵬，工作規則法律性質之研究，載台北律師通訊，第72期，7－13 頁：管野和夫，勞動法，第90、91頁；有泉亨，勞動基準法，第188－194 頁。

註5：本判決譯自三省堂，前揭書，判例コンメンタール勞動基準法，第297－299 頁。

註6：本判決譯自三省堂，前揭書，第295頁。

註7：本判決譯自三省堂，前揭書，第303頁。

註8：本判決譯自三省堂，前揭書，第305頁。

註9：劉志鵬，工作規則之法律性質及其不利益變更之效力，

　　　載台北律師通訊第 133 頁（79 年 10 月），第 63 頁。

註10：詳見第五章第二節。

第二節 工作規則之法源

一、單方意思與法源性

工作規則（Arbeitsordnung）係由雇主單方所制定，規定統一化勞動條件及應遵守紀律之文書。由於其係「雇主」所制定，故不同於勞動法律具有民意，由於其係「雇主單方」所制定，故其不同於團體協約及勞動契約。目前，在我國產業界，由於團體協約極不發達，且個別勞工亦無能力以勞動契約與雇主約定勞動條件，因此，在實務上，除勞動法令外，工作規則事實上扮演著形成勞動條件之最重要工作或最具份量之形成因素（Gestaltungsfaktor）！此種現象，可說與德國不同，德國由於「參與決定」（Mitbestimmung）之思想發達，表現在法源論上，即由「經營協議會」（Betriebsrat）與雇主間締結之「經營協定」（Betribsvereinbarung）取代工作規則（註 1），在我國與之類似者，則為勞資會議之決議，惟目前勞資會議仍不發達，在法源論上，其份量絕無法與工作規則相提並

論。這種現象，當非理想。

　　當然由於工作規則僅係由雇主單方所制定，並非傳統法源論上之法源，但如從「形成勞動條件之法的要素」(rechtliche Faktoren der Gestaltung der Arbeitsbedingungen) 來代表狹義之傳統法源，工作規則即為形成勞動條件的「法的要素」（註2），又如在勞動法學界，亦有以「勞動法規範之泉源」(Quellen arbeitsrechtlicher Regelungen) 之方式來代替傳統法源時（註3），工作規則亦屬於「規範」之泉源之一，此種現象，有將傳統「法源」(Rechtsqullen) 理解或翻譯成「權利淵源」之味道，本文認為，以「權利淵源」來理解「法源」，可以概括除「法律」以外之團體協約、勞動契約、工作規則，甚至勞動習慣，可以消除這些規範不是「法」，但卻必須在「法源」論中探討之疑惑。

　　惟不論如何，工作規則確係規範勞資間權利、義務之規範，其在我國制定法上之基礎有二：①勞基法第70條規定，僱用勞工人數在30人以上之企業，有制定工作規則報請主管機關「核備」之義務，工作規則之內容則必須包括同條第1款至第11款所列舉之內容，②勞基法第12條

第 1 項第 4 款規定「違反……工作規則情節重大者」，雇主得不經預告解僱勞工！此係我國實務上勞資訴訟三大類型之一「解僱」問題的規範基礎，由此可見，工作規則爲法律所授權之重要規範。

二、機能及其控制

　　爲何法律授權雇主訂立工作規則？工作規則能扮演何種機能？按近代的工廠、企業雇用一大群勞工（勞動者）從事勞動，爲了有組織、有效率地從事生產，必須就何時開始工作、何時下班、什麼時候休假、休息等「勞動條件」作劃一的規定，同時，也必須設置多數勞動者在工作場所「應遵守之紀律」（註 4）。這種勞動條件及應遵守之紀律的劃一規定，可能是不成文的（非書面的），也可能是成文的（書面的），不過，爲了防止企業任意制定「秘規」式的工作規則，侵害勞工之權益，依勞基法之要求，工作規則必須是書面的。

　　通常，工作規則係由企業單方所制訂。因此，勞工對工作規則多少抱著疑慮的態度。對於這種疑慮，立法者透過勞基法第七十一條「工作規則違反法令之強制或禁止規

定或其他有關該事業適用之團體協約規定者，無效」的規定，以及勞基法第七十條「主管機關核備」的規定，擬加以掃除。

除掉「疑慮」以後，一個適當的工作規則，對於勞方也有正面的機能。

因為，「勞動條件」及「應遵守之紀律」經過工作規則予以統一化、書面化、公開化以後，勞方即享有類似「罪刑法定主義」保障機能的好處（註5），不再受企業「秘規」的處分。

其次，就政府之角度而言，為了保護處於弱者地位的勞工，政府制頒了勞基法，對勞資之間的「契約自由」做了相當大的限制。但是，法令總不能巨細靡遺，含蓄一切，對於勞資關係之形成，法令必須懂得（法令無法懂，立法者必須懂）適當的將「權力下放」。權力下放的形式除了透過團體交涉，由勞資雙方締結團體協約以外，就是由政府監督企業制定工作規則。

工作規則係由雇主「單方」所制定，與「合意原則」(Konsensprinzip)（註6）有所抵觸，因此，工作規則必須受到「控制」，務期其不致侵害勞方之權利，這些控制方

304

式包括：

①勞動法、團體協約之法律效力均高於工作規則，均可對工作規則加以控制。

②勞方對工作規則之挑戰：例如，許多工會基於「工業民生」之理想要求制定工作規則須經工會同意（註7）。

③政府的控制：例如，有些地方主管機關「核備」工作規則時，使「核備」與「核准」無異，或要求資方提出工會同意書始准予核備，使工規則與團體協約無異。

至於，雇主是否喜於由其「單方」制定書面之工作規則？看似當然，但實際上又不盡然！有些雇主不喜制定工作規則，基本上是不願讓勞動條件及管理「透明化」，彼認為書面的「秘規」可能更有了彈性，茲將實證調查所了解之雇主之想法略述如下：

（1）比較小的廠，其特性是具有「靈活性」，有些雇主認為如將有關事項在工作規則中「硬性規定」，將破壞其靈活性，例如，一個三十幾個人的小廠，如果工作規則中規定「升遷」，請問要升到那裡去？

（2）有雇主認為經營、景氣狀況經常在變動中，硬性規定並不適合，例如，年終獎金規定得太明白，不賺錢時

怎麼辦？

（3）有雇主認爲在工作規則中寫的太詳細，就像「敲鑼打鼓」，有不好的示範作用，例如，規定病假一年三十日，「敲鑼打鼓」的結果，員工就覺得有權請完病假三十日。

（4）有雇主認爲現在員工難請，訂工作規則要管他們，員工明天就不來了。

（5）人織業則指出，現在人力缺乏，爲了趕工加班，違法是沒有辦法避免之事，如果還訂工作規則印發給員工，挑明「違法」，實在不符實際。

（6）勞工容易想到勞基法，不容易想到工作規則，工作規則對企業是否有存在價值？反正，一切依勞基法，是否還有必要訂工作規則？

爲了促使企業能夠訂立工作規則，勞基法從「義務面」的角度，規定「雇主僱用勞工人數在三十人以上者，應依其事業性質就下列事項訂立工作規則，報請主管機關核備後並公開揭示之……」（第七十條），對違反者處新台幣六千元以上六萬元以下罰鍰（行政罰）。施行細則第三十七條更補充規定「雇主於雇用勞工人數滿三十人時應

即訂立工作規則，並於三十日內報請當地主管機關核備。
變更時亦同」。

　　儘管，勞基法從義務面來強制企業訂立工作規則，但
勞基法施行至今逾五年，企業訂立規則並經核備者，尚未
普遍，因此，除了「義務面」以外，我們也應從「權利
面」來思考、理解工作規則，至少工作規則中屬於「應遵
守之紀律」之部分（勞基法第七十條第五款），很明顯地
屬於企業的權利。

　　日本最高法院判例即明示「企業秩序權」的看法：
「因為企業秩序是維持企業生存及事業之圓滿營運所不可
或缺，故企業有訂立、維持企業秩序之權限」，具體言
之，「企業為了維持、確保企業秩序，得將必要之諸事項
訂為一般性之規則或具體的指示、命令，如有違反企業秩
序之行為，得查明其內容、態樣、程度，發佈業務上必要
之指示、命令以回復被擾亂之企業秩序及為了對違反者為
懲戒處分得調查有關事實」（富士重工業事件，最三小判
昭 52.12.13 民集 31 卷 7 號 1037 頁）、「勞動者因締結勞
動契約為企業所雇用，除對企業負有提供勞務之義務外，
也附隨地負有遵守企業秩序之義務」（電電公社目黑電報

電話局事件，第三小判昭 52.12.13 民集 31 卷 7 號 974 頁)(註 8)。

　　我國勞基法第十二條第一項第 4 款規定，勞工違反工作規則情節重大時，雇主得不經預告終止勞機契約。顯示，工作規則是企業行使管理權的重要工具，制定工作規則也有企業權利之一面。

　　因此，主管機關在輔導企業訂立工作規則時，宜從「權利面」來提示企業訂立工作規則確有必要。當然，企業於訂立規則時，關資其繁或簡，重制度或靈活性、寬或嚴，均與各個經營者的哲學有關。

三、從工作規則到參與決定

　　英國十九世紀偉的的法學思想家 Maine 對社會之發展，曾有句名言，謂社會之發展係「從身份到契約」(from status to contract)，此話恰可說明工作規則及其發展趨勢。

　　按在勞動法尚未發達之時代，雇主對受僱人有指揮權，受僱人有服從之義務，即主要以指揮權為「法源」，形成雙方之關係，到了受僱人一方人數日多，雇主則基於

指揮權之作用，單方訂立職場規則、工廠管理規則或工作規則（日本稱就業規則），此種規範之實況，距離僱傭契約應以雙方當事人之合意為基礎之「應然」狀態甚遠，近乎「身分」統制之狀態。後來各國基於雇主單方之指揮權、職場規則、工作規則過分行使及過於「封建」，乃萌生勞方與資方立於對等原則協商之思想及制度，形成企業協定（Betriebsvereinbarung）、團體協約、甚至「參與決定」（Mitbestimmung）之制度與法律，勞工參與決定之事項漸多，除勞動條件外，還包括人事事務、經濟事務、經營事務、社會事務。勞方能夠參與決定，代表勞資關係已「從身分到契約」，只不過，此種「契約」不是個人主義之契約，而是團體的「契約」。綜合此種發展趨勢，有學者將其歸納為下列幾個階段：僱傭契約內之指示、服從→職場規則→工廠管理規則（工作規則）→「經營協約」（企業協定）→經營參議會→參與決定（Mitbestimmung）（註9）。

其中，參與決定之制度現為德國所採行，說我國目前處於「工廠管理規則」或「工作規則」之階段，可以說是第二次世界大戰前的狀況，看來，我國的「工業民主制」，

還有一段遙遠的路程要走。

註釋：

註1： Zöllner, Arbeitsrecht, S.66 ; Schmid, Grundzüge des Arbeitsrechts, S.36。

註2： Zöllner , 前揭書，S,61。

註3： Hanau/Adomeit, Arbeitsrecht, S.29。

註4：佐藤進，本多淳亮，就業規則，第3頁。

註5：懲戒之罪刑法定主義原則，詳參，有泉亨，勞動基準法，第224頁。

註6： Zöllner, Arbeitsrecht, S.127。

註7：對政府部分對「勞動三法」（勞基法、工會法、爭議處理法）之修法許多勞工團體聯合提出「相對草案」，即主張，工作規則應經工會同意。

註8：以上參見，菅野和夫，勞動法，第294、295頁。

註9：黃越欽，論勞動契約，收於司法院編，民事法律專題研究（三），第13－15 頁。

第三節 工作規則與其他法源之關係

一、工作規則與勞動法令

工作規則與法令有不同位階之法源，其關係應依「位階原則」（Rangprinzip）及「有利原則」（Günstigkeitsprinzip）來處理（註1）。關於前者「位階原則」，勞基法第七十一條規定「工作規則，違反法令之強制或禁止規定……者，無效」，但對於後者「有利原則」，勞基法卻未明文規定，可能令人誤解工作規則之規定較法令更有利於勞工時，仍屬「違反法令之強制或禁止規定」而為無效！實則，從勞基法第一條第二項「雇主與勞工所訂勞動條件，不得低於本法所定最低標準」，顯見「高於」法令所規定之最低標準之工作規則，亦應為有效。從而，法令之強制或禁止規定僅具「片面強行性」（einseitig zwingend），此可謂係勞動法之特色。

在「位階原則」之下，法令對工作規則固有優越性，

但法令是否對工作規則具有強行的直接效力（即法令規定之部分成爲工作規則之內容），關於此問題，於日本採肯定說，認爲日本勞基法第十三條「勞動契約約定之勞動條件，未達本法所定之基準者之部分無效；無效之部分依本法所定之基準」之規定，對於「工作規則」亦具妥當性（註2），我國勞基法雖無類似規定，但應作同樣解釋。

工作規則雖未違反明文之法令規定，但若違反「公共秩序」或「善良風俗」者，依民法第七十二條規定，亦屬無效。此類案型，均復涉及憲法基本權利之第三者效力（Drittwirkung der Grundrechte)（註3），即：基本權利之規定對「私法行爲」直接發生效力（直接效力說），或將基本人權作爲具體化民法第七十二條「公序良俗」之重要因素而認定「私法行爲」無效（間接效力說），在我國，實務及學說均採間接效力說。有名之類型爲「女性結婚、懷孕須辭職」之規定，應採爲違反憲法男女平等之原則及有關結婚之基本自由及權利，依民法第七十二條之規定，應屬無效（註4），又如，工作規則規定「男六十歲退休，女五十五歲退休」，日本判例亦認爲係專對性別爲不合理之差別待遇，違反公序良俗而無效（註5）。

上述所謂「法令」，通說認為，解釋上包括法律及命令，兼及地方自治機關所制定之地方法規（註6），不過，在法理上，命令有可能被認為「違法」，則工作規則即不必受該違法之法令之拘束。關於此問題之有名案例類型為，勞基法施行細則第二十八條第一項第2款但書「應比照台灣省工廠工人退休規則」之規定，為最高法院判決以行政命令創設人民間之權利義務及違反禁止溯及既往原則而認其無效（註7），依此，則關於勞基法施行前之工作年資如何計算退休金，工作規則之規定在法理上即不受勞基法施行細則第二十八條第一項第2款但書之限制，不過，由於勞工行政主管機關相當堅持該但書規定並非無效，在「核備」工作規則時，仍主張應適用勞基法施行細則第二十八條第一項第2款但書，因此，形成企業界相當之困擾。面對此問題，當事人只得依行政爭訟之程序進行救濟。

二、工作規則與團體協約

工作規則與團體協約，相對於個別之勞動契約，雖均具有規範集團的勞工的特徵，但因工作規則僅係由雇主單

方所制定，欠缺團體協約係由勞方團體（工會）所同意，故工作規則之位階，自然低於團體協約。表現此一原理之實證法規定為勞基法第七十一條後段，其規定「工作規則違反……團體協約者，無效」。此規定正符合勞動法不同位階法源間之一個適用原則即「位階原則」（Rangprinzip），但對於勞動法不同位階法源間之第二個適用原則即「有利原則」（Günstigkeitsprinzip），上述規定，並未明文規定，但本文認為仍有「有利原則」之適用，即：工作規則之規定較團體協約有利於勞工時，雖然，其「違反團體協約」，但仍為有效。其詳細理由請參見第四章第五節「團體協約與工作內容」。

三、工作規則與勞動契約

在實務上，勞資間多無訂立書面之勞動契約，所謂勞動契約之內容，除管理職之「勞工」外，大抵以雇主單方規定之條件，作為其內容，亦即，勞工實際上只有締結勞動契約與否之自由，幾無決定勞動契約內容之自由。

縱係如此，在法源論上，仍有必要探討工作規則與勞動契約之適用位階關係。當工作規則規定之內容與勞動契

約約定之內容不一致時，究竟適用工作規則或勞動契約？

　　就此問題，我國勞基法並無任何明文規定（工作規則與法令、團體協約之關係則有勞基法第七十一條之規定），乃發生適用上之疑義。依吾人常識性之快速感覺，總認為勞動契約係基於「雙方」意思表示而成立，而工作規則係雇主「單方」所制定，工作規則之適用位階自應不及勞動契約！但結論似非如此簡易！就此問題，日本勞動基準法第九十三條明文規定「勞動契約約定勞動條件未達工作規定所定基法者，其部分無效；無效部分，依工作規則所定之基準」，其規定之形式類似勞基法之效力規定及團體協約之效力規定，使工作規則具有「規範」及「基準」之機能，看似工作規則效力位階高於勞動契約，另外，再依上述規定之反對解釋，如果勞動契約定之勞動條件高於工作規則（對勞工較優），即勞動契約之約定，仍為有效（註8），此種反對解釋之結論又與不同位階勞動法法源之第二適用原則即「有利原則」（Günstigkeitsprinzip）（註9）之適用結果相同，似乎相當合理！但卻又無法令人理解，雇主「單方」制定之工作規則，其位階為何高於勞資雙方成立之勞動契約？在我國勞基法未有類似日本勞基法第九十

三條規定之情形下，得否作相似之理解？均存有疑問。

因此，本文認為，勞動契約之效力應優先於工作規則（註 10），並在此位階原則（Rangprinzip）下，另以有利原則補充，即工作規則之規定對勞工較為有利時，適用工作規則之規定，但為了尊重契約自治，有利原則應係相對的有利原則，即：得以勞動契約明文約定排除工作規則之部分適用。約定排除之結果，使得勞動契約對於工作規則之優先效力具有雙面性。不過，以個別的勞動契約約定排除工作規則中有利於勞工之規定，如涉及「差別待遇」之問題，仍應受到憲法最高位階法源之制約（例如，平等原則），因此，以勞動契約排除工作規則中較有利於勞工之規定，如具差別之「合理性」（註 11），始有較穩固而不被推翻之基礎。而且，必須存者此類制約，始不至造成雇主濫用勞動契約，漫無限制「挖空」工作規則，使工作規則成為應付主管機關核備不得不制定之空洞文件，而實際上卻無適用之餘地。

四、工件規則與工作規則之關係

同一企業存有複數工作規則之問題，其關係並須予以

釐清。依勞基法施行細則第三十九條及第四十條規定，明文承認下列二種複數工作規則：①內容別工作規則：分別就勞動基準法第七十條各款（工作、工資、延長工時、津貼及獎金、考勤、請假……）訂立單項工作規則（勞基法施行細則三十九條）；②場所或地域別工作規則：事業場所分散於各地者，雇主得訂立適用於其事業單位全部勞工之工作規則或適用於該事業場所之工作規則（勞基法施行細則第四十條）。

關於內容別工作規則，在實務上常見者如「退休辦法」、「員工請假辦法」、「年終獎金支付辦法」……，其性質均屬於工作規則，其適用關係應依「專業原則」（Spezialitätsprinzip）定其適用範圍及優先次序（註 12），但如原「統一」之工作規則已規定其內容，於新訂個別內容之單項工作規則時，非得勞工同意，不得爲不利益之變更。其次，內容別工作規則另存有一項問題值得注意，即：勞基法第七十條各款對工作規則之內容規定繁多，如就每一內容分別訂立工作規則，將使工作規則多達數十種之多，除使其適用關係異常複雜外，也令勞工無從統一地把握其內容，有損勞動條件明示、公開之精神，因此，是

否漫無限制地允許就各項內容分別制定工作規則，即有檢討餘地，對此相同問題，在日本僅能就工資（包括退休）、安全、衛生、災害補償、業務外傷疾扶助等五種必須較詳細規定之事項，分別訂定工作規則，其餘必須統一規定在一工作規則之內（註13），值得參考。

在場所或地域別工作規則方面，當然各依其場地或地域決定各工作規則之適用範圍。實務上認為，如事業單位報核工作規則時，未說明該工作規則適用於各地之事業場所時，該經核備之工作規則僅適用於報備地之事業場所，反之，如指明適用於分散各地之全部勞工時，事業主體所在地之主管機關於審核時，應即協調各該事業場所之當地主管機關，並於核備時，同時副知各該事業場所之當地之主管機關（註14），此即從「核備」之角度，認為「未指明適用於各地全部事業場所，即僅適用於申請核備之地區，此和從「權利義務」之角度認「未指明限制地區者應適用於全企業內」（註15），有所不同！」。

除了上述兩種明文規定之複數工作規則以外，尚有人別之複數工作規則，例如，職員工作規則、工員工作規則、臨時工工作規則、

Part-time 工作規則（註 16），此時，應依其人別，決定其適用範圍。通常工作規則均有規定「人的適用範圍」，如未規定人的適用範圍，原則上適用於全部勞工。工作規則如規定適用於「常雇工」「正式任用之員工」（或勞基法所規定之不定期工），則其是否適用於臨時工（或定期工）？應認為，工作規則內容中與臨時工身分不相予盾之部分，應準用於臨時工（註 17），準此以解，工作規則中關於勞動契約終止之部分如退休金、資遣（費）之部分，與臨時工之身分予盾，自不適用於臨時工。

五、工作規則與勞動習慣

企業所制定成文化之工作規則，如擺著不用，造成「規定」與事實上「習慣」存有差距時，即發生工作規則與勞動習慣此二種法源之適用關係之問題。例如，工作規則規定星期六工作至午後三點，在未變更工作規則之情況下，三、五年來之習慣卻是星期六中午十二時即下班，等此「習慣」形成後，經營者可否重申工作規則中「午後三時下班」之規定，並對違反者為早退之處分？此種單方對勞動習慣之破棄，是否構成不利益之變更？類此問題，在

日本實務上之處理與日本民法第九十二條「對於與法令中無關公共秩序之規定相異之習慣，可認為法律行為之當事人有依該習慣之意思者，依該習慣」之規定有關。該規定中，所謂「與法令中無關公共秩序之規定」係指任意規定，所謂「可認為當事人有依該習慣之意思者」不僅指當事人表示依習慣（明示），更特別的係包括「無不依習慣之意思表示」，換言之，依此規定，只要習慣不違反強行規定，如勞動契約之當事人未明示排除習慣，則習慣成為勞動契約之內容，在當事人間扮演規範功能，工作規則與此牴觸之部分，即不得不失其規範力（註18），在我國關於習慣之適用，雖就其與契約之關係未有如日本民法第九十二條之規定，但對於契約之成立，除「明示」之外，另有「默示」之規定，則在解釋依「默示」而成立契約時，考慮引進習慣作為勞動契約內容時，似亦可達到相同之結論。

六、工作規則與爭議行為

(一)概說

　　按工作規則是勞資間「和平時期」之法，常係雇主行

使指揮權之依據，當發生爭議行為，非處和平時期時，此一法源是否仍有拘束勞工之效力？

按所謂勞動契約可分兩部分「意義」：

(1) 設立員工地位之部分；

(2) 設定依時間提供勞動力與工資形成交換關係之部分。

在合法罷工之期間，勞資之間只暫時切斷(2)「勞動力與工資交換」之部分之關係，並未完全斷絕(1)「員工地位」之部分之關係；此種現象，不管是勞方罷工或資方鎖廠，都是一樣。

雖然在罷工中，勞工之員工地位、勞動契約仍然存在，但是，罷工已使勞工全面或部分排除雇主之指揮命令，勞工集體地走出作業秩序之外，因此，以「平時狀態」為出發點的工作規則中關於「指揮命令」、「勤務」等規定，在罷工期間陷於「凍結」的狀態，而無適用的餘地。

反之，在罷工中基於員工地位所形成的關係，不受罷工的影響，例如，與勞動力之提供無直接關係的宿舍使用等福利、緊急救災之義務，工作規則中有關此方面之規

定，在罷工中仍然有效（註 19）。為了說明起見，以下就各個事項加以舉例說明（註 20）。

(二)罷工中的雇用條款

雇用與罷工無關，工作規則中關於雇用勞工之基準、手續，雖然罷工期間仍有效力，但是，如果雇入員工具有破解罷工之目的及效果時，則較有疑問，如果有團體協約約定禁止雇入員工以破解罷工，則雇入員工需受團體協約之限制，如果沒有此種禁止條款，雇入員工也可能發生罷工之員工以「糾察行為」之方式來阻止新雇員工之問題。

(三)罷工中的調職條款

工作規則中通常有關於調動員工的條款，例如，「公司基於業務上之必要，得調動員工，員工無正當理由不得拒絕」。在罷工中，此條款之效力，原則上不及於罷工中員工。我國工會法第三十七條規定「在勞資爭議期間，雇主或其代理人不得以工人參加勞資爭議為理由解僱之」，其雖僅明文規定「解僱」，但解釋上應包括「調職」。

(四)罷工中的退休條款

退休制是勞工達到一定年齡或年資而劃一地終止勞動關係之制度，只要年齡或年資屆滿，即享有退休之權利或義務，而與日日從事具體之勞務不一定有必然的關係，因此，在罷工等爭議行為發生期間，工作規則中之退休條款不受罷工影響，仍有效力，符合自請退休的人可以申請自動退休，對於符合命令退休的勞工，雇主亦得命其退休。

(五)罷工中的解僱條款

解僱條款係與員工地位有關之事項，並非「勞動力與工資交換關係」之事項，故工作規則中關於解僱員工之條款，在罷工中，其效力原則上不受影響，但是認定上需要嚴格，以勞基法第十二條所列舉事項為例，勞工「詐稱經歷」（勞基法十二條第(1)款）、受有期徒刑宣告（勞基法十二條第(3)款）、故意損毀機器原料（勞基法十二條第(5)款）等解僱事由，不受罷工影響，雇主仍得解僱勞工；但是，「侮辱雇主」（勞基法十二條第(2)款）、「違反勞動契約或工作規則情節重大」（勞基法第十二條第(4)款）、「無故連續曠工三日」（勞基法第十二條第(6)款），因罷

工期間，勞資關係處於「緊張」狀態，而此些解僱事由亦與「緊張」度具有相當關連性，故基於此些事由解僱勞工，在證據認定上宜以較嚴格、審慎之態度。工會法第三十七條規定「在勞資爭議期間，僱主或其代理人不得以工人參加勞資爭議爲理由解僱之」，此條規定，只禁止僱主以「參加勞資爭議」爲理由而解僱勞工，並未禁止基於勞基法第十二條之理由（必須眞正構成第十二條）解僱勞工；不過，話雖如此，我們應洞察此條規定之精神，在具體認定時，務必避免僱主以勞基法第十二條爲藉口而行工會法第三十七條之解僱之實。

(六)罷工中的服務守則

工作規則中常有「服務守則」的廣泛規定，例如「應服從上司之指揮命令」、「不得兼職」、「愛護公司財務」……，於罷工期間，此些工作規則之條款的效力，是否受的影響，必須視該條款之性質是否以「平常時之就業」爲前提？與罷工等爭議行爲之本質是否衝突加以判斷。

凡是以平常時之就業爲前提之規定及從罷工之行爲加

以判斷其不可能再適用者，該工作規則之條款即無適用之餘地，例如，「對上司之指揮命令有服從之義務」、「禁止擅離職守」、「禁止妨害其他同事作業」，「就業時間中不得從事工會活動、示威遊行、傳佈宣傳品」等規定，於罷工等爭議期間，暫時失其效力。

反之，與平常時之工作無直接關係，而伴隨於員工地位之守則條款，在罷工仍然有效。例如，「禁止員工就業務關係收取回扣（賄賂）」、「員工應保守業務上之機密」、「應維護公司之信用」、「禁止兼職及競業」。

(七)罷工中的勤務、工作條款

有關出勤、退勤、遲到、早退、出差、工作時間、休假、加班等勤務規定，以平常時之就業為前提，在罷工等爭議行為期中，工作規則中所規定之此類事項，原則上即失其適用之餘地。

比較特別的是「特別休假」及「產假」。

在罷工中，可否依工作規則中「特別休假」及「產假」的規定請假？因為，特別休假是以「年資」為基準，產假是以「生產」為事實根據，應不受罷工影響，勞工仍

有請求權。在請假期間，雇主仍須依規定給付工資，而與罷工期間中雇主無義務給付工資，有所不同。

(八)罷工中的工資條款

罷工時，勞工「合法」地拒絕提供勞動力，依「無工作即無報酬」（no work, no pay）的原則，僱主得拒絕給付工資，因此，工作規則中之工資條款，在罷工中，即無適用之餘地。

但也有認為，在罷工中，雖然「勞動力與工資之交換關係」暫時中斷，但，勞工之「員工地位」仍然存續，在工資體系中，有一部分是基於「員工地位」而產生者，有一部分是基於「交換關係」而產生者，前者稱「保障工資」，例如，子女教育津貼、通勤津貼、生活補助費、甚至底薪，後者稱為「交換工資」，例如，最明顯的按件計酬制中的「按件計酬」，對於「保障工資」之部分，有學者主張，在罷工中仍應給付（註21）也有認為此為「契約解釋」問題，應參照團體協約，工作規則、勞動契約、習慣等加以解釋，依具體情況認定之，而非以抽象的二分說作為依據（註22）。

(九)罷工中的勞災補償條款

工作規則中的勞災補償條款之效力，是否受罷工影響？

如果勞災發生於罷工前，則於罷工中，僱主仍應繼續依工作規則履行其補償義務，不成問題。

成問題的是，在罷工中發生勞動災害，是否還可以稱於「業務上之災害」？

由於在罷工中已無執行職務，不生職業災害補償之義務。但因勞工仍保有「員工地位」，如果勞工因雇主之場所、設備之欠缺而發生災害，仍應認為業務上之災害。

註釋：

註 1：Hanau/Adomeit, Arbeitsrecht, S.30。

註 2：菅野和夫，勞動法，第 78 頁。

註 3：Zöllner, Arbeitsrecht, S.80ff。

註 4：王澤鑑，勞動契約法上之單身條款，基本人權與公序良
　　　俗，載萬國法律，第 50 期，第 3 頁以下。

註 5：日產自動車事件，最高裁第三小法庭判決，昭五四年
　　　（ウ）第 750 號，見日本勞働省勞働基準局編著，勞働
　　　基準法下冊，第 730 頁。

註 6：菅野和夫，勞働法，第 54 頁；日本勞働省勞働基準局
　　　編著，前揭書，第 729 頁，有泉亨，勞働基準法，第
　　　206 頁。

註 7：參見最高法院 75 年台上字第 943 號判決，轉引自黃劍
　　　青，勞基法疑難問題詳論，第 200 頁。

註 8：中川練瓦製造所事件，大津地裁昭 25.10.13 判決，勞民
　　　1 卷 5 號 75 頁，昭和電工事件東京地裁昭和 29.01.21
　　　判決，勞民 5 卷 1 號 3 頁，以上引自日本勞働省勞働基

準局編，解釋通覽勞動基準法，第 228 頁，總合勞働研
究所發行，昭和 58 年 2 月 15 日增補改訂版二刷。

註 9 ：關於不同位階勞動法法源之適用關係，除適用位階原則
外，應依有利原則條正位階原則，參見 Hanau/
Adomeiit, Arbeitsrecht, S.30。

註 10 ：相同見解，參見陳繼盛教授，勞資關係，第 29 頁。

註 11 ：日本實務上判斷「差別待遇是否合法」，常以差別待遇
是否具有合理性，作爲判斷準則，例如，在結婚退職
之案例，可參住友水泥事件（ 東京地判 ，昭 41.12.20
），載高橋久子，婦人勞働者之權利，第 41--44 。

註 12 ： Hanau/Adommeit, Atbeitsrecht. S.30。

註 13 ：勞働省勞働基準局編著，解釋通覽勞働基準法，第
292 頁。

註 14 ：行政院勞工委員會七十七年十一月二十九日台（ 77）勞
動一字第二七○一九號函。

註 15 ：相同見解，可參考日本勞働省勞働基準局編著，前揭
書，第 292 頁。

註 16 ：日本勞働主管機關以昭 24.04.04 基癸 410 號容許此類
人別工作規則，見日本勞働省勞働基準局編，前揭

書，第 292 頁。

註 17：此為日本ビクター事件，橫濱地裁昭 41.05.25 判決所

採之見解，載勞經速報 580 號第 23 頁，引自日本勞

働省勞働基準局編著，前揭書，293 頁。

註 18：以上日本實務上見解，參見日本勞働省監修，新勞働

法實務相談，第 138 、 139 頁，財團法人勞務行政研

究所，昭和 60 年月 9 月 10 日出版。

註 19：參見佐藤進。本多淳亮，就業規則，第 143 頁。

註 20：以下內容，均參考佐藤進。本多淳亮，前揭書，第

146--151 頁。

註 21：日本最高裁，曾在明治生命事件中，採取此見解，最

二小判昭 40.02.05 民集 19 卷 1 號 52 頁。

註 22：此為日本最高裁在三菱重工業事件之見解，最二小判

昭 56.09.18 民集 35 卷 6 號 1028 頁，及菅野和夫，

勞働法，第 514 頁以下。

第七章　雇主之指揮權

第一節　指揮權之法源地位

一、最弱之形成因素

勞工之勞動（務）給付（Arbeitsleistung）只能以契約或其他規範規定其範圍（Rahmen），在範圍內其每日、每時應該具體做什麼事？如何做？如何地做？仍有必要加以具體化（Konkretisierung），此項具體化之任務，係透過雇主之個別指揮（指示）(Einzelanweisung) 來達成，此種由雇主單方來決定給付勞務之種類、時間、場所、方法之權限，即所謂之雇主之指揮權（Weisungsrecht)（註 1）。質言之，指揮權係雇主透過單方之意思表示 (einseitige Willenserklarungen) 以繼續形成勞工之主要義務 (Hauptpflicht) 之權利（註 2）。除了勞動之種類、方法、場所、時間為指揮之對象以外，雇主制定服務規律、決定經營秩序之行為，亦包括在指揮權之範圍內（註 3），有學

者認為「受僱人為雇用人服勞務而無服從僱用人指示義務殆為不可思議」（註4）。勞工之勞動給付如不服從雇主之上述指揮，為未依債務本旨履行（註5），可能構成終止契約之事由，影響勞資雙方之權利義務關係至大。

為此，在指揮權之下，勞動給付之內容，在某程度內，可謂係由雇主單方所決定或稱為「由他人決定之勞動」(fremdbestimmte Arbeit)（註6），此種「事實」和勞動條件之「合意原則」(konsensprinzip) 乃構成「緊張關係」（註7），急待解決。在我國法上，勞動契約法（未施行）第10條規定「勞動者應依僱方或其代理人之指示為勞動之給付；但指示有違法、不道德或過於有害健康者，不在此限」，即屬於有關指揮權之規定及界限。

上述規定除彰顯指揮權之意義外，也部分明示了指揮權之法源地位在「法律」之下（不得違法），但如此簡易之規定，當然不夠，何況，該法尚未施行，因此，實有必要從法學理論之角度，進一步探討指揮權之法源地位及其法律依據。

關於指揮權在法源論上之地位，如從「得作為裁判之大前提之一般規範」的狹義角度來看，雇主之指揮權當然

並非「法源」，指揮權透過「勞動契約」為媒介而發生規範作用，如勞工違反指揮權，即成為違反勞動契約，如情節重大，則發生勞基法第十二條第 4 款之解僱之問題。其既係透過勞動契約發生規範作用，故在我國有關法源之文獻上，並未曾見將雇主之指揮權列為法源論探討之對象，但如從「權利形成之法律因素」(rechtliche Faktoren der Gestaltung)，或以「權利淵源」(Rechtsquelle) 來代替「法源」(Rechtsquelle) 時，在勞工法上即必須將雇主之指揮權列為探討「權利淵源」或「權利形成之法律因素」之一。在「德國」（註 8），勞動法學於探討勞動法之法源時，亦均將雇主之指揮權列為「最弱之形成因素」(schwachsten Gestaltungsfaktor)，但事實上卻最具重要性 (Grosses Gewicht)（註 9）。

　　既係最弱之形成因素，指揮權之範圍即應受其他各種法源包括法律、團體協約、勞動契約、工作規則、勞動習慣之限制；而所謂「最具重要性」，係從「事實面」或存在面之角度，認其在現實生活關係中，與勞工之權利、義務關係最為密切。按人們稱指揮權之法律基礎 (Rechts-grundlage) 係建立在勞動契約之基礎上（註 10），或稱

「從勞動契約引申出來之指揮權」（Das auf dem Arbeitsvertrag beruhende Weisungsrecht）（註 11），依此，本來可將指揮權作為「附屬」於勞動契約此一法源中之一小部分加以探討即可，何能或何須「獨立」成為一項「形成因素」（Gestaltungsfaktor）？此似乎出於指揮權在事實上最具重要性所致。

二、指揮權產生之原因

在勞動關係中，為何產生指揮權？指揮權在事實上最具重要性之原因何在？其原因有三：①基於企業管理之必要：企業係人力與物力之結合，集中人力，物力於特定之營利活動，為在營利之過程中完成企劃，在本質上自發性組織與管理之問題，組織與管理在法律面之表現即為指揮權。在勞動法學領域，論者一直以「從屬性」來定性勞動關係，甚至，包括所謂的「組織的從屬性」，也均係組織與企業管理，在法律面之表現。也因此，指揮權與屬於「從屬勞動」之勞動關係，幾乎成了無法分開之概念。②不論勞動法令、團體協約、契約或工作規則，只能就概括性原則、範圍（Rahmen）加以規範，要將勞動關係中之一

切詳情鉅細靡遺，事先作一完整之總預定，乃事實上所不可能，必須讓諸日常之指揮；③基於勞動契約係繼續性契約之特質，繼續性契約有隨時間而不斷產生契約上附隨義務之特色，不似非繼續性契約於契約成立之初或甫成立後即可將給付內容確定（註 12）。按勞動關係之形成，係以勞動契約形成雙方之「基本關係」（Grundbeziehung），並在此「基本關係」之基礎上，一方面以可變動的團體協約之修訂或新締結，甚至法令之變更，豐富其內容，另一方面，也由僱主以指揮權隨時補充即豐富勞動關係內容，共同形成「全部勞動關係」（Gesamtarbeitsverhältnis）（註 13），在這兩種「隨時」之變更或補充因素中，尤以指揮權最具時效性，最能適應企業環境之瞬息萬變。

註釋：

註 1 ： Schmid, Grungzüge des Arbitsrechts, S.38 。

註 2 ： Adomeit, Rechtsquellenfragen im Arbeitsrecht, S.99 。

註 3 ： Hueck-Nipperdey, Lehrbuch des Arbeitsrechts, Bd Ⅱ , 1936, S.158f 。

註 4 ： 黃越欽，從勞工探討企業管理規章之性質，載政大法律評論，第 17 期（67 年 2 月），第 69 頁。

註 5 ： 我國民法第 235 條規定「債務人非依債務本旨實行提出給付者，不生提出之效力……」。

註 6 ： Adomeit, 前揭書，S.99 。

註 7 ： Hueck-Nipperdey，前揭書 S.159 。

註 8 ： 東、西德於 1990 年 10 月 3 日統一以後，以往「西德」的法律文獻常爲我國法學界所引用並稱爲「西德」，自 10 月 3 日以後，必須改稱「德國」了。有感於「統一」亦爲我國之大問題，特誌此事。

註 9 ： Zöllner, Arbeitsrecht, S.68 ; Schmid, Grundzuge

des Arbeitsrechts, S.38; Hans Brox, Grundbegriffe des Arbeitsrechts, Rd ． 49 ； Hanau/ Adomeit, Arbeitsrecht, S.35 。

註10：Schmid，前揭書，S.38。

註11：Hanau/Adomeit, 前揭書，S.35。

註12：黃越欽，前揭文，第71頁。

註 13 ： Adomeit, Rechtsquellenfragen im Arbeitsrecht, S.94 。

第二節　指揮權之法律依據

　　勞工對雇主之指揮權有服從之義務，其依據應係勞動契約，但同樣的「結論」，其說理過程，並非一致，以下說明之：

一、從屬勞動說

　　如依從屬勞動理論中之通說人的從屬說，指揮權係由他人決定之勞動之法的特徵，換言之，指揮權是「勞動契約」與其他「自由勞務契約」（freie Dienstvertrag）（在勞動過程中，勞務主體不喪失自主性之勞務契約）之界限所在！亦即：視雇主之指揮權為勞動契約之概念之本質（begriffswesentlich），或指揮權係出自「從屬勞動之本質」（aus dem Wesen des abhängigen Arbeitsverhältnisses）之權利，其與法律、團體協約、個別勞動契約結合，位階在此些法源之後，而補充各法源之欠缺，賦予勞動契約之具體內容（註 1），此說係將指揮權求諸於勞動關係從屬性之「本質」，可說是於契約法之外，主張所謂之「特

殊勞動法源理」！

　　不過，此說具有下列困難：①將指揮作爲某勞務契約得被認爲勞動契約之前提要件（Voraussetzung），但又將指揮權當作勞動契約之法律效果（Folge），似有陷於循環論斷的缺點（註 2），②依從屬勞動之理論，雇主單方得決定、變更勞動給付義務內容之權利，亦包括在指揮權之重要對象中，此種結果，與契約法之原理格格不入（註 3），③勞工對指揮權之服從義務，決非勞動契約獨有之特徵，蓋在自由的勞務契約中，勞務義務人在勞務給付上的自律性，可說只是相對性的概念（註 4）。對於自由勞務契約中之委任契約，民法也設有委任人「指示」之規定（註 5），因此，關鍵應不在指揮權之存在，而係指揮權之強度（Intensitat）！依此，則由從屬勞動所發展出來的「特殊勞動法原理」即屬不夠，而仍必須回到民法的契約法原理，以德國爲例，自 1960 年起即將指揮權之依據求諸於民法第 315 條「由契約當事人之一方爲給付之決定」之規定，此條包含著「形成權」之法理，其詳細規定如下：（1）給付應由契約當事人之一方指定者，有疑義時，其指定應依公平衡量之方法爲之。（2）前項指定，應向他方當事人表

示之。(3)①應依公平衡量而為指定者,必其指定合於公平之原則,始對他方當事人有其拘束力。②指定不合於公平之原則者,應以判決定之;怠於指定時,亦同。

二、形成權說

Seckel 曾將雇主之指揮權置於形成權(Gestaltungsrecht)法理之下,謂形成權是指「經由一方之法律行為,形成具體法律關係之權力(die macht)」,因雇主之指揮權易亦是由雇主之一方決定勞動給付義務,故指揮權為形成權內容之一,亦即:藉著指揮權即形成權之行使,形成勞資雙方具體的法律關係,其形成手段為一方法律行為之意思表示(註 6),Bötticher 以此為基礎,於勞動契約法之領域進一步發展,認為指揮權為一種「內容補充的形成權」(ausfullende Gestaltungsrecht)(註 7),雇主不僅享有「母形成權」(mutter-Gestaltungsrecht),同時更有基於母形成權,得隨時機動地反覆變更的「繼續調整權」(laufendes Anpassungsrecht)即「子形成權」(註 8)。雇主之所以有此種形成權,係因為透過一定之法律關係,另一方(勞工)處於從屬狀態或服從地位(Unterworfensein）所致，此種服從地位，使相對人處於在一方之法律行為前之被動地位，就像，因發生一定之解僱事實，致受僱人處於接受解僱之意思表示之被動地位。此種看法，在結論上可說是對傳統從屬勞動理論加以若干之修辭而已（註9），似不能充分說明指揮權，且形成權並無繼續性，形成權因一次行使改變法律關係後即行消滅，如認為僱傭契約即有無數形成權，對受僱人未免過於不利（註10）。

三、包括的合意說

Adomeit 認為，德國民法第 315 條之規定並未賦予契約當事人單方有決定給付內容之權利（註11），因為，契約內容之決定（包括創設、變更），僅能透過當事人間之合意，此乃契約自治之基本原理，民法第三百一十五條之積極意義在於：約定將給付內容之決定權委諸相對人之契約，仍為私法自治原則之內容。換言之，該條規定「給付應由契約當事人一方決定時……」（Soll die Leistung …… besstimmt werden）之規定，係指：契約中有「容許一方決定給付」之授權條款之場合。勞動契約中之指揮權條款，實屬此種授權條款。如指揮權條款並非明文存在時如

何？此時，應依德國民法第 157 條之交易習慣及誠信原則等契約內容之解釋原理，從勞動契約在概念上必然係由他人決定勞動之本質，認為授權意思係默示的契約意思（註12）。

準此，Adomeit 進一步指出，勞動契約由下兩種要素構成：設定雙方權利義務，直接形成當事人間法律關係之「行為規範」（Verhaltensregeln）及容許雇主設定行為規範之「創設規範」（Erzeugungsregln)（註 13），於行為規範所設定之當事人間主要義務不確定時，債權人依據上述授權，不時地將主要義務具體化（註 14）。如此，指揮條款並非直接規定勞工之契約債務，而是經由個個指揮，授權雇主決定義務之創設規範之一，故勞工對指揮之服從義務，決非傳統的從屬勞動理論所謂之「特殊勞動法之義務」。

四、引導債務人履行之行為說

Böker 認為指揮係給予他人一定行為（作為或不作為）之方向，此概念在契約關係中被使用，係指：在契約約定之債務之範圍內，僅意味著引導（auslösen）債務人履行之

行爲。蓋在現實的勞動契約，勞工之勞動給付義務並未詳細的規定，多數僅表示抽象的工作及一般之內容，勞動給付義務之具體內容須依交易習慣及誠信原則（§ 242BGB），根據合理的利益衡量，爲客觀的法律判斷，而非由雇主單方決定給付內容。又，在一般表示之工作範圍內，明顯保留變更給付內容之權利之場合，雖係形成權之行使，但不能稱爲指揮權之行使（註15）。

　　Böker 又稱爲，從勞動契約之締結行爲，擬制勞工對決定契約內容之指揮有默示的服從義務，是大有疑問的。例如，勞工於 15 歲時以補助勞工之身分締結勞動契約，過了 50 年後於 65 歲時，被上司指示仰臥於機器背後工作，說其有負擔義務之默示意思表示，可說是純粹的觀念遊戲，實際上，勞工於締結勞動契約時，對給付及對待給付等勞動條件，縱使具有合意，但對給付內容由雇主一方決定之指揮，一般則無服從之合意，因此，以「創設規範」的法概念，擬制契約締結時之概括合意作爲指揮服務之法律依據，並非妥當（註16）。

　　我國學者黃越欽教授採此說，認爲「僱用人之指示權乃債務履行之指導，純屬於事實範疇，並非基於接受指示

人之合意，故不具法律行爲之性質，只有在對受僱人所作
之重大決定性諸如工作時間、地點等勞動條件之指示時，
始有法律行爲之可言」（註17）。

五、小結

　　面對上述諸多見解，事實上作者遲遲無法決定採取何
種單一說法。蓋各說均相當程度說明了指揮權之性質及依
據，但應各加上若干條件或限制：①從屬勞動說：固然，
「從屬勞動說」不免有「循環論斷」之處，但此本係所謂
從屬性之「概念之本質」（begriffswessentlich）的結果，
即「概念」（勞動契約）與「本質」（從屬性）爲一體之兩
面，本具有「循環論斷」之特質，不足爲怪；至於，「自
由勞務契約」中之委任固也沒有「指示」權之規定，但舉
輕以明重，具有從屬性之勞動契約雖現行法尚無指揮權之
規定，但雇主更應有指揮權，不值得以委任之指示權來懷
疑由從屬性導出勞動契約之指揮權。

　　②形成權說：本文認爲形成權說以「內容補充之形成
權」及「繼續調整權」、「子形成權」之概念，均適於說
明指揮權單方具體化勞動關係，只是「形成權」對勞工權

益之維護可能「過分」了一些，因此，有必要重視及強調其他法源，如法令、協約、契約、習慣、憲法、法理（包括平等原則）對指揮權之限制，將「形成權」局限於不違反上述法源之「細部」或「點、線」（非面）、「零碎」之部分，可稱之為「零碎」之形成權。

③包括的合意說：此說亦能說明指揮權之性質，只是有其局限性，即：指揮權如係勞方之授權，則勞方可否「終止」授權？可否存有「未授權指揮」之勞動契約？如有此可能，則此契約是否仍為「勞動契約」？恐有問題。

④引導債務人履行之行為說：此說雖亦能說明指揮權之性質，但相對於形成權說之「過分」，引導債務人履行之行為說則有「不足」之處，詳言之，雇主之「引導」為何能拘束勞工？如不能拘束，得否稱為「指揮」？為解決此問題，必須強調該說所謂「依交易習慣及誠信原則，根據合理的利益衡量，為客觀的法律判斷」指揮權之拘束力，雇主既不得單方任意決定其內容，勞工亦不得任意拒絕「引導」。在此前提下，始能說明指揮權。

綜上所述，在加上各種不同的「條件」或「限制」的前提下，以上各說均適於說明指揮權，其並非互相排斥、

不能並存之概念。

註釋：

註 1 ： Hheck-Nipperdey, 前揭書，第 158 頁 ; Nikishch ,
　　　　Arbeitsrecht, BdI, 1961, 第 161 頁。

註 2 ： Böker, Das Arbeitsrecht, S.21。

註 3 ：例如，德國民法第 305 條規定「依法律行爲創設、變更
　　　　債權關係者，除法律別有規定外，須有當事人間之合
　　　　意」。

註 4 ： Larenz, Lehrbuch des Schuldrechts, Bd Ⅱ ,
　　　　10Auf1, S.196。

註 5 ：民法第 535 條規定「受任人處理委任事務，應依委任人
　　　　之指示……」。

註 6 ： Seckel, Die Gestaltungsrechte des bürgerlichen
　　　　Rechts; Festgabe für Richard koch 1903, S.205-
　　　　210。

註 7 ： Bötticher, Besinnung auf das Gestaltungsrecht
　　　　und das Gestaltungsklagerecht, in ： Vom
　　　　deutschen zum europaschen Recht, Bd..1, 1936,

S51.52。

註 8 ： Bötticher, Einseitige Leistungsbestimmung im Arbeitsverhältnis, AuR, 1967, S.325。

註 9 ：渡邊章，労働給付義務と形成權の理論，載有泉亨古稀紀念，第 74 頁。

註 10 ：黃越欽，從勞工法探討企業管理規章之性質，載政大法學評論第 17 期 (67 年 2 月) 第 70 頁。

註 11 ： Adomeit, Rechtsquellenfragen im Arbeitsrecht, S.105。

註 12 ： Adomit, 前揭書，S.99.100。

註 13 ： Adomeit, 前揭書，S.101-102。

註 14 ： Adomeit, 前揭書，S.103。

註 15 ： Böker, Das Weisungsrecht des Arbeitgebers, 1971, S.14.15。

註 16 ： Böker, 前揭書，S.24。

註 17 ：黃越欽，前揭文，第 70 頁。

第三節　其他法源與指揮權之關係

　　由於雇主之指揮權係勞動關係之最弱的形成因素（schwachsten Gestaltungsfaktor），其位階在勞動法令、團體協約、勞動契約、工作規則之下，從而，指揮權之行使，不得違反這此法源（註1），除此之外，在立法例、判例及學說上亦有認為，指揮權不得「不道德」，不得違反誠信原則及其他法理者，以下分述之：

一、勞動法令與指揮權

　　除了憲法之外，勞動法令係最高位階的勞動法法源，雇主之指揮權自受到勞動法令之限制，故勞動契約法（未施行）第十條規定，勞動者應依僱方或其他代理人之指示為勞動之給付，但指示有違法……，不在此限。此種「位階原則」，並不因該法未施行而受影響。不僅勞工對違法的指揮權無服從之義務，相反的，對於違反勞動法令之指揮，依據勞基法第十四條第一項第 6 款的規定，勞工得不經預告終止契約，並得請求雇主發給資遣費。

以下擬舉一違反勞基法第五十一條之指揮權（調動）之例子，加以說明：

勞工原任「總機事務員」，於其懷孕時，雇主將其調職擔任「生產線技術員」，法院判決勞方勝訴，其要旨如下：

「查原告主張被告自 67 年 2 月 26 日起僱用伊為勞工，77 年 11 月 3 日將伊從總務課總機事務員調職擔任生產線技術員時，伊已懷孕五個餘月，77 年 11 月 21 日經伊通知被告表示終止勞動契約等事實，已據提出勞保卡、存證信函等件為證，並為被告所不爭，應堪信為真實。按雇主違反勞動契約或勞工法令，致有損害勞工權益之虞者，勞工得不經預告終止契約。勞動基準法第十四條第一項第 6 款明文規定。查事業單位因業務需要，而有調動勞工職務之必要時，仍應遵循調動勞工工作禁止不利益變更之制約。如眾所週知，懷孕生產乃人類孕育健全子孫，以經營次一代社會崇高工作，對於懷孕生產之女性而言，亦正係身感生命神秘及母性歡愉之時刻。為了祝福及慶幸次一代社會之誕生，對於懷孕生產應予妥適之對待，從法律觀點而言，我勞動基準法設有關於女子分娩前後及在妊娠

期間之保護規定。該法第五十一條規定：女工在妊娠期間，如有較爲經易之工作，得申請改調，雇主不得拒絕，並不得減少其工資。其立法意旨即在保護妊娠期間女工身體之健康及胎兒之安全。是女工在妊娠期間，如原從事較爲輕易之工作，雇主應不得將之改調較爲繁重之工作，否則即屬雇主違反保護勞工法令，而致有損害勞工權益之虞之情形，斯乃法理解釋所必然。經查本件原告原受僱於被告擔任總機事務員，於妊娠期間之 77 年 11 月 3 日改調生產線技術員，已如前述。依社會一般經驗法則及工作性質而言，總機事務員工作較之生產線技術員工作爲輕易。證人即被告公司廠長李同德亦到庭結證原告原擔任之總機事務員工作較爲單純輕鬆等語。雖被告辯稱其改調原告至生產線技術員時，不知原告已懷孕情事，俟知悉原告懷孕後，並未堅持調動，原告可回復原職或改調其他職務，原告於改調總機事務員之前，即在生產線工作，原告曠職三日以上業經開除云云。惟查被告抗辯原告可回復原職或改調其他工作云云，則經原告否認爲眞正，證人李同德亦證稱係指原告可建議被告公司除總務課（總機事務員）外，可選擇公司其他適合的單位，但決定權乃在公司等語。足

見上開准原告回復原職之辯解，顯非可採……」（註 2）。

在本案中，法院認為雇主之指揮（調職）違反勞基法第 51 條保護「妊娠期間之女工」之規定，勞工不但無服從指揮之義務，且有以此為理由，終止勞動契約及請求資遣費之權利，可作為法令對指揮權之限制之例。

指揮權之行使不僅不得違反屬於個別勞動法之勞動法令，尚不得違反團體勞動法，例如，我國工會法第三十五條第一項規定「雇主或其代理人，不得因工人擔任工會職務，拒絕僱用或解僱及為其他不利之待遇」，指揮權之行使即可能成為「其他不利之待遇」，而屬不當勞動行為類型之一（註 3），特別是，人事方面之指揮即調動問題，常隱含著不當勞動行為之動機，在有名之「圓山飯店調職事件」中，雇主將勞工毛青潭由台北圓山大飯店餐飲中心主任調至高雄圓山飯店同職位，勞工主張雇主之「主觀」動機係因勞工參與工會之籌組，惜法院只以「薪水降低」為由判決勞工勝訴，而未觸及是否為不當勞動行為之問題（註 4），但已顯現此問題之重要性。另有關遠東化纖勞資爭議事件之起因，亦係該工會常務理事徐正焜由新竹廠調至台北，涉及雇主之指揮（調職）是否違反工會法關於不

當勞動行為之規定之問題（註5），值得重視。

二、團體協約與指揮權

　　團體協約係工會與雇主或雇主團體，基於「合意原則」所成立，其效力基本上優於雇主單方形成之指揮權。具體言之，團體協約中之「規範的部分」對各種個別法上之自治的法源包括指揮權具有「強行的效力」及「直接效力」，指揮權之行使違反團體協約之「規範的部分」，對勞工不生拘束力。一般認為，團體協約中關於「服務規律」（或紀律）及「人事條款」包括「懲戒」之規定，屬於「規範的部分」（註6），且與「指揮」有關，因此，雇主之指揮一方面得以這些條款為依據，另一方面也受到這些條款之限制。只不過，由於「服務規律」與「懲戒」，事實上並不具單義的明確性，多由雇主行使裁量權，如此，在結果上仍屬指揮權發揮法源功能之空間。

三、勞動契約與指揮權

　　勞動契約係勞資雙方基於「合意原則」（Konsensprinzip）所成立之協議，其法源位階自高於由雇主透過單

方之意思表示 (eiseitige Willenserklarungen) 所表達之指揮。只是，在勞工受僱之實態中，通常並未訂立書面之勞動契約載明指揮權及其界限，如或有訂，也是一面倒向雇主之「概括授權」條款，乃形成指揮權界限不明之狀態。

就「工作地點」之指揮（調職），我國在實務上曾出現「指揮（調職）不得違反契約」、「應經勞工同意」之案例：

在勞基法施行前，主管機關曾認為「工廠調動工人工作，係屬勞動契約內容之改變，該項契約內容之變更，應得勞資雙方當事人之同意」（註7）。

在司法實務方面，將勞工由「總務工作」調派至「工務部從事零件管理工作」，法院認為須經勞工同意，其要旨如下：「……按『工廠欲調動工人工作，因屬勞動（工作）契約內容之改變，縱令新工作或為工人所能勝任或未降低原定工資，該契約仍須勞資雙方當事人之同意，基此工廠因業務需要擬變動工人原有工作職務時，應與工人妥為說明，經協調同意後始得行之。』為內政部 70 年 10 月 1 日台內勞字第 43508 號所函釋，揆諸該函保護勞工及促進勞資諧和之精神，所謂『仍須勞資雙方當事人之同意』，

就勞方而言，係指事後就特定新職表示同意，而非事前就概括職務表示願意擔任。從而即使勞工事前曾經申請調派任何新職，工廠欲調派特定新職時，仍須與之妥爲說明，經協調同意後始得爲之。本件原告主張被告於 72 年 10 月 21 日調派原告至工程部從事零件管理工作，事先並未與原告說明，事後亦未經原告同意即斷然行之，業經提出被告公司通知，原告簽呈及被告公司開除通知單各乙件爲證，並爲被告所不爭。故被告抗辯原告於 72 年 4 月 25 日曾以書面申請調離總務部工作，並表示願意接受任何工作，使告依據此一申請而調派新職顯已經原告同意，自無該項行政命令之適用，依前開說明，所辯應不足採。從而被告未經原告同意即調派原告新職，原告拒絕從事新分派之工作，被告依該公司工廠規則第六十六條第 7 款：『抗命或拒絕從事所分派之工作，並侮辱、威脅、敲詐其主管人員者，得予開除』之規定予以開除，即不合法⋯⋯。」（註 8）。

另外，雇主將勞工由「平板課副課長」調爲「品管員」，法院亦認爲「應得原告（勞工）同意，茲被告對其未經原告同意調職之事實既不爭執，則兩造就其工作契約

之內容已不能達成合意……。」（註9）。

此二則判決，係援用上開舊行政解釋而來，在學理上可謂係採嚴格之「契約說」（註10），固對勞工甚有保障，但對企業管理卻極為不利。

四、工作規則與指揮權

在諸多勞動法法源之中，指揮權與工作規則最為接近，同屬雇主之「單方意思表示」，差別的只是，工作規則依法應以書面為對之、須經過主管機關之監督程序以及對所有勞工均有拘束力，指揮權則得以口頭及書面、明示或默示方式為之（註11），無須經過主管機關之監督程序，可對少數或多數勞工行使指揮。由於指揮權與工作規則關係之密切及性質之接近，故有學者從「演進」的角度，認為「在勞工法尚未發達時代，雇主與受僱人之關係適用民法上之僱傭關係，雇主對受僱人有指示權，受僱人有服從之義務。到了受僱人一方佔多數時，基於指示權的作用，則有職場規則，甚或工廠管理規則……」（註12）。

誠然，因工作規則之本質為「雇主之單方決定」與指揮權一樣，均足以對勞工構成強大之限制、形成勞工之義

務，但從另一角來看，工作規則由於經過書面化、公開化以及主管機關之監督程序，對勞工也具有類似「罪刑法定主義」之保障機能（註13），雇主本身也不得違反工作規則之規定行使指揮權，此即工作規則對指揮權之限制。從另一面言，工作規則中關於「指揮權」之規定，本身即係指揮權之表現及依據，例如，規定「勞工應忠勤職守，遵守本公司一切規章及法令，服從各級主管人員之合理指揮，不得敷衍塞責」。

五、誠信原則與指揮權

　　雇主之指揮權之行使亦應受到「誠信原則」之限制，以下舉一涉及調動工作地點之指揮加以說明。

　　雇主將貨櫃場由「五堵」遷到「桃園南崁」，雇主可否調動勞工？法院曾認為：「行使債權、履行債務，應依誠實及信用方法為民法第二百一十九條所明定，兩造雖未明定五堵為唯一工作場所，被告可因業務需要而變更工作場所固無疑問，惟仍須以誠實信用原則決定是否合理，先為敘明。被告雖辯稱（1）被告遷往桃園營業後，由桃園至原告住所僅數十公里，公路班車頻繁，且被告復提供交通

359

車，原告至新址簽到無何困難。（2）其餘二、三百名員工均隨被告遷移未曾異議。（3）被告未以不合理手段逼令原告辭職反令原告前往上班，對原告生活保障無影響。然（1）原告任職司機，隨運送之需要而將貨櫃載運至卸貨地，本無固定之上下班時間，被告所提供之交通車對原告無實益。（2）其餘二、三百員工隨廠遷移係同意被告變更勞動契約，其餘員工之搬遷各有其立場，自不能以此認原告等亦應隨同搬運。被告所辯，並無理由。

被告雖又辯稱原告等均係擔任貨櫃車賀駛工作，其工作場所須隨託運人所在之不同而無法固定，被告遷廠，對原告工作性質、勞動條件並未改變云云，然原告每日需由住所地至桃園簽到上班，難謂其無固定之接受工作地點，而五堵廠至桃園廠約有四十餘公里之遙，造成原告極大不便，難認被告遷廠合於誠信原則，否則在一公司可提供交通車而藉業務擴張為由自台北遷往屏東，以達其規避勞動基準法之目的，是故被告自五堵遷至桃園，應認係不合誠信原則之工作場所之變動，而被告令原告前往新廠報到，自屬違反勞動契約，原告自得依法終止契約，請求被告給付資遣費……」（註14）。

　　不過，上述判決爲高院所廢棄，高院認爲：「……按原告主張有利於已之事實，應負舉證責任，本件被上訴人主張兩造之勞動契約約定台北縣汐止鎮大同北路 168 號五堵貨櫃廠爲被上訴人勞動場所之事實，旣爲上訴人所否認，被上訴人並未提出兩造所簽訂之勞動契約書供本院審認兩造所約定之勞動場所確爲眞實。自難僅憑上訴人設於汐止鎮之五堵貨櫃廠遷往南崁新場，即認定上訴人任意變更勞動場所，而違反勞動基準法第十四條第一項第 6 款之規定……」（註 15）。

　　其實，在上述案件中，地院也同高院一樣並未認爲「約定工作地點在五堵」，地院係在認定「兩造雖未明定五堵爲唯一工作場所，被告可因業務需要變更工作場所固無疑問」之後，再依「誠信原則」進一步限制雇主行使「債權」，因此，反而，顯得高院判決僅以「舉證責任之分配」作爲理由而稍嫌「貧乏」，未就調動是否有違誠信原則加以判斷！由此可見，判決引用一般條項與否，價值判斷成份，相當濃厚。

六、法理與指揮權

由於法律對指揮權並未作規定，因此，法理有相當之空間，對指揮權之行使發揮規範功能。以下依據「法理」，提出幾項限制指揮權之原則：

(一)職務關連性

指揮權得拘束勞工之基本前提，必須指揮之事項與勞工之職務具有關連性，即：「與職務執行行為有密接關連之所有行為」，皆為指揮權行使之對象，並有拘束勞工之效力（註16），依此，勞工依企業之業務計劃、方法，自律地執行日常勞動，係服從於指揮權內，固無問題，但非屬日常勞動，而與業務具有關連性之相關行為，亦應認為係指揮權行使之範圍，例如，雇主為了把握勞工執行職務之狀況，制訂經營改善之方針，要求勞工提出報告書，此種要求是否有拘束勞工之效力，須視報告書之內容是否與職務有關，如有關，則有拘束力，例如，食品公司命營業部課長提出針對經營赤字提出改善經營之報告（註17）；再者，勞工於職務上有懈怠或違規行為時，雇主命其提出

始末報告、說明、甚至接受公司調查、了解、亦包括在指揮權行使之範圍（註18）。再者，如雇主命令勞工參加講習及教育訓練，如講習之內容與勞工擔任業務有密切之關連，則勞工有服從之義務，反之，則無服從之義務（註19）。

(二)職務之範圍

由於勞動關係係一種人格的繼續性債務關係（personales Dauerschuldverhältnis），依據「雙務忠實原則」(Prinzip gegenseitiger Treuebindung)（註20），勞務給付之方式、種類免不了須信賴於雇主繼續之長期間中，以指揮之形成逐漸加以形成，但由於雇主本身也受「忠實原則」之約束，故其行使指揮權亦應有範圍及界限！在此「雙務忠實原則」之下，有關雇主指揮勞工之職務或職種範圍，在我國實務上即一直是個經常發生而複雜的問題，著有甚多之行政解釋及判決，在前面已經有說明，在此，僅簡要指出，有關職務（職種）之範圍，受勞動契約、不得權利濫用原則之限制！其中，權利是否濫用涉及個案之利益衡量，而是否違反勞動契約，則須在「成文化」的契約書以外，以報紙的人事廣告或勞動習慣，作為契約內容

之參考（註21）。

（三）業務之危險性

雇主行使指揮權之業務如屬危險性之業務，在何程度，勞工無服從之義務？關於此問題，應認為，勞動對勞工之生命、身體伴隨著特別危險，縱使勞工盡善良管理人之注意，亦難於迴避危險，勞工無服從之義務！所謂「善良管理人之注意義務」是指，在勞工方面依專業之勞動方法、程序、正確操作機械、器具；在雇主方面則為防止對勞工之生命、身體發生損害之必要措施，對勞工為必要之安全之教育、訓練而言（註22），此均涉及個案之事實認定問題。在日本，於全電通千代田丸事件中，勞工從事乘工務船修理海底電纜之工作，因韓國李承晚總統一方宣布對韓國北兄弟島附近海域之船隻予擊沉，勞工乃拒絕被公司派往該海域附近修理電纜，而發生勞資爭議，雇主將部分勞工解僱，勞工則提起確認僱傭關係存在之訴，日本最高法院認為，「此種危險縱使勞資雙方以萬全之注意，亦難於避免之軍事上之風險，並非海底電纜佈設船千代丸號船員可預想之海上作業之同類危險」，因而，判決勞工勝

訴（註 23）。

　　此外，業務之危險性問題，如另涉及雇主之指揮違反勞工安全衛生法時，亦同時構成指揮權違反法令之強行規定之問題，基於法令優先之位階原則（Rangprinzip）之理由，勞工亦無服從之義務。我國勞動契約法（未施行）第十條規定，雇主之指示過於有害健康者，勞工無服從之義務，與勞動之危險性有關；在德國，亦有學者認為，雇主之指揮應與「照顧義務之一般原則」（allgemeinen Grundsatzder Fürsorgepflicht）相符（註 24），如勞工接受了伴有危險之指揮而服勞務，致造成雇主或第三人損害，勞工對雇主享有「免除責任請求償」（Freistellungsanspruch），可以請求雇主出面解決以免除自己之責任（註 25）。

註釋：

註 1 ： Hanau/Adomeit, Arbeitsrecht, S.35 ； Zöllner, Arbeitsrecht, S.69。

註 2 ：台北地方法院 78 年度勞訴字第 38 號判決，此爲吳燦法官所爲之判決，甚富哲理及啓發性。

註 3 ：今野順夫，西ドイツにおける團結權侵害と救濟，收於外野健一編，團結權侵害とその救濟，第 426 頁。

註 4 ：台北地方法院 77 年度勞訴字第 39 號判決。

註 5 ：台北地方法院 78 年度勞訴字第 96 號判決。

註 6 ：菅野和夫，勞働法，第 449 頁。

註 7 ：內政部 70 年 10 月 1 日 (70) 台內勞字第 43508 號函。

註 8 ：台北地方法院 73 年度訴字第 4882 號判決（未上訴，確定）。

註 9 ：桃園地方法院 73 年訴字第 1890 號判決。

註 10 ：契約説，可參見，菅野和夫，勞働法第 313 頁所列之資料。

註 11 ：濱田富士郎，業務命令，載職場の勞働法，季刊勞働法

別冊 9，第 111 頁。

註 12：黃越欽，論勞動契約，收於司法院編，民事法律專題研究（三），第 13 頁。

註 13：關於工作規則對勞工之保障機能，參日本勞働基準局編，勞働基準法，第 280 頁。

註 14：桃園地方法院 74 年訴字 2986 號判決。

註 15：台灣高等法院 75 年上字第 56 號判決。

註 16：昭和電極事件，神戶尼崎支判，昭 50.05.12 判例時報 864 號，121 頁。

註 17：東京食品事件，東京地判，昭 57.7.3 勞經速報 1129 號，9 頁。

註 18：詳細案例，可參濱田富士郎，前揭文，第 116 － 121 頁。

註 19：有斐閣，判例コンメンタール，勞働法 II，勞働基準法，第 66 頁。

註 20： Schmid, Grundzüge des Arbeitsrechts, S.42 。

註 21：有斐閣，前揭書，第 66 頁。

註 22：渡邊章，勞務指揮權，載勞働法の爭點，ジュリスト增刊，1979 年 9 月 13 日，第 194 、195 頁。

註 23 ：有斐閣，前揭書，第 68 、69 頁。

註 24 ： Hanau/Adomeit, Arbeitsrecht, S.35 。

註 25 ： Zöllner, Arbeitsrecht, S.211 、170 。

第四節　違反指揮權之效力

一、懲戒及其根據

　　勞工違反雇主之指揮權時，在西德法上將導致解僱（Kuendigung）及負擔損害賠償義務（Schadensersatzpflicht）之結果（註1），於日本則構成一般所謂「懲戒之事由」，得按其情節，處以「譴責」至「懲戒解僱」之處分（註2），並構成在考績上「勤務成績」及「效率不佳」之評價，甚至雇主以不服從指揮為理由而扣薪水（註3）。此些效果，基本上均可適用於我國，只是，受勞基法之形式限制，「解僱」限於勞工違反工作規則或勞動契約情節重大時，雇主始得為之（勞基法第十二條第一項第4款），因此，在工作規則中列有「指揮條款」時，雇主得以工作規則中之指揮條款作為解僱之「法源」依據，較為清楚，但在無工作規則或無「指揮條款」時，則因實務上常無書面之「勞動契約」，致一般人甚至法院不易認定違反指揮權即係違反非成文的勞動契約而承認解僱之效果！

按在近代國家，禁止私的制裁，刑罰權由國家獨占，因此，企業對於勞工科以懲戒，究竟有何法的根據，乃成為問題。關於此問題，在日本，判例及學說通說肯定企業之懲戒權，其根據有下面四說：①固有權說：認為企業係為共同利益而組織、活動之團體，它作為一個組織體而形成制定，當然具有統制力，因此，懲戒權也是企業共同體內在、當然的、本來的權能，②契約說：此說否定懲戒權為固有權，而認為懲戒權是企業基於與勞工之個別勞動契約，或以工作規則所規定之懲戒條款為基礎而成立之合意。③法規範說：此說將懲戒權求諸於企業為了維持經勞秩序，在經營之社會中形成之規範，④授權說：認為懲戒之所以能成為權利，係國家法（勞基法）之承認。以上諸說，在日本學界多數支持第②、④說，但判例以第①說為主流（註4）。

二、懲戒之限制

勞動基準法本身對於懲戒的限制，除了解僱之限制（勞基法第十二條第一項第4款）以外，並沒有明文的限制，然而，沒有明文規定限制，並不是表示雇主可以為所

欲爲，毫無限制的懲戒勞工，事實上，懲戒勞工至少可能
會受到下列原則的限制：

①平等對待原則：

　　就是說同程度的違反同規則，應受同種類及同程度的
「懲戒」，換句話說，須受到「懲戒先例」的拘束，但是
當後例的處分較前例的處分爲輕時，則不受限制，不過，
一旦這個較輕的「後例」對於更以後的案例來講，就變成
了先例而拘束雇主。此種平等對待原則 (equal treatment)
在美國勞資糾紛仲裁上，常被引用，認爲違反平等待遇原
則的懲戒處分，特別是解僱處分，爲無效（註 5）。在我國
實務上，也應如此，尤其是在判斷違反工作規則是否「情
節重大」的認定上，懲戒先例是一項重要的參考資料。

②罪刑法定主義的要求：

　　在刑法上，什麼行爲構成犯罪？如何處罰？均須有法
律明文規定，否則，不構成犯罪，不能加以處罰。此種
「罪刑法定主義」的原則也可以引用在懲戒勞工上，換句
換說，什麼行爲構成懲戒事由？以及如何懲戒？均須在工

作規則中加以明白的規定，否則其懲戒為無效。亦即，勞基法第七十條第 6 款所定的「懲戒」事件是「效力」規定，沒有規定懲戒事由的話，就不能懲戒勞工。

③不溯及既往原則：

就是說，不得事後於工作規則中制定懲戒事由，以懲戒勞工以前的行為，換句話說，雇主懲戒勞工必須以懲戒時，工作規則有規定者為限。此原則與上述罪刑法定原則相輔相成。嚴格的講，是由罪刑法定主義原則延伸而來。

④個人責任原則：

就是勞工只對自己個人的行為負責，雇主不得實施「連坐法」，令勞工就其他勞工的行為負起被懲戒的責任。至於，部屬勞工犯錯，其上司是否得一併懲戒？須視該上司是否盡到監督的責任而定，如果未盡應負監督的責任，並且工作規則（或契約）就此未盡監督責任也有懲戒該上司的規定時，才可以懲戒該上司，但這種情形，是該上司就自己未監督的行為負責，而不是「連坐」。

⑤懲戒相當性原則

就是懲戒的輕重應配合違反工作規則行爲的情狀、程度、勞工本身的因素而定其輕重，像勞動基準法第十二條第 4 款規定，違反工作規則須「情節重大」，雇主才可以解僱勞工，就是此原則的具體表現。再者，初犯以及犯規後屢經訓誡、記過後又再犯規，在懲戒「量刑」上亦應受不同的待遇，換句話說，「累犯」常是判斷違反工作規則「情節重大」的重要判斷資料（註 6）。此外，勞工在企業中地位不同，受懲戒的程度也應有所不同，例如，會計不正直、有賭博習慣，與作業員不正直、賭博，所受之懲戒，後者應較輕。

⑥懲戒程序上的公正：

須確實查清事實眞相，給予勞工本人辯白的機會，有此公司由主管及各層勞工共同組織懲戒委員會，負責懲戒的事宜，這樣的話，只要做到程序上的公正，可減少爭議。

註釋：

註1：Hanau/Adomeit, S.35 。

註2：菅野和夫，勞働法，第 304 、 305 頁。

註3：濱田富士郎，前揭文，第 113 頁。

註4：日本勞動基準局編，勞働基準法，第 301 頁。

註5：參見，有泉亨，勞働基準法，第 224 － 226 頁。

註6：有泉亨，勞働基準法，第 216 頁。

第八章　勞動習慣

　　本文在前面各章探討了憲法、法令、團體協約、勞動契約、工作規則、雇主指揮權等多種勞動法法源或法的形成因素，吾人可將這些法源歸爲二類：①憲法及法令屬於「制定法」類，代表國家之「意志」，在現在社會，「制定法」無疑是壓倒性之法源，人們普遍受其規範。②團體協約、勞動契約、工作規則、雇主指揮權屬於「自治的法源」，表現當事人之「意思」（Will），在現代社會中，只有廣泛承認「私法自治」之國家，自治的法源始有扮演規範角色之餘地（反之公有制之社會，自治法源之餘地甚微）！在勞動法領域，由於適用「有利原則」（Günstigket-sprinzip）之結果，自治的法源扮演更多之法源角色，不過，其係「制定法」之授權。

　　除上述兩大類法源以外，尚有以習慣作爲法源之問題（註1），也有必要加以探討：

375

第一節　勞動習慣之法源地位

一、習慣作為法源之基礎及其控制

　　習慣是人類社會中多年慣行之事實，它作為一種「法源」，具有長久而堅實的歷史，主張「純粹法學」之 Kelsen 在論法源時，亦認為習慣與制定法為法律的兩種淵源（註2）！在古代制定法尚未發達以前，以習慣作為行為之主要規範之時代，固不待言，即在現代制定法發達之國家如我們所熟稱之大陸法系國家，習慣至少仍舊扮演補充性法源之地位（註3）！為何習慣有此魅力一直扮演「規範」之機能？因為，依習慣行事，對人們而言，具有心理學上之基礎（psychologisches Fundment），也符合人類趨向環境之穩定性及熟悉性的最原始需求。換句話說，將有規則發生之事物視為合法之事務予以對待，並且，對違反規則的行為視同違反規範（Norm）或破壞法律，而對其採取社會制裁（soziale Sanktion）行動，是人們極為自然的反應，依此「天性」，人們即自然地將習慣當作一種

「當為」的規範，為日後行事之準則，而成就了習慣成為法源之一種形式，這種現象，在勞動關係中更具有滋長之環境，蓋勞動關係均係「大量」勞動之關係，其所追求之目的和運用之手段均具類似性，從而，產生許多行為規律性 (Verhaltensregelmässigkeit)，結果，這些行為規律性不僅只是事實之表現，而且進一步也成為規範性規則之泉源 (Quelle normativer Regeln)（註 4），是以，在勞動法法源論中，均不免必頁面對習慣之特別領域即勞動習慣或企業習慣 (betriebsübung) 作為法源之問題（註 5）。

當然，從現實的考慮，將只是習慣性的行為作為規範 (Norm)，已從「存在」（實然）(Sein, to be) 導出「當為」（應然）(Sollen, ought to be)，除了在法哲學的領域陷入「方法一元論」或自然主義的危險（註 6）以外，特別在勞動法領域，將使勞動立法之原意及精神，瀕於淪喪之邊緣！何以言之？因為，沒有任何法律關係像勞資關係一樣，是在利益對立的現實中發展出來的，目睹勞工在早期工業革命時代淪為絕對弱者之現實，勞動立法者意圖以勞動法改變此種現實，即：欲以人道之目標 (humanitare Ziel) 及政治上之追求 (politische Förderung) 替代經驗的

觀察（empirische Beobachtung） 以建立規則，因此，如果已成為習慣就是法，那麼人們就會停留在 19 世紀的社會狀態，大部分的勞動立法也將受習慣干擾，有成為空頭支票的危險（註7）。

面對上述正面肯定對習慣之需求，以及反面挑剔習慣之危險性的局面，人們無法避免承擔不愉快的決定之壓力（Entscheidungszwang），到底要在習慣上面附加多少成分的「法的規範意識」（rechtsgeltungswille），以「過濾」或「洗鍊」習慣，而後令通過洗鍊的習慣始加入規範的行列。供選擇決定之方向有二：其一、要求很低的法的規範意範，以致事實上之習慣均能滿足此種要求而成為「習慣法」，其結果必定導致一種新的現實的實證主義（faktizistische Positivimus），使社會現實完全脫離法律的控制（kontrolle），果如此，不可避免地，法院判決之任務只能消極地制裁個別違背規則之行為，而無法去評價正當的行為！從而，違反制定法之禁止雇用童工之規定，繼續僱用童工，有可能被當作具有廢止作用之習慣法加以處理，而使其自認為合法。這種結果，實非妥當。其二、要求高度的「法的規範意識」（Rechtsgeltungswille）或提出習慣之

合理性（Vernuftigkeit, Rationabilitat）的前提，以合正義性（Gerechtigkeit）或法律秩序（Rechtsordnung）之尺度評價考核習慣，並將事實上之習慣劃分爲三種類型：①合理的，以集體意志（Kollektiv wille）爲基礎而適合成爲習慣法-(Gewohnheitsrecht) 的習慣，②不合理的、被濫用的、罪惡的習慣，③中性的，法律家不感興趣的習慣。這樣一來，習慣法之淵源已非純粹之習慣，而係經過鑑定合格的習慣，而此種合格鑑定係透過一種永遠無法預先確定的評價來達成的（註8），如果我們無可奈何地，必須勉強接受第二種方式，則此種「鑑定」之工作必會落在法官尤其是終審法官身上，且因「鑑定」無法預先確定，則法官於判決中乃擁有裁量餘地（Ermessensspielraum），或將習慣「鑑定」爲習慣法，或將其排除在習慣法行列之外（註9）。

我國民法第二條規定，民事所適用之習慣，以不背於公共秩序或善良風俗者爲限，依此，法律規定以「公序良俗」控制習慣，即習慣必須不背公序良俗，始得以適用，在實務上，習慣固少有經適用之機會（註10）。但無論如何，其已承認習慣之補充性法源之地位，習慣在法律或自

治法源之空隙，仍具有相當之規範機能，尤其是，以集體勞動，繼續性契約為特質的勞動關係，其所滋生的勞動習慣，較一般習慣具有更大之適用空間！對此，本文將在後面，儘可能舉實例加以探討，在此之前，擬在理論上進一步探討勞動習慣究竟是獨自的法源仰或附著於其他法源之法源？

二、獨自法源說與借用法源說

勞動習慣又稱企業習慣 (Betriebsübung)（註 11），是指企業中與勞資關係有關，具有規律的同形式重複之行為 (regelmaessige Wiederholung gleichfoermiger Verhaltens)，長久以來，它或多或少被理解成一種勞動條件之形成因素 (Gestaltungsfaktor)，在誠信原則等基礎上賦予勞資雙方當事人獲得請求權基礎之希望，並穩固了雙方之勞動關係，此種結論，基本上應已獲得共識（註 12），成問題的只是，其理由構成如何以及以何種法源上之組合發揮其規範上的機能？此即涉及日本學說上所謂之「獨自法源說」及「借用法源說」，或德國學說上之「契約說」(Vertragstheorie) 或「信賴責任說」之問題。

（一）日本

關於勞動習慣如何發揮其拘束當事人之效力？在日本勞動法學界有「獨自法源說」及「借用法源說」二說，前者獨立法源說認爲，勞動習慣與法律、團體協約（勞動協約）、工作規則（就業規則）並列，爲獨自（立）的法源，並具有規範的效力（即拘束力），論者認爲此說在日本法上具有下列難題，第一，基於法律關係之明確化及法安定性之要求，法源以法有明文規定爲必要（例如，團體協約有日本工會法第十六條規定，就業規則有日本勞基法第九十三條規定），勞動習慣則法律無規定；第二，如勞動習慣爲獨自之法源，則其與法律、團體協約、工作規則等有規範效力之其他法源，其效力順位即成爲問題，決定其效力順位之基準並不存在，從而，認爲在日本現階段，勞動習慣獨自法源說只是一種「精神訓話」，學界尚無人正面主張此說（註 13）。後者「借用法源說」則認爲，勞動習慣依附於其他既存法源，而非獨自之法源，換言之，或謂「勞動習慣在多數場合具有非成文之團體協約或不成文之工作規則之性格」（註 14），或因雇主對工會之要求推定爲「默示之合意」所形成關於勞動條件或工會活動之習慣

381

（例如，解僱、調職之事前協議慣例、工作時間內工會活動及利用企業設施之習慣）……等等（註15）；此外，亦有判例針對「工作時間內入浴之習慣」，認為「本社制定之工作規則僅止於明示勞動條件之大綱，至於其具體之運用則委諸現場之管理，因此，現場主管得針對實況，訂定工作規則之細目，此種細目有以明文化之服務內規之形式出現，亦有以默示的習慣之方式實施，不問何者，均不外係工作規則之具體化，可說是實質的工作規則」（註16），其意即將「習慣」依附在工作規則身上，發揮其規範機能。日本大多數學者主張此說（註17）！依本文之見，此說在日本可謂有其法制之背景，蓋除非已成為「習慣法」（日本民法第二條），否則，依日本民法第九十二條規定，習慣只能以當事人之意思表示為媒介成為法律行為之內容而發揮其規範機能（註18），加以，勞動習慣是一企業內之習慣，尚非各企業統一的及普遍的習慣，不足形成習慣法之要件—勞資共通的法的確信，故勞動習慣幾無進一步形成「習慣法」以適用民法第二條而為獨自法源之餘地（註19）！不過，持此說依舊存有一些疑問，即：勞動習慣依附於「要式行為」之團體協約或工作規則時，因為「習

慣」之部分不具備此些要件，習慣如何借用團體協約或工作規則等法源發揮其規範機能？

(二)德國

對於勞動習慣以如何途徑發揮其規範機能，德國過去曾有一段時期，站在「具體秩序」(konkrete Ordnungen)之立場，說明勞動習慣本身具有規範之效力，為獨自之法源（註 20），詳言之，企業（經營）共同體以不斷的事實上的習慣為基礎，並由此產生了有利於各個受僱人之所謂的「具體的秩序」，則基於「具體的秩序」，受僱人就同一狀況獲得相同的權利（註 21），帝國勞動法院 (R.A.G.) 在 1938 年 1 月 19 日之判決中即指出，如果在個別企業之共同生活 (Gemeinschaftsleben) 中，根據與企業領導人 (Betriebsführer) 相互間之忠實與照顧義務 (Treu-und Fürsorgepflicht) 已經形成了具體秩序，縱使這此具體秩序只表現在一種明確而事實的操作 (feststehende tatsach-liche Handhabung) 中，而尚未形成明確的制度或書面的規定，則在這些條件下，有規則的向企業的全部員工或部分員工作了明確的給付，對其中的個別員工而言，其已從

中取得了成為勞動關係之內容的權利，即在相同條件下以相同之方式取得與其他人相同之待遇，其合法性無須根據特別明示或默示的合意 (Vereinbarung)（註 22）。不過，由於「具體的秩序說」多少源自納粹的想法，現通說已加以否決，不再將勞動習慣視為獨自的法源（註 23），Nikisch 認為共同體拘束 (Gemeinschafts bindung) 雖可說是基於平等原則之要求所產生之請求權，但勞動法院並非將勞動習慣看做獨立的法源（註 24），Hueck 認為勞動習慣本身並不具法的效力，而係與其他法的形成因素 (rechtliche Gestaltungsfaktor) 結合始發揮其重要的法的機能，即與勞資間明示或默示之意思結合（註 25），換言之，勞動習慣係形成契約上合意之基礎，例如，僱主在黑板上揭示或集會時明言將來支付聖誕節獎金或年金，此種支給承認其具有契約上之合意，僱主因受僱人之默示承諾而生契約上之義務，但如僱主並未表明明示之約束，只是多年繼續地支給獎金或年金，受僱人亦同樣默示的承諾，在這樣的基礎上，成立對僱主之拘束，當然，勞動習慣得以契約上之合意為基礎而取得效力，須有足以評價雙方當事人有明示或默示同意之狀態，知僱主無此意思甚至反對

此意思，即不成立勞動習慣，此涉及意思表示解釋之一般原理，並應參考誠信原則認定之，且因雇主係受自己之意思決定而受拘束，故其亦可因對策性之意思表示（如撤回之保留）而在將來排除拘束（註 26），以上所述屬於典型的「契約說」（Vertragstheorie），將勞動習慣依附於契約或意思表示而發生效力（註 27），德國聯邦勞工法院亦多採契約說（註 28）。然而，如果「依附」的過於極端，將一個一個勞動習慣「還原」成無數個「要約，承諾」之意思表示，勞動習慣無異「解體」，不僅不自然，而且可能與當事人之意思無法對應，例如，對於勞動習慣、習慣上之利益全然不知之新進者如何使其享受利益，在說明上即有困難，Nikisch 即指出，勞動習慣之拘束力不以各個契約之合意為必要，新採用之人進入企業，應服從該企業之秩序，雖依現行德國法律，企業秩序之諸規定係由雇主與經營協議會以協定訂之，但對此創設秩序之領域，勞動習慣並非全無置喙（用武）之餘地！因勞工在企業內共同生活，協同勞動，勢必形成一定的慣例，新採用者須服從此種「既成」之秩序，這些秩序、規則以非成文之方式長期行之，其雖不能納入具有一定形式的經營協定，但在某程

度內得承認勞動習慣之規範意義（註 29），這些對「契約說」之指摘實值重視！按習慣相對於制定法之國家「意志」及自治法源之當事人「意思」，本以「無意識」爲其特徵，若過份陷入「意思表示」之層次，不免與事實不合，因此，在「借用法源說」之領域中，另有採「信賴責任說」者，認爲勞動習慣係經由同形式之行爲引起了當事人之信賴，屬於法律行爲義務以外的信賴責任（Vertrauen-shaftung）領域（註 30）爲較令人信服之說法（註 31），至少，應像 Seiter 將勞動習慣之規範機能類型化：①勞動習慣作爲勞動契約之解釋（Auslegung）與補充（Erganzung）之工具，②將勞動習慣作爲默示的協定之基礎，③將勞動習慣作爲單方負擔義務之行爲，④將勞動習慣作爲典型的社會行爲（SozialtypischesVerhalten），⑤將勞動習慣作爲照顧義務（Fürsorgepflicht）、誠信原則特別是信賴原則（Vertauensprinzip）之具體化（註 32），使勞動習慣不致完全被「意思」吸收，而喪失其「無意識」之特徵。

(三)我國

　　勞動習慣在我國爲獨立法源或借用法源？即其是否須藉著其他法源以發揮規範機能？關於此問題涉及民法第一條所規定之「習慣」究係習慣法或習慣。如依通說之見解，認爲民法第一條所規定之「習慣」係指習慣法（多年慣行之事實及普通一般人之法的確信）（註33），則因勞動習慣多屬一企業之習慣，不具統一的，普遍的法的確信（Rechtsüberzeugung）之要件，而難於成爲習慣法（註34），從而，勞動習慣只是事實上之「習慣」，並非民法第一條所規定之「習慣」，自非獨立之法源，甚至不具嚴格意義之法源性格（註35）；此時，勞動習慣至多只能算是「借用法源」，依附於其他法源以發揮其規範機能：①透過「法律」即當法律有明文規定適用勞動習慣時（民法第四百八十六條、四百八十八條第二項）優先適用習慣，②透過「默示契約」（民法第一百五十三條）即借用契約以發揮其規範機能，這種結果類似於日本民法第92條之適用及其與日本民法第二條（習慣法）之區別，可參考上述日本之狀況。③將勞動習慣作爲誠信原則、照顧義務或信賴原則之具體化（如同上述德國 Seiter 之見解）。反之，如

從少數說之見解，認爲民法第一條所稱之「習慣」就是事實上之慣行（註36），則勞動習慣爲習慣之一種，自具有獨立法源之地位，於法律未規定時，具有直接補充法律之效力，當然，另依民法第二條之規定，該勞動習慣必須不背於公序良俗。

　　當然，從我國民法第一條之立法仿自瑞士民法第一條（使用 Gewohnheitsrecht 習慣法一詞）之淵源來言，自以通說爲當（註37）。且事實上，習慣畢竟是「弱勢」性「法源」，位階在法律、團體協約、勞動契約、工作規則等法源之後，故於實際運用習慣之際，多與其他法源一起引用，如此，始與心理狀態相符，在我國司法實務方面，關於確定年終獎金金額之案件，法院即將習慣與「雇主同意」、平等原則併用（請詳見第三節所述）！蓋法官如不做如此結合適用各種法源，僅以勞動習慣之「弱勢法源」爲判決基礎，他是多麼地會感到不安；有愈多的法源可以引用與結合，就少一分判決被廢棄之可能，何樂而不爲？

註釋：

註 1 ：Sinzheimer 即將勞動法法源分爲國家法法源、自治法法源及習慣法法源，參見 Sinzheimer，Grundzüge des Arbeitsrechts。

註 2 ：Hans Kelsen, 法律與國家，雷崧生譯，第 164 頁，正中書局，63 年 7 月二版。

註 3 ：原始社會之法律規範多以習慣法之形式存在，但經 Savigny 等之倡導，至二十世紀，瑞士民法首先承認習慣法之補充效力。參見，楊日然，民法第一條之研究，法學叢刊第 15 期，第 38 頁。

註 4 ：Adomeit, Rechtsquellenfragen im Arbeitsrecht, S.54。

註 5 ：Zöllner, Arbeitsrecht, S.7。

註 6 ：方法一元論及自然主義，參見碧海純一，法哲學概論，第 277 － 284 頁。

註 7 ：Adomeit, Rechtsquellenfragen im Arbeitsrecht, S.54。

註8：關於習慣何以得爲法律規範之各種學説，可詳參，楊日然，前揭文，第 40 頁。當然，如由法官來認定何種習慣爲習慣法，將立即引來另一項疑問，即：到底是習慣或鑑定行爲（Qualifi-kationsakt）才是眞正之法源，見 Adomeit ， 前揭書，第 56 頁。

註9： Adomeit, 前揭書 , S.57 。

註10：實務上，最高法院 17 年上字第 691 號判例、 18 年上字第 1346 號判例、 19 年上字第 1910 號判例， 30 年上字第 191 號判例，均屬否定應適用習慣之判例。

註11：有關勞動關係上之習慣，在日本稱勞使慣行，在德國稱 Btriebsübung, 本文考慮再三，擬稱其爲勞動習慣，以符合「勞動」和「習慣」之雙重特微。

註12： Zöllner, Arbeitsrecht, S.7 。

註13：以上參見，山口浩一郎，勞使慣行と破棄の法理，載勞働法季刊第 133 號，第 61 － 62 頁。

註14：本多淳亮，勞働法的法源，現代勞働法講座Ⅰ，第 130 頁。

註15：金子征史，勞使慣行の法理，勞働法學會誌 62 號，第 16 － 18 頁。

註16：田町電車區事件，東京高判昭43年1月26日高刑集
　　　第21卷1號第23頁。

註17：山口浩一郎，前揭文，第62頁。

註18：淺井清信，勞使慣行論，收於氏著，集團的勞働法理
　　　の展開，第91、92頁以下；我妻榮，新訂民法總
　　　則，第17頁以下。

註19：山口浩一郎，勞使慣行と破棄の法理，勞働法季刊，
　　　第133號，第63頁。

註20：淺井清信，勞使慣行論，收於氏著，集團的勞働の法
　　　理の展開，第102頁。

註21：淺井清信，前揭文，第116頁。

註22：引自 Adomeit, Rechtsquellenfagen im Arbeit-
　　　srecht, S.59、60。

註23：Hueck , Die　Rechtliche Bedeutung der Betrieb-
　　　subung Festschrift fur Heinrich Lehmann zum
　　　80. Geburtstag S.643，轉引自淺井清信，前揭文，
　　　第102、116頁。

註24：Nikisch, Rechtsqrundlage des Ruhegeldanspruchs
　　　NJW 1954, S.531。

註 25 ： Hueck 前揭文，S.633f。

註 26 ：淺井清信，勞使慣行論，集團的勞働法理の展開，第 104 頁。

註 27 ： Schmid, Grundzüge des Arbeitsrechts S.38。

註 28 ： Adomeit, Rechtsquellenfragen im Arbitsrecht, S.60。

註 29 ： Niksch. Arbeitsrecht, Bd I. 3Aufl. S.264f。

註 30 ： Schmdi, Grundzüge des Arbeitsrechts, S.38。

註 31 ： Zöllner, Arbeitsrecht, S.7 ； Hans Brox, Grundbegriffe des Arbeitsrechts, S.24。

註 32 ： Seiter, Betriebsübung, S.53ff， 轉引自 Adomeit, Rechtsquellenfragen im Arbeitsrecht, S, 60f。

註 33 ：王澤鑑教授，民法總則，第 26 頁；施啓揚，民法總則，第 55 頁。

註 34 ：山口浩一郎，勞使慣行と破棄の法理，載勞働法季刊第 133 號，第 63 頁。

註 35 ：王澤鑑教授，前揭書，第 27 頁。另楊日然教授認爲習慣法係本生的、獨立的法源，且得依新法優於舊法原則，達到變更、廢止成文法之目的，見教授著，民法

　　第 1 條之研究，法學叢刊，第 15 期，第 41 頁。此見
　　解似針對「習慣法」而言，與事實上慣行之勞動習
　　慣，似仍有距離。

註 36：黃茂榮教授，民法總則，第 7 頁。

註 37：關於我國民法第一條與瑞士民法第一條之比較，參見
　　　　王澤鑑教授，前揭書，第 27、28 頁。

第二節 勞動習慣之效力及破棄

在探討勞動習慣之法源地位之後，擬就勞動習慣之效力問題，以及習慣之變更或破棄加以進一步之說明。由於國內尚少有此方面之案例及討論，本文又在以下論述時，打算多以一些國外之案例作為探討之重心。

一、勞動習慣之效力

如所週知，個別的勞動法和團體的勞動法是勞動法的重要分類，因之，有關勞動習慣亦可分為個別法上之勞動習慣（或個別勞動關係之習慣）和團體法上的勞動習慣（或團體勞動關係之習慣）！由於勞動習慣和所謂的「默示合意」息息相關，但「默示合意」對個別法上的勞動習慣易於解釋，對團體法上之勞動習慣則不易解釋，故有必要以其為分類探討勞動習慣之分類。

(一)個別法上之勞動習慣
1.總說

　　所謂個別法上之勞動習慣又稱個別勞動關係之習慣，此類習慣多與個別勞工之勞動條件有關。按探討個別法上勞動習慣之效力，實與上述勞動習慣之法源地位息息相關，如依通說將勞動習慣定性爲「借用的法源」或「契約說」（Vertragstheorie）之見解，則勞動習慣以「默示合意」之形式發揮其拘束力，依我國民法第一條之規定，如依通說將該條之「習慣」理解爲「習慣法」，則勞動習慣須經法官認定爲「習慣法」者始有該條之適用，但此種情況在勞資對立之實況下，並不易發生，因此，在勞動習慣無法適用民法第一條之情形下，在我國，勞動習慣也不得不借用「默示合意」之形式發揮其拘束力。但基於勞動習慣之「無意識」及無計劃的特徵，「默示合意」之方式畢竟有不足解釋之困境，故仍有必要將勞動習慣回復到「客觀的社會規範」的眞面目（註1），尤其是，勞動關係具有組織之性格，關係人不能各自孤立，必須爲統一內容之規制，與民法上個別債權關係之法律性格大不相同，更不應完全依上述民法上習慣之效力看待勞動習慣。在日本學者即認爲，勞動習慣若完全適用日本民法第92條（事實上習慣以法律行爲爲其媒介發揮機能），即屬不當，此從日本

勞動判例中關於勞動習慣之認定，均不引用民法第 92 條，甚至完全無視於民法第 92 條，而學者又認此現象爲正當（註2），可見其精髓！

在德國並無像我國民法第 1 條或日本民法第 92 條之規定，但有解釋契約應考慮交易習慣（Verkehrssitte）；依誠信原則之規定（民法 157 條）及履行債務應顧及交易上習慣及依誠信原則之規定（民法第 242 條），可發揮相同之功能，但學界也有將勞動習慣自「默示合意」「客觀化」的主張，例如，Nikisch 認爲「勞動習慣在受僱人容許之經營秩序之限制內，不以個別的契約意思爲媒介，對受僱人有一般拘束力之法的效力」（註3），其他將勞動習慣作爲照顧義務、誠信原則、信賴原則之具體化之主張，亦係「客觀化」之主張。因此，本文認爲「默示合意」及「客觀化」俱係勞動習慣發揮其規範機能之途徑與依據，彼此並不衝突、排斥，從律師的角度而言，企求的更是愈多的說理或攻擊防禦方法。

2. 各論

(1) 懲戒勞工時應考慮之習慣

　　在工作所經常出現「不完全的勞務管理」之情形，例如，工作規則或團體協約規定早上八時上班，但大多數的員工長期以來均於早上八時半上班，管理者也予以「默認」，未採取管理上之行動。類此情形，在法律上之意義如何？勞工得否依「習慣」取得某種權利？雇主得否不顧其長期之放任而遽然採取懲戒員工包括解僱之行動？

　　對此問題，日本出現判例，認為雇主不得遽然採取解僱措施，例如，在志村計程車事件中，法院認為，被申請人公司之司機的出勤時間，當初原來之規定雖為午前八時，但自昭和 30 年 4 月 26 日以後即改為午前七時半，本件可認定申請人經常遲於七時半出勤，但在公司，該出勤時刻並未被嚴格遵守，多數司機經常遲到至八時左右出勤，於出勤時亦未受特別之注意而照常配車，申請人遲於車出庫之時間亦未到無車可配之程度，其遲到亦未引起公司之注目，且其遲到欠勤也未較其同事多，故不能認可公司以其未嚴守出勤之理由而解僱申請人（註 4）；又如，公司工作規則規定，欠勤應以工作規則規定樣式之欠勤申請書提出申請，工廠也備有此種申請書，但多數員工均不管這些規定及申請書，均僅以口頭向上司報告，並未提出書

面申請，在此案例中，法院認為公司追究未提出書面申請書責任之行為係屬不當（註5）。

這些因為管理者「不完全的勞務管理」，經長年的、多數的慣行，已成立了所謂的「習慣」，但這種「習慣」，僅係「未成熟的習慣」，雖有如上所述「阻卻」雇主懲戒或解僱勞工之法律意義，但尚未能達到變更工作規則或團體協約所定工作時間等制度之效力，仍容許雇主單方「回復正常勞務管理」，或命勞工回復規定之正常工作時間及提出出勤申請書，排除該「未成熟之習慣」（註6）。

其次，關於具體的懲戒處分本身也應考慮勞動習慣，詳言之，如勞工有不正行為，對之或為解僱、或減給、罰錢、申誡、警告等處分，必須考慮過去如何處分之習慣！蓋如何懲戒，固須委諸雇主之自由裁量，但裁量須相應於不正行為之程度，不許為權利之濫用，因此，須以社會的一般基準為判斷原則並考慮企業的特殊狀況，關於這些均易形成習慣，如雇主對某類型之不正行為在過去均未處以減給以上之處分，而突然違反習慣，為解僱之處分，即非法之所許（註7）。

(2) 外調之習慣

原告係被告公司之技術員，被告將原告調往九州營業所任職，原告不去，被告依工作規則將其解僱而發生爭議，被告主張公司有調職（出向）之習慣存在。就此案件，東京地方法院雖否定此習慣之存在而爲有利於原告之判決，但卻在理論方面肯定習慣之法的拘束力，法院認爲「勞動契約締結之際當事人未明文合意之事項，一般企業界或該當企業已習慣實施之事項，得以默示合意成爲契約之內容；又縱認爲契約締結時未經同意，但因勞動契約關係係現實、長期繼續之契約，勞動關係之內容係多種類且流動之關係，故於契約締結後，如有可認爲與契約內容相異之習慣之習慣長期地規律勞動關係，當事人亦有以習慣爲默示合意者，不能否定經由該習慣修正了當初的契約內容，惟前述所謂之習慣，須該習慣爲企業界明確認爲規律勞動關係之規範事實，或該企業員工認其當然並無異議該企業已確立其爲事實上之制定」（註8）。

(二)團體法上之勞動習慣

1. 總說

　　勞動習慣；可分爲個別法上之勞動習慣及團體法上之勞動習慣。如依前第一節「借用法源說」所述，勞動習慣經常借用當事人間默示合意之法源形式以發揮其規範機能，此在個別法上，固較無問題，但在團體法上即團體勞動關係上如何借用「默示合意」，即不無疑問。換言之，工會與雇主間並無像個別勞工與雇主間有「契約」關係存在，如何形成「默示合意」？勞動習慣如何借「默示合意」補充契約之內容（勞動習慣補充契約之效力）？勞動習慣補充之對象何在？就此疑問，可分成工會與雇主是否訂有團體協約或勞資協定（或勞資會議決議）兩種狀況予以討論。

　　如訂有團體協約或勞資協定，可認爲勞動習慣補充之對象爲團體協約或勞動協定，即：所謂之「默示合意」成爲團體協約或勞資協定之一部分，例如，工會與雇主訂有代收工會會費之協約或協定，但另有代收超過該協約或協定之項目之習慣存在，則該習慣亦爲協約或協定內容之一，工會因此取得履行請求權（註9），當然，在此隱含一重要之法律問題，即非成文的團體協約或不符合法定要件之團體協約，在成爲勞資間多年之習慣以後，其效力如

何？此問題在日本早期認爲僅具民法上契約之效力，但後來則認爲「有準於團體協約之效力」（佐野安船渠事件，昭和 54 年 5 月 17 日大阪地判）或「勞資間問題之事前協議，可認爲有可與勞動協約同視程度之勞資習慣被確立，違反此勞資協議習慣之解僱爲無效」（草加鋼業事件，昭 57 年 6 月 11 日浦和地決）（註 10）。

倘無團體協約或協定，團體法上之勞動習慣如何發揮其規範機能？就此，有學者認爲「團體法上的勞動習慣在補充對象之協約或協定不存在之場合，勞動習慣補充勞資關係之基本架構，有一定之法律意義，雙方發生遵守義務，但不生個個具體請求權，例如，存有工作時間爲工會活動、無償使用設施之習慣時，此爲事實上的習慣，但只能認其工會活動之正當性，但不受免責效果及不當勞動行爲制度之保護」（註 11），何謂「有一定之法律意義」又爲何「不具個個具體請求權」，在概念上似不清楚！因此，在日本多數學者從憲法上「勞動基本權」內容之具體化來說明團體法上的勞動習慣，認爲憲法中關於團結權、團體交涉權、團體行動權之規定，係英、德、法長年勞動運動之成果，故其具體內容被「歷史」所規定，而非由法

律解釋者以獨斷的觀念加以規定，縱使有些國家的法令仍不顧歷史發展以法令禁止或限制此些勞動基本權，亦不影響人民以歷央的意義來理解勞動基本權之具體內容，有關禁止或限制的法令所涉及的是否違憲之問題。也係以歷史的發展來作「解釋」，勞動基本權的具體內容也應依據將來的歷史條件而展開。在此種歷史現實要求下，勞動基本權的各個具體內容為勞工生存保障所不可或缺，可以期待會被現實實行及在將來被現實地實行，即被逐次「定著」，如此的「歷史」延續或長年持續不斷地實行可理解成定著的勞動習慣！例如，日本有關工會幹部專職制、代收工會會費制、工作時間之工會活動等習慣即屬之。因為，此等逐次定著的勞動習慣、為團結權、團體行動權之具體展開過程中之具體內容，故已形成實定法秩序之一部分，堪稱為「特殊的習慣法」！它之所以特殊，是因為日本民法第2條所謂之習慣法係指人們對其有共通的法的規範意識，其具有安定、統一的社會基礎，但在勞動關係，勞資間具有不同的利害關係，難有共通的法的規範意識及社會基礎，本難於形成一般意義之習慣法，但團體法上的勞動習慣即為勞動基本權之具體內容，為實定法秩序之一環，不

想實行甚至想排除此習慣之雇主，亦應遵守此習慣！在此意義下，作爲勞動基本權之具體內容而被定著之習慣，爲特殊之習慣法（註12），此種解釋不失爲一種解釋方法。我們要求習慣法之要件之一「人人對之有法的確信」，筆者認爲此種期待不無過高之處，蓋在一個法治不是相當彰顯之社會，人們對制定法之認識已有不足，因此對習慣法要求「人人」對之有法之確信，標準較制定法爲高，實與實情不符！要之，無論對習慣法或制定法，有了解或確信之人，無疑只是「法律人」而已！所以，將「人人」限縮爲法律人甚至法官，可能較符實情。如前一節所述，習慣法均經過法官之「鑑定行爲」（Qualifikationsakt），法官享有「裁量餘地」（Ermessensspielraum）或將習慣「鑑定」爲習慣法或將其排除在習慣法之外，甚至因此引起究竟是習慣還是「鑑定行爲」本身才是眞正的法源之基本問題（註13），與上述將「人人」限縮爲「法律人」或法官的道理是相通的。在此理解下，上述勞動基本權具體化之習慣法，在雇主不欲實施之情況下，仍然形成，也就不足爲怪了。畢竟，在某程度內，法官才是勞動法的眞正主人。

以上係關於「特殊的勞動習慣法」之問題，此於勞動習慣亦然。

2. 各論

(1) 爭議時之習慣

於勞資爭議過程中，產生了許多習慣，包括：爭議準備工作之習慣、爭議預告之習慣、不參加爭議者之習慣等等，以下分項介紹之：①爭議準備工作方面之習慣：為了進行爭議，工會幹部必須去進行一些準備工作，此準備性工作在必要之範圍內構成團結保障之具體內容，而成為爭議行為之一部分，為了準備工作，工會幹部有脫離職場（工作場所）之習慣，而且，此種脫離職場之習慣在日本勞動法領域已進一步成為特殊的習慣法（註 14）；②爭議預告之習慣：依法令爭議行為並無必要事先預告，是否預告由勞資各自自由決定，雙方如認為須預告也可以以協定加以約定。如無此約定，只是長年持續進行預告，有可能成立非成文之預告協定，當然，所謂長年是多久，是一個問題；③不參加爭議者之習慣：如存有工會中之一部分會員不參加爭議行為之習慣，例如，安全保持人員及其他人

員，此習慣在日本勞動法，有關安全保持人員之部分爲勞動調整法第 36 條之具體化，具有特殊的習慣法之效力，不須以非成文協定爲法源上之媒介，反之，其他非勞調法第 36 條規定之人員，則該習慣發生拘束力之根據係非成文之協定（註 15），④爭議解決金之習慣：勞資爭議解決時，如勞方經常由雇主取得「爭議解決金」或補償金，以彌補爭議期間停發之工資，此種習慣亦發生非成文協定之拘束力。

(2) 辦理工會會務之習慣

關於工會幹部辦理會務之事宜，我國工會法第 35 條規定，工會理監事因辦理會務得請公假，其請假時間常務理事得以半日或全日辦理會務，其他理監事每人每月不得超過 50 小時。其有特殊情形者，得由勞資雙方協商或於締結協約中訂定之。在此法律規定之基礎上，勞動習慣有兩種活動餘地，其一，常務理事究竟以半日或全日辦理會務，可能依習慣定之，如爲全日即屬所謂專職制；其二，其他理監事有「特殊情形」，不以「協商」或「協約」之方式而以「習慣」之方式使每月超過 50 小時，前者之發

405

生拘束力應無問題，後者則可能容有疑義，不過，如將勞動習慣認爲係「借用法源說」或「契約說」即：將勞動習慣依附於默示同意等法源以發揮其規範機能（註16），則勞動習慣不無相當於「協商」，而發揮其拘束力。

前述有關常務理事「全日」處理會務之「專職制」，在日本常以「協定」行之，此外，有關人數、具體人選以及專職者之工資由誰給付，均有由勞動習慣決定之究問（註17）。此係日本產業界全體共同、廣泛且長時間實行的習慣，它以企業別工會組織型態爲基盤，具有憲法團結權保障之實效性制度之性格，有別於企業內習慣，具有全國性的法的確信（註18）。

(3) 代收工會會費之習慣

工會之運作須仰賴於工會會費等經費，工會會費如由工會親自收取，實不堪其煩，也難於完全收足，因此，習慣上多委諸雇主代收，即習慣上由雇主自工資中扣取後逕自交與工會。因其係根源於勞工團結權，故不違反勞基法有關工資全額支付之原則（註19）。雇主可否單方廢止、變更此種代收工會會費之習慣？甚至以之作爲攻擊工會之

方法？此問題在日本認爲代收工會會費之習慣具有法的拘束力，雇主單方廢止此習慣構成工會營運之支配介入，成立不當勞動行爲（註 20）。

(4) 工會內部之習慣

　　工會係同一利害關係之勞工的結合體，其內部關係較諸勞資間的利害對立大不相同，更有利於勞動習慣甚至習慣之形成。例如，工會章程並未規定召集工會會員大會之程序，但向來係在大會前二日在公司司機控制室之揭示板上將開會通知揭示，則依此習慣所爲之召集程序爲有效（註 21）。蓋工會內部之習慣亦係其自主所形成，符合工會自主原則，也爲各工會會員間共通之規範意識所認識，此種規範意識即爲工會內部習慣之效力的根源。由於各工會會員之間並無「法律行爲」，故該習慣非日本民法第 92 條之事實上之習慣，而係第 2 條所謂之「習慣法」（註 22）。

二、勞動習慣之破棄

　　所謂勞動習慣之破棄係指勞動習慣向將來的失其拘束力，其破棄之方式不外有：①形成相異事實或習慣等，②

依當事人之合意，③一方之「終止」告知三種方式，以下
分述之：

(一)以相異事實或習慣破棄習慣

勞動習慣既係由多年繼續之事實所形成，自得以相異
之事實或習慣來破棄原有之習慣。此時，該相異之事實或
習慣之形成或基於雙方之合意或基於一方之行為，均非所
問！在此情形下，原來之習慣之要件「反覆性」即自然崩
毀！當然，新的相異的事實必須累積至可將原習慣之反覆
性評價為喪失之程序（註23）。

(二)依合意破棄習慣

凡是當事人間得合意之事項，均得以合意形成法律關
係，依此原則，當事人得以合意來破棄習慣，可稱為終止
習慣之拘束力之合意。合意時應注意合意之主體，個別勞
動關係上之習慣，由個別勞動者與雇主進行合意，團體勞
動關係之習慣則由雇主與工會經由團體交涉，以合意為之
（註24）。

(三)單方「終止」

　　勞動習慣可否因一方之「終止」之意思表示而向將來地失其拘束力？此問題較有疑問。有學者主張勞動習慣在性質上均未訂有期間，依未訂期間者通常均能單方終止之一般原則，以及連具有「規範效力」之團體協約如未訂有期間時得單方終止（註25）之理由，應認為當事人之一方得單方「終止」勞動習慣，使其向將來的失其拘束力，不過，單方「終止」勞動習慣，使其向將來的失其拘束力，不過，單方「終止」者應於相當期間催告他方，所謂相當時間，如為團體勞動關係之習慣時，應比照團體協約終止之預告期間90　日（日本工會法第15條第4項，，我國團體協約法第24條），如為個別勞動關係之解僱問題，則依勞基法解僱之預告期間（註26）。但此問題似無如此單純，在日本即有判例認為雇主不得單方變更勞動習慣。法院認定國營田町電車區從事檢修工作之從業員，自午後4時後入浴、午後4時30分退班之習慣已有10年，此入浴為修繕、清潔、換機油工作後清潔所必要，如不除去身體之污染將使利用交通工具、與大眾接觸之回家成為不可能，因此，雇主不得單方變更此習慣（註27）。因此，本

文認為，應將此問題類型化，如為關於團體協約事項之關係，可類推不定期團體協約於期滿一年後得隨時終止之規定（團體協約法第 24 條），與勞動契約終止有關之習慣則類推有關之規定，如有勞基法適用之行業則無法隨時終止，如非勞基法適用之行業則類推民法第四百八十八條得隨時終止，但與「終止契約」無關之其他勞動條件之習慣，似不得隨時終止。當然，對於一些所謂「不成熟的習慣」，如其本身是否已成習慣尚有疑義、或習慣本身違反公序良俗者（民法第二條），該「習慣」本身之拘束力已有問題，本不生「終止」問題，但單方「終止」之又有何妨！例如，對於前面所述關於「不完全的勞務管理」之案例，雇主得單方「回復」工作時間，糾正勞工經常遲到之「未成熟的習慣」就是這種例子。

註釋：

註1：勞動習慣之無意識性、無計劃性，參見淺井清信，勞使
慣行論，氏著，集團的労働法理の展開，第 131 。

註2：淺井清信，同上註，第 132 頁。

註3： Nikisch , Arbeitsrecht, B.I, sAufl. S.265 。

註4：志村タクシー事件，昭 33 月 1 月 17 日決，勞民集 9 卷
1 號，第 17 頁。

註5：荒川車體工業事件，名古屋地昭 41 年 4 月 31 日例，勞
民集 23 卷 3 號，第 651 頁。

註6：相同見解，可參淺井清信，勞使慣行論，收於團體労働
法理の展開，第 122 　頁。

註7：淺井清信，前揭文，第 123 頁。

註8：日立電子事件，東京地昭 41 年 4 月 31 日判，別册旬報
594 號。

註9：相同見解，見山口浩一郎，勞使慣行と破棄の法理，季
刊労働法 133 號，第 66 頁。

註10：以上參見松岡三郎，勞使慣行と労働契約，載季刊労

働法第 129 期，第 19 頁。

註 11：山口浩一郎，前揭文，第 66 頁。

註 12：以上參見本多淳亮，労働法の法源，労働法總論，第 128 頁；淺井清信，勞使慣行論，收於氏著，集團的労働法理の展開，第 135 － 137 頁。

註 13： Adomeit, Rechtsquellenfragen im Arbeitsrecht, S.55f。

註 14：日本冶金工業事件京都地昭 40 年 8 月 9 日別册旬報 572 號，採此見解。引自淺井清信，勞使慣行論，集團労働法理の展開，第 145 頁。

註 15：淺井清信，勞使慣行論，前揭書，第 147 頁。

註 16：山口浩一郎，勞使慣行と破棄の法理，季刊労働法 133 號，第 62 頁。

註 17：詳參淺井清信，勞使慣行論，前揭書第 137 － 142 頁。

註 18：以上參見，片岡　，労働法の法源，收於沼田稻次郎還曆紀念上册，現代法と労働法學の課題，第 407 、408 頁。

註 19：參見我國勞基法第 22 條第 2 項，日本勞基法第 24

條。

註20：此爲日本實務之見解（地方勞働委員會），詳參淺井
　　　清信，勞使慣行論，前揭書，第 142－144 頁。

註21：旭川小型タクシー勞組事件，旭川地照 33 年 3 月 28
　　　日判民集九，第 108　頁以下。

註22：淺井清信，勞使慣行論，前揭書，第 149、150 頁。

註23：參見山口浩一郎，勞使慣行と破棄の法理，載季刊勞
　　　働法，第 133 號，第 69 頁。

註24：山口浩一郎，前揭文，第 68 頁。

註25：例如，我國團體協約法第 24 條規定「團體協約不定期
　　　者，其當事人之一方於團體協約訂立一年後得隨時終
　　　止團體協約，但應於三個月前以書面通知他方當事
　　　人」，日本工會第 15 條第 3 項也有類似規定。

註26：山口浩一郎，前揭文，第 68 頁。

註27：國營田町電車區事件，東京地照 40 年 3 月 8 日判，勞
　　　働法旬刊第 559 號；淺井清信，勞使慣行論，集團的
　　　勞働法理の展開，第 125 頁。

第三節　勞動習慣與其他法源 之關係

一、勞動習慣與勞動法

(一)勞動習慣與勞動立法

固然，勞動立法係以人道之目標 (humanitare Ziel) 及政治上之追求 (Politische Forderung) 替代經驗的觀察 (empirische Beobachtung)，故無從放任勞動習慣就是法（註 1），但如果代表「當爲」的法律與勞動習慣之距離過大時，必至法不爲人們所遵守，欠缺起碼之實效性，也非常態。主張社會法學 (sociological jurisprudence) 者即強調，眞正的法律不是主權機關制定之規則或發佈之命令，而是社會中一般人日常生活之內容，此種「法律」自動爲人遵守，實際規律人與人間之關係，無須強行實施，國家制定之法律，貴在可以普遍施行，故必須以此種「活的法律」(living law) 爲基礎，始能達成目標（註 2）。今日我國之勞動立法實應記取這類「警告」，於立法之際確實就

現實之勞動習慣為實證調查，使勞動法除具有理想面外，復能考慮到勞動上之習慣。

詳言之，勞動法立法應先調查勞資間之習慣，妥適考慮法律與習慣間之關係，去蕪存菁：①一方面為法律之實效性計，立法應考慮是否能容納習慣，亦即考慮在面對勞資習慣時，法律是否有相當之可行性；②另一方面，法律應具有相當理想性，即勞動立法應負起「改革者」之任務，藉著法之強制力破棄不妥之舊習慣。

本文曾調查製造業、運輸業行業之習慣，深深覺得我國之勞基法立法似未深切考慮勞動習慣之問題，而大大降低了勞基法之實效性。為說明起見，擬先提及民法債編各論僱傭乙節中如何容納「習慣」之規定，接著，再以若干行業為例，說明勞基法在此方面之欠缺。

相較於勞基法，民法債編各論僱傭乙節的規定（民法第四八二條至四八九條）顯然較重視容納「習慣」：①報酬額（工資）：「未定報酬額者，按價目表所定給付之，無價目表者，按照習慣給付」（第四八三條第二項）；②報酬給付時期：「報酬應依約定之期限給付之，無約定者依習慣 …… （第四八六條）；③不定期契約之終止

415

權：「僱傭未定期限，亦不能依勞務之性質或目的定其期限者，各當事人得隨時終止契約。但有利於受僱人之習慣者，從其習慣」（第四八八條第二項）。

在全部八個條文中，有三個條文明文引進「習慣」，比例不謂低，凸顯出任意規定之特色，其中，③之習慣還優先於法律之規定。

反之，勞基法顯然缺乏類似上述民法僱傭之法律條文中吸收「習慣」之規定，則在勞基法以製造業為主要規範對象之情況下，對於製造業以外之行業作業習慣，顯缺乏和緩之餘地，從法律形式而言，各行業之習慣固然被勞基法摧殘的殘破不堪，但在公權力有限之情況下，實際上課行業之習慣仍是實效性之上風者，因而形成兩個扭曲的現象，以下依筆者實證調查所得以客運業之勞動習慣為例，加以說明：

近年來，台灣地區經濟日益繁榮，國民旅遊、休閒活動日受重視，當國定假日、星期日，返鄉、旅遊之人潮，無不將各交通站口擠得水洩不通。因此，可以說，國家假日、星期假日、勞動節等休假日大家不上班工作的時候，正是客運業最忙碌，最必須提供服務的時候，也是客運業

從業人員最應履行工作義務，服務客戶的時候。這就是客運業最重要的行業特性與習慣，客運從業人員於應徵，進入這行業時也應該了解這一特性及習慣。

　　勞基法的立法眼界，顯然是以「製造業」為目標，有關國定假日、星期假日、勞動節的設計，原則上也是針對「製造業」，而根本未考慮到「客運業」如上所述之行業特性及習慣，所以，客運業硬生生地適用勞基法的結果，便是，其員工可以依據勞基法第三七條、三九條之規定要求在國定假日等假日「合法」休假，拒絕「加班」，所以，過去連台鐵也發生過「集體休假」的案例，使南北交通陷於癱瘓，利用假日返鄉、旅遊的民眾，苦不堪言。勞基法之立法顯然過於忽視客運業之行業習慣。

　　再者，一般工廠、公司可利用上下班打卡及現場監督、計算工作時間及管理員工於工作時間依規定工作。客運業固然可以形式上計算開車出去之時間及回車之時間是什麼時候，不過，對於需多久才能完成一趟車，在主客觀上卻很難控制，所謂「客觀因素」是指塞車、堵車（尤其是市區內之公共汽車），平常一趟兩個小時能夠回來，一堵車可能需三個多小時；所謂「主觀因素」，可能是手握

方向盤之司機「故意慢慢開」，拖長時間，好多算加班費。

針對此種工作時間難予管理之現象，客運業發展出兩種「習慣」制度：

一、在工資體系中含有相當大比例之里程獎金、服務獎金（載客獎金），以工資體系來控制工時。二、以前六個月內之平均時間作為「跑一趟車」之時間，然後乘以每天之趟數，作為該天之工作時間，而不再去具體的計算每趟所花費之具體時間。此二者均發生是否與勞基法第二十四條計算加班費之規定能夠調和之疑難，勞基法之立法顯未考慮此習慣。

(二)勞動習慣與勞動法之解釋、適用

法律的規定常常不清楚，於適用法律時常常需要解釋。勞動習慣作為補充性法源，為勞動條件形成之法律因素（rechtliche Faktoren）之一，常對勞動法之解釋、適用產生影響，以下舉關於年終金及年假抵特別休假之案例，加以說明：

1. **年終獎金之習慣**

　　年終獎金究竟應爲多少？由於勞基法第二十九條並未規定，爲近年來我國重大之勞資爭議事項！桃園地方法院某案例認爲習慣及雇主之同意爲年終獎金之金額之依據，可供參考，該判決謂：「經查本件兩造對於卷附七十六年十一月三日在桃園縣政府所作成之勞資爭議協調會議記錄爲眞正，並不爭執，自堪信爲眞實，依該協調結果第一項第三款：「七十六年度年終獎金照發」，因其上並未明白指出年終獎金數額究竟爲若干，原告主張實係指五十萬元，應由原告負舉證之責，而本件原告所舉證人即協調會議主持人繆涯平到庭證稱：同意照發，沒有說按什麼標準發，沒有說多少等語，故尙難認年終獎金爲五十萬元，原告又以該年度其他退休職員李文添及周國興均領年終獎金五十萬元爲證，惟依卷附原告不爭執之李文添及周國興員工離職報告書上，均僅載「另付退休酬勞金五十萬元」，亦難以此即認該筆金額即係年終獎金，至於原告主張該二人皆領取五十萬元，其自不當另有差別待遇始符常情云云，核其情形應屬原告退休金是否已由被告按照被告公司規定標準全數發給之問題，與七十六年年終獎金究不能混

為一談。原告雖未能舉證年終獎金即係五十萬元，但依原告所提該公司七十四年至七十六年課長級（與原告職位相當之職級）人員年終獎金一覽表所載，七十四年及七十五年原告所領年終獎金分別為 92,000 及 104,000 元，而與原告領相當年終獎金者，即七十四年領 90,000 元，七十五年領 103,500 元者，至七十六年均領 119,000 元，原告之年資既均較該等員工為長，若其並無特別工作不力之情形，當可認原告七十六年之年終獎金至少亦有 119,000 元，被告主張其已依原告工作績效發七十六年年終獎金一萬元，然其既未舉證原告之工作績效何以特別如此差，難認被告依誠信原則發給年終獎金（註 4）。

其上級審台灣高等法院亦採相同見解，認為「年終獎金既同意照發，自應依一般情形發給」（註 5）。

在此案例中，法院根據①「雇主同意照給」（勞資爭議協調會議記錄），②習慣、慣例、一般情形、與其他員工之比較情形，而肯認了勞工請求年終獎金及基金額之權利。因此，習慣、慣例實為當事人間補充性法源，創設了當事人間之權利或義務。其次，應注意者，所謂習慣、慣例、一般情形、與其他員工之比較情形之背後，實隱含著

「平等原則」之法理。又在此案例中習慣創設權義並非獨自完成，而係依存於雇主「年終獎金照發」之承諾，不可不查。

2. 春節年假充作特別休假

　　第二個案例涉及可否以較法律規定為長的春假年假來抵充勞基法第三十八條之特別休假？曾有判決認為在「按件計酬」的情形，如企業所放之春節年假較「放至年初五」之習慣為長，則該超過之年假可抵特別休假，判決謂：「原告另請求特別休假之工資部分：被告抗辯其以年假及加發獎金補之，經查卷附原告之考勤表僅自七十五年九月起至七十八年五月止，其中共有七十六年至七十八年三個春節，七十六年被告被春節假九天，七十七年及七十八年平均放十天，超出民間企業行號一般春節放至年初五之情形，以被告小規模經勞形態言，以年假充作特休並非不可採，惟抵特休之假日，依原告之年資，按勞基法第三十八條之規定言，顯仍不夠，計尚欠特別休假共二十三天」（註6）。

二、勞動習慣與團體協約

(一)習慣(非書面)與協約(書面)

我國可以說是厭惡文書化之社會,人們一向不習慣於將彼此間之權利義務關係,寫成「白紙黑字」書面式的契約、協議,在此種文化背景下,勞資間實不易形成書面的協約秩序(或書面勞動契約),有關勞資關係仍停留在讓勞資習慣扮演相當微妙角色的階段(註7)。既然習慣扮演相當比重之角色,習慣在法律上即應享有相當地位,但事實上,也許受到法律多係繼受外國法之影響,習慣在我國法律上卻未能享有足夠之地位,此從我國判決、學說具體引用習慣者不多,即可看出!民法還好,它在第一條中尚提及習慣之地位具有補充性法源之功能,但在勞動法領域中,則一般非學過民法者,包括勞、資、政三方均缺乏認識習慣可以作爲法源,成爲權利事項之依據!影響所及,當勞資間有一部分人較爲「早覺」,欲以法律破棄習慣時,便強烈引起法律與習慣間之緊張,這是我國近年來勞資糾紛激烈的原因之一,解決之道,除立法方面應力求多與習慣契合外,也應重視習慣在法源上之地位,以提高人

們對習慣在法源地位之認識。

(二)習慣藉協約提高法源地位

　　在日本，團體協約常以習慣作基礎而起草、訂立，習慣亦常成為協約之解釋基準或限制、修改協約條款之依據（註8），本此原則，如能簽定團體協約並多容納勞資間之習慣，則習慣可藉團體協約為媒體，提高其在法源上之地位。

　　因為，協約效力之位階性高於習慣，其理由有二：①基於私法自治之原理，協約屬於當事團體間之規範，雖然它並不就是法律，但其在法源之地位相當於當事人間之「法律」，高於習慣之位階。②勞資爭議處理法第四條第二項關於權利事項之依據明列法令、團體協約、勞動契約，並未明示習慣。本文前面已言及，勞動法立法本身也應多容納勞資習慣，如此，是否即無須考慮團體協約與習慣間之問題？非也！因為，勞動立法係全國性法源，其在本質上較諸各個行業或各個企業與工會間之團體協約，不易適當地容納各行各業之勞動習慣，反而，勞動協約易於吸收習慣。

(三)協約助習慣之形成

另一方面，團體協約亦能助成習慣之形成。雖然，團體協約之效力，本來僅及於協約關係人 (Tarifbeteiligten)，但透過一般拘束力之宣告，其效力亦得擴張於非協約關係人，縱使如我國並無一般拘束力之宣告，團體協約亦有擴散作用 (Fernwirkung)，亦即：團體協約之內容，藉著擴散作用，被引入非協約關係人所締結之勞動契約之中。以上種種可能，使勞動協約之內容成為習慣，因為協約通常係規範相當多之人，對於所有在相同情況之人，易生支配性的影響（註9）。

三、勞動習慣與工作規則、勞動契約

(一)勞動習慣作為解釋規章的有力資料

勞動習慣，對於當事人間合意之解釋，扮演著重要的功能，當雇主與各個勞動者，對於勞動契約各個條款，在解釋上發生爭執時，勞動習慣對於雙方合意內容之確定，成為有力的資料。此種看法，在實證法雖未明文規定，但是從意思表示之解釋原理而言，係屬當然之理，並無異論，此種「解釋機能」亦同樣發生在就業規則之解釋上。

因爲就業規則在結局上也當作勞動契約之內容而予以規律。在日本也有很多判例認爲勞動習慣具有此種機能，例如，在日野自動車事件中，東京地院認爲「該就業規則條款有疑義時，以該事業場所之職場習慣，作合理、劃一的解釋，應屬相當」（註10）。

(二)勞動習慣變更規章之效力

除了作爲解釋規章的有力資料以外，勞動習慣甚至有變更雇主所訂規章之「形成力」。日本東京地方法院在國際計程車事件中，就表示了這種態度：國際計程車公司之就業規則第六條規定「新雇用之從業員以僱入後二個月爲試用期間」。依此規定的「文義」及試用制度的本旨而言，普通應解釋爲，未得從業員之承諾或疑其有不適合作從業員之特性時，不容許一方任意延長、更新試用期間。但是，由於國際計程車公司長年以來隨時延長試用期間，新採用者在某程度上也乾於忍受此種措施。原告於延長試用期間中，公司以原告健康惡化、欠缺服務意願爲由，認爲原告不適用正式採用，原告則主張依據就業規則，已經超過試用期間，雙方成立不定期之僱傭關係，本件並不合

就業規則之解僱事由，而主張解雇無效。結果，東京地方法院判決，認爲「此公司存有延長試用期間之習慣」，只是，另外以公司所主張「不適合正式任用」之事實不能認定，而爲原告有利之判決（註11）。

四、勞動習慣與平等原則

另外，依循勞資習慣，也與平等原則的實現有關，以下舉數個例子，加以說明：

(一)年終獎金之習慣

在前述第三節二、（一）「年終獎金之習慣」之案例中，法院依據同職級之同事三年來所得年終獎金之數額，而認定原告得請求年終獎金之金額（註12）背後實隱含著平等原則之思想。

(二)支給賞與之習慣

在西德，關於經營習慣通常與均等待遇原則一起被論及，二者互相結合而發揮其功能。例如，雇主對於支給多年的賞與，保留撤回權時，在無契約特別約束的情況下，

雖可以免除次年繼續支給賞與的義務，但是，縱使其表示免除此義務，惟如果雇主仍然支給賞與，只是對於特定的人恣意的不予支給，那麼，不管其保有撤回支給賞與的權利，其違反平等原則之行為，仍非法律所允許，受僱人基於均等待遇原則，對雇主仍有支給請求權（註13）。

(三)不休假工資之習慣

員工於年中離職，得否請求當年度應休未休假之工資？如公司無成文之規章規定，有法院判決認為如過去其他員工有案例可循，則員工可請求，判決要旨如下：「被告對於其自七十六年二月成立後離職之員工（莊凱平及蘇春菊）於年中離職，均依當年度應休未休假天數全額發給工資之事實，並不爭執，而被告別無提出公司之規章，則原告主張此為公司制度，尚堪採信，被告難抗辯莊凱平、蘇春菊離職情況不同云云，惟未舉證以實其說，其抗辯並不足採……」（註14）。

(四)調薪之習慣？

勞工可否主張比照公務人員調薪幅度調薪？法院曾採

否定之見解，判決謂：「原告請求所給付之薪資依每月二萬元起計，並比照公務人員歷年調薪幅度與時間調整乙節，因乏法律之依據，尚難准許」（註15）。

在本判決中，法院認為「乏法律依據」，即認為缺乏主張權利事項之依據或不具法源基礎，在此「困難」之狀況下，原告努力尋找法源之方向不外乎：①該行業是否有每年調薪之習慣？與公務員調薪比例如何？②是否有平等原則之適用？即應說明民營企業如何應與公務員同（例如，舉證其朋友與年齡、資歷相若，當年同時開始工作，當年兩人薪資若干？現在又如何）？在該案中，經法院闡明請求原告提出有關公民營企業調薪之資料、數據，惟原告相當缺乏這方面舉證上之努力，因而招致敗訴。

註釋：

註 1 ： Adomeit, Rechtsquellenfragen im Arbeitsrecht, S.54。

註 2 ： Friedmann, legal theory, p.155--157。

註 3 ：見勞委會委託中華民國勞資關係協進會編撰，呂榮海執筆，事業單位工作規則訂立指南一運輸業，第 65 、 66 頁，78 年 8 月出版。

註 4 ：參見桃園地方法院七十七年度勞訴字第六號判決。

註 5 ：台灣高等法院七十八年勞上易字第一０號判決。

註 6 ：參見桃園地方法院七十八年勞訴字第四十二號判決。

註 7 ：參見沼田稻次郎，勞働協約の締結と運用，第 136 頁。

註 8 ：同上註。

註 9 ： Sinzheimer, Grundzuege des Arbeitsrechts, 栖崎二郎、蓼沼謙一譯，勞働法原理，第 61 頁。

註 10 ：參閱淺井清信，勞使慣行論，載氏著，集團的勞働法理論の展開，第 125 、 126 頁註 39 。

註 11 ：轉引，淺井清信，勞使慣行論，載氏著集團的勞働法理

の展開，第 115 頁。

註12：參見桃園地方法院七十七年度勞訴字第六號判決，同
　　　註 3。

註13：以上參見福島淳，労働關係における信義則，載福岡
　　　教育大學紀要，第 33　號，第二分冊，第 58 頁。

註14：參見桃園地方法院七十八年勞訴字第二十四號判決。

註15：參見桃園地方法院七十八年勞訴字第二十五號判決。

第九章　勞動法理、判例與學說

　　法律人從開始唸法律起，即一再被圈外人問及：「法律條文這麼多，千條萬條，很難唸或背吧？」，誠然，如果想要一條一條「背」的話，它確實是一件難事，還好，積多年之經驗，發現不須背，也可以理解及運用法律，平時，覺得難的，並不是圈外人想像中存有法律條文可背之情形，反而是對於一個法律事實，當找不到法律明文規定或契約明文約定時，應以何種規範處理該案件？是否即以「於法無據」為由否認一方之主張？甚至，對於某一案件類型，認為法律或契約之規定「不合理」時，可否或應以何種實證法上之理由否定（或推翻）該法律或契約？這些「難題」一方面屬於法學方法論者應者所討論之「法律補充」（Rechtsfortbildung）(註1) 之問題，另一方面在法源論上則屬於「法理」之法源地位、判例、學說之法源地位之問題！在勞動法法源之討論中，論者多將「法律補充」、法官法（Richterrecht）、法學、（Rechtswissenschaft）列

於其中，加以討論（註2），足以說明此類問題在勞動法法源論上之重要性，因此，本章擬探討勞動法理、判例、學說在勞動法法源中之地位與功能。

第一節　勞動法理

一、法源地位

民法第一條雖將「法理」明文列為「法源」之一，但如從實證法而言，法理在尚未具體化以前，顯然尚不能直接作為「裁判之大前提」，而非嚴格意義的法源，它頂多只是「殘餘的」（residual）法源或補充性法源，於形成裁判之大前提之過程中扮演指導理念之角色或為規範形成之一個因子（註3）而已。一般所謂法理一方面係解釋法律或契約之標準，另一方面於法律未規定時，得作為裁判之基準（註4），前者即指形成裁判之大前提之過程之指導理念，後者則指法律補充。在完成補充之前，法理顯然尚不夠具體化，不得直接作為裁判之大前提。

在日本，於勞動法法源之討論中，勞動條件之對等決定、均等待遇、男女同一工資、強制勞動之禁止、中間榨

取之排除、勞資關係之安定、等價交換原則、勞動工會主義之尊重，均被列爲勞動法理之項目，而於勞動法之解釋、適用，甚至補充中，發揮其作用（註5）。

我國由於勞動法及勞動法學尚未深植，尚未形成一套深刻、獨特之勞動法理，但實務上，受到「似非不可將外國立法例視爲法理而適用」之最高法院判決（註6）及學說闡揚（註7）之影響，也常引用「法理」及其具體化出來之規範，作爲裁判之基礎，值得注意。以下以台北地方法院之判決加以說明：

台灣電力公司二次變電所之電機運轉員之工作時間是否應依勞基法第三十條之規範？其每日超過八小時之工作時間是否得請求加班費（勞基法第三十二條、第二十四條）？

台電則主張：原告等之工作主要內容爲監視記錄供電量、突發事件之連繫，日夜班人員只須於工作時間內花費極短之時間觀察儀表，變電所內備有床舖等休息設備，其每天實際工作時間絕對不超過八小時，且無須花費太多勞力操作，依他國法例及實例，應排除勞基法之適用。

在此案例中，台北地方法院將外國立法例中關於監視性、斷續性工作之工時規定，作爲「法理」加以適用，其

判決要旨如下：

「……按勞動基準法之立法宗旨在於規定勞動條件之最低標準，以保障勞工權益，自不容雇主與勞工締結低於本法所訂標準之勞動條件之契約，如締結低於該標準之勞動契約，該低於法定標準之部分為無效，而以本法之標準代之，乃當然之解釋。然而勞動基準法之最低勞動條件之標準如何，當因各國之勞工立法政策之不同而異其情形，是以吾人於探究某種情事是否應包含於勞動基準法所保護之範疇時，自不容忽視此一特點。我國勞動基準法雖規定勞動條件之最低標準，但同法第三條則就適用之行業加以限制，並非所有之勞工均受本法之保護，此外，各國之所以制定勞動基準保護勞工，乃以如不以此一公法來介入雇主與勞工間之勞動契約，恐勞工因處於經濟上弱者之地位而受雇主之不當剝削，使其所得工資不足以滿足基本生活須求，或使其精神、體力不堪負荷，故有以立法來加以保護之必要，然而許多國家感於某些工作之性質較為特殊，無庸特別以法律保護，而認有將之排除於勞動基準法之適用範圍之必要。例如，1919 國際勞工組織第一屆大會通過之工業工作時間公約雖以工人之工作時間以每日不得超

過 8 小時，每週不得超過 48 小時爲原則（同法第二條），但同法第六條第一項規定，政府機關應頒佈規章爲全業規定：（一）……某類工人其工作性質係斷續無常者得許以經常例外。日本勞動基準法第四十一條第三款亦規定，從事監視或斷續的勞動之人受行政官署之許可者，不適用第四章及第六章所定勞動時間、休息及休假之規定。韓國勞動基準法第四十九條第三款亦有類似之規定。我國勞動基準法第四章就工作時間之規範，原則上亦以每日 8 小時、每週不逾 48 小時爲標準，並准許雇主在一定條件下所爲延長工時之請求，惟就延長之時間仍予以一定之限制（第三十二條第一項第一至第三項）。該章並未就監視性、斷續性之工作，設爲一般規定，僅於同條第四項規定，在坑內工作之勞工，其工作時間不得延長，但以監視爲主之工作，……不在此限。衡以勞基法所強調之 8 小時工作制，應係以一般人無法長期處於精神或體力上之緊張狀態，爲保護勞動者免於雇主以經濟上之優勢力量所爲之不當剝削，而特加保護者，如工作之性質並無經常之危險性，且不致使勞動者之精神或體力持續地處於緊張狀態，縱有耗費精神、勞力，惟其時間實際上遠低於一般持續工作之人

者，如已其所耗費之時間所應得之報酬與一般持續處於緊張狀態之工作者，等量齊觀，當非事理之平。是以本院以爲我國之勞動基準法雖未就監視性、斷續性之工作，如他國立法例，明文排除於勞動基準法中有關工作時間、休息及休假之最低標準之適用範圍，在法理上，本於勞動基準法第一條及民法第一條之規定，應有其適用，亦即，如勞工所從事之工作如具有監視性、斷續性之性質者，如雇主與勞工關於工作時間之約定，較勞動基準法所定之標準爲低者，仍屬有效。然值得探討之另一問題爲，日、韓關於此一立法例，在雇主以其工作性質爲監視性、斷續性者，均已經行政機關許可爲必要，以避免雇主假監視性、斷續性工作之名，行壓迫勞工之實，我國固未明文規定此一立法例，自無以經行政機關許可之問題，衡以同法第三十二條關於在坑內工作之除外規定，並未就所謂監視性之工作以事前經主管機機關許可爲必要，而僅於施行細則第二十二條就該等工作設爲定義，由是可認，立法例上以經主管機關之事前審核爲必要，不過是藉該規定，在一開始即採取保護勞工之手段，至於勞工所從事之工作是否屬於監視性、斷續性之本質，應由勞工之實際工作情形，爲客觀之

判斷，非謂行政機關為唯一有權認定之機構。……」（註8）。

　　上述判決以「監視性或斷續性勞動」之「法理」排除勞基法第三十條「每日工作時 8 小時」規定之適用，深具啟發性，藉此，吾人可指出下列幾點意義：①「法理」可透過立法目的（例如 8 小時制之目的）、「事物之性質」（例如，監視性或連續性勞動之特質）加以探求或具體化，②藉著比較法研究之成果，外國立法例或國際公約之成文化「成果」，常是發現「法理」之靈感，或是法理存在之證據或表徵，③法理可以推翻「法律」之明文規定，④法理的援用必須先在價值上認定法律有應規定而未規定之處（例如，應有監視性或斷續性勞動排除每日工作 8 小時之規定而竟未規定），即有「法律漏洞」存在，此亦係民法第一條所謂之「法律未規定者」！如在價值上認為法律本來就不應規定，則不發生民法第一條之「法律未規定者」，即無「法理」適用之餘地！

二、法理與法律補充

　　因此，以「法理」作為補充性法源，可謂比較不精

密，從而，許多身懷「法學方法論」之學者，多儘可能以「類推適用」或「目的性限縮」等法律補充方法，來取代較不具體的以「法理」作為法源，並在法源論中，認為「類推適用應優先於法理而適用」（註9），雖也有人認為「類推適用」係法理（平等原則）之存在態樣，而不談其適用順序（註10），然而，類推適用較「法理」具體，依「特別原則」（Spezialitätprinzip），類推適用雖為「法理」之一種態樣，一般仍應優先於法理！因此，上述以「監視性或斷續性勞動」之「法理」排除勞基法第三十條明文規定之判決，如從法學方法論的角度來說理，可以說是應針對勞基法第三十條「每日工作8小時」之規定，作「目的性的限縮」（teleologische Reduktion），使其適用範圍不包括監視性或斷續性勞動。詳言之，勞基法第三十條之規定，依法律之內在目的及規範計劃，應消極地設有限制，而未設此限制時，應依法律規範之意旨予以限縮此項規定之適用範圍，使「非類似者為不同之處理」（註11），即使勞基法第三十條之規定不適用於監視性或斷續性勞動。

相類似之情形，亦可舉「不適用勞基法之勞動者於離

職後，得否向雇主請求發給服務證明書」爲例，加以說明。

　　勞基法第十九條規定「勞動契約終止時，勞工如請求發給服務證明書，雇主或其代理人不得拒絕」，不過，由於勞基法第三條設有「行業」別之限制，對於不適用勞基法之行業，無法直接適用勞基法第十九條之規定。就此，板橋地方法院曾判決定勞工之請求權，其理由約有二端：①「準用」、「類推適用」勞基法第十九條之規定，②將外國立法例（得請求雇主發給離職證明書）作爲「法理」而肯定勞動者之請求（註12）。針對上述二項理由，王澤鑑教授指出：①勞動契約係特殊之僱傭契約（其特殊性爲「從屬性」），勞基法之制定是爲了保護居於從屬地位之勞工，故勞基法第十九條之規定，應不能「類推適用」於民法上之僱傭契約（其特殊性爲「從屬性」），②勞基法第三條對適用之行業設列舉規定，旨在避免過份增加僱主之經濟負擔，自有相當理由，但並非勞基法之所有規定均增加雇主之負擔，因此，對未列舉之行爲，排除全部勞基法之適用，顯非合理，就勞基法保護勞工的社會政策及勞基法第三條之規範目的（避免過分增加雇主之負擔）而

言，立法者本應在第三條增設但書，明定若干條文對任何行業均有適用餘地，勞基法第十九條規定雇主發給服務證明書之義務應屬此等條文，因其基本上並不過份增加雇主負擔，在利益衡量上，實無犧牲勞工權利之理由。某個法律規定依其規範目的應予區別而未區別時，法院負有區別之權利及義務。易言之，即應依勞基法第三條之規範意旨，限縮其適用範圍，認為勞基法第三條雖排除本法規定對列舉以外事業之適用，但並不包括勞基法第十九條在內，勞基法第十九條對所有勞動契約，不問其事業，仍有適用餘地，就法學方法論而言，此為勞基法第三條之目的性限縮（Teleologische Reduktion）。③雇主對於離職勞工發給服務證明書，係基於勞動契約所應負之照顧義務（Fürsorgepflicht），勞基法第十九條乃此項照顧義務之實體化，縱無此項規定，在解釋上雇主乃負有發給服務證明書之義務，準此以言，雇主發給服務證明書之契約上義務，不因勞基法第三條規定而受影響（註 13）。顯然，王教授「目的性限縮」及「勞動契約上之照顧義務」之說理，較「法理」之理由構成具體而較有說服力，蓋參考外國立法例，雖不失為「法理」之具體化之表微之一，但其

涉及各國產業狀況、主權、立法政策等複雜因素，經常難於作價值判斷。

綜上所述，法理因過於抽象，不易具體化出得作爲裁判之大前提，而應儘可能以如上所述目的性限縮或類推適用、勞動契約之照顧義務或附隨義務等較具體化之理由代之，但由於類推適用等方法畢竟並非萬能，因此，吾人也不能貶抑「法理」之功能（註14）。「法理」是正義的泉源，只要我們追求正義的心靈不滅，「法理」即隨時會擁上我們的思維中，或作爲解釋法律之標準、或作爲補充法律漏洞的指導因子，甚至作爲批判、修正法律的指導思想，只是，基於法治源則、避免流於主觀及提高檢證之可能性，於運用法理以發揮其功能之際，我們必須儘可能採取「可被接受之方式」，所謂法學方法論，即爲達成此種目標，作了卓越的貢獻。

註釋：

註1：法律補充參見王澤鑑，民法實例研習叢書，第一冊，基礎理論，第167頁以下；黃茂榮，法學方法論與現代民法，第370頁以下。

註2：Adomeit, Rechtsquellenfragen im Arbeitsrecht, S.21ff；Zöllner, Arbeitsrecht, S. 73ff；Hanau / Adomeit, Arbeitsrecht, s.37。

註3：碧海純一，法哲學概論，第168頁。

註4：有泉亨，勞働基準法，第29頁。

註5：有泉亨，前揭書，第29頁。

註6：最高法院59年台上字第1005號判決。

註7：上述最高法院判決，經王澤鑑教授之評釋、介紹，發揮相當之影響力。參見王教授著，比較法與法之解釋適用，收於民法學說與判例研究，第二冊，第1頁以下。

註8：台北地方法院79年勞訴字16號判決。另相似案例，可參台灣高等法院79 年度勞上字第125判決。

註9：王澤鑑，民法總則，第31頁。

註10：石田穰，法解釋の方法，第 35 － 39 頁；楊仁壽，法學方法論，第 178 頁；尹章華，論法律漏洞與類推適用的法理結構，萬國法律雜誌，第 50 期，第 14 － 18 頁。

註11：詳參王澤鑑，民法實例研習叢書，第一冊，基礎理論，第 173 頁。

註12：板橋地方法院 79 年度勞訴字第 9 號判決，詳參本文第一章第三節。

註13：詳參，王澤鑑，雇主對離職勞工發給服務證明書之義務，法學叢刊，140 期（35 卷 4 期，79 年 10 月），17、18 頁。

註14：楊日然，民法第一條之研究，載法學叢刊，第 15 期，第 42、43 頁。

第二節　勞動判例

一、法源地位

　　判例或判決先例之拘束力如何？是否具有法源性？係一般學者一再討論的問題（註1），此問題在我國之特殊性是：所謂「判例」是從最高法院諸多判決中選編成「判例」者爲限，在司法實務上「判例」幾乎享有像法律一樣的強大拘束力，判決則無此拘束力；但在諸多先進國則無「判例」與判決之分。我國此種分法，固有其歷史背景或實際運作上之需要，但在憲法及學理上卻有疑問，加以，在勞動法方面，至目前爲止似鮮有判決先例被選爲「判例」者，因此，本文所探討之勞動判例爲廣泛之各審級判決先例，並非專指最高法院判例。

　　現學界之通說，係從「規範的拘束力」及「事實上的拘束力」之區別來觀察判決之拘束力，認爲就規範的拘束力而言，在英、美、法系國家，由於承認先例拘束性（stare decisis）之原則，判決先例不問其形式如何，在實

質上較諸制定法，更具有壓倒性的重要地位（註 2），但在
大陸法系諸國，則大異其趣，判例並不具有規範的拘束力
（註 3），亦非「法源」，即以臚列法源算是較爲廣泛之民
法第一條而言，其亦僅臚列法律、習慣、法理等法源，並
未將判例列爲法源。不過，儘管如此，判例在實際上卻發
揮極大之機能，具有極大的「事實上拘束力」。判例發生
事實上拘束力之原因有下列者端：①法的安定性之要求，
②訴訟經濟之要求，③審級制度使然，④資本主義經濟中
可預測性之要求（註 4），⑤憲法上平等原則之要求。

　　如吾人進一步從實務狀況加以闡釋，無寧，可再加上
「心理學」上之因素：當律師就某案件在攻擊防禦上，如
能找到一個相同之判例作爲依據；當一個法官於判決時，
面前有一個或一堆判決先例，而這些判例理由又與他的主
張或看法相同時，他們是多麼地感到心理安全與踏實！由
此，即可說明判例之享有極大事實的拘束力，一點也不足
怪。反之，從主張另一立場之律師或法官之眼中，面對不
同結論及理由之判例，即面臨了極大之壓力，苦思如何在
判例之事實的拘束力下，起死回生？其方式有二：①以
「區別的技術」（art of distinguishing）證明或說明系爭

案例事實與判決先例之狀況不同，②論證或說明該判例的法律見解或其呈現之規範有誤！如能找到不同見解之判例則更佳。在正、反不同的意見中，律師及法官的論證能力足以影響其勝敗或說理義務。優秀的律師或法官在區別及法理論證上，較有機會突破判例的事實拘束力，另創局面。

除了上述「規範的拘束力」與「事實上拘束力」的區分方法以外，有學者認為，具有「規範的拘束力」之法源屬於「制度上的法源」或「法解釋學上之法源」，只具事實上拘束力者則為「法社會學上的法源」，判例屬於後者「法社會學上之法源」，而非「制度上之法源」（註5），也可作為定性判例之法源性的一種方法。

Adomeit 則認為，法官法（Richterrecht）並不是一種與其他法源獨立並存的獨立法源（selbständige Recht-squelle），而係附屬（neben）於所有法源包括憲法，對所有法源之內容予以具體化（Konkretisierung）、補充（Ergänzung）或變更（Änderung）之保留權力，在效力方面，法官法與制定法及其派生規則之間，為相同位階之關係（Verhältnis der Gleichrangigkeit）（註6），此種「附

從於其他法源」的看法，相當有助於我們理解判例之法源地位及其與其他法源之關係，這也和我國學者在探討最高法院判例對創造法律之功能中的看法一致。王澤鑑教授認為，法院之判例並非只是立法者之口舌，代其宣示意思而已，判例本身實具有創造的功能，足以促進法律之進步！判例促進法律進步之功能不外表現在下列三種不同層次之活動：①解釋法律，②補充法律漏洞，③改進現在規定與創設新制度（註 7）。

在勞動法領域，因為制定法之歷史尚短，制定法存有較多不明確之處、間隙或漏洞，判例對於解決這些問題，促進法律之進步，存有較大之空間（註 8）。

二、判例促進勞動法進步之活動

如前所述，法院判例促進法律進步之功能表現在解釋法律、補充法律漏洞及改進現行規定及創造新制度等三種不同層次之活動中，以下舉例說明之。

(一)解釋法律

有謂「法官是勞動法的真正主人（eigentliche Herr）」

447

（註9），雖不免誇張，但如從實踐中，卻可一再看出，法律之適用事實上無非是以最終審判決對法律所作的解釋為準（註10），意即：判決先例本身雖非法源，不具法律的拘束力，但判決理由中對法令的正確解釋或對不確定法律概念之具體化，則有拘束法院之效力（註11），只不過，解釋是否正確或具體化是否妥適，法院應於每個案件中，依其確信加以決定。法院於決定時，具有「變更見解」的權力，在性質上和立法活動中的「修法」類似，前後解釋之間以及解釋與法律本身之間，在效力上屬相同位階（Gleichrangigkeit）之關係，其間標準若有不一致時，以「較晚之準則」（後法）(Lex posteror) 為準（註12），因此判例（法官法）見解之變更，和修法一樣，具有改變法律秩序之功能。

判例（法官法）與制定法之相互發生作用，以制定法中之「價值概念」（Wertungsbegrife）及「一般條項」（Generalklause）說明得最清楚。在德國，雇主的一項要求是否符合其「照顧義務」（Fürsogepflicht），以及受僱人之一項行為是否符合解僱理由，皆無法從法律條文中查得到，縱使法條本身有解釋性之條款，也無法從條款中得到

正確的認識，條款只能作爲具體化其內容之標準；此外，關於一般條項之可適用性與否，非透過判例之分析是無法達成的（註 13），在日本，關於雇主解僱勞工之限制，法律除了「因公傷殘」及「生育」之限制外，幾乎沒有法律規定，但卻從「權利不得濫用」之一般條項，經由「判例法」之途徑，具體化出許多限制僱主解僱限制類似我國勞基法第 12 條規定之限制雇主解僱限之規定，均足以說明判例事實上具有強大之創造性功能。

　　我國勞動法，或由於立法不久（如勞基法），或由於長期戒嚴而法律置而少用（如團體協約法、工會法），存有許多「價值概念」或不確定法律概念，急待具體化。這些具體化或明確化之工作，由勞工行政主管機關藉行政解釋令爲之者固然不少，但在權力分立的體制下，行政解釋令終未能像司法判決來得權威！例如，勞工應休而未休特別休假，雇主應加發之工資，如遇勞工退休時，是否應算入「工資」中，以計算退休金，即曾有行政解釋令認爲「應算入」工資（註 14），但判例則認爲「不必算入」（註 15）。另，在勞基法中，最有名且影響勞資權益最大之「價值概念」或「不確定法律概念」應算是勞基法第 12 條

第 1 項第 4 款「違反工作規則情節重大」了！欲眞正了解何謂「情節重大」，無法從法律或行政解釋甚至學說中準確得到，必須累積相當多之勞動判例，加以歸納、分析，始能眞正了解，例如，法院曾判決「勞工將二級品當作一級品出貨，爲違反工作規則情節重大」（註 16）、「記者漏掉重要新聞爲違反工作規則情節重大」（註 17），但「勞工產假後未依規定辦理銷假則非違反工作規則情節重大」（註 18）。這些判決先例，均係爲認識勞動法之重要標準。

(二)補充漏洞

如所週知，法律漏洞之補充與法律解釋之區別，在於：補充已逾越法律文字的可能範圍，反之，法律解釋則在文義的可能範圍內（註 19）。按法官可以在認定法律存有漏洞時，逾越法律文字之範圍，進行法律補充，可以說是私法學界之通說。雖然，憲法第 80 條規定，法官依據「法律」，獨立審判，不受任何干涉，但於實際，所謂「法律」實非狹義的僅指「制定法」，因此，爲了避免人們誤會法官可以過於在「法律」之外而爲裁判，最好在觀

念上將補充漏洞之活動當作民法第一條「法理」之運用，即：認爲「補充漏洞」是「法理」之具體化，有了民法第一條作爲依據，即屬憲法第八十條所謂之依「法律」而爲審判。

我國勞動法之歷史尚短，且未經豐富研究，立法時思慮自較不易周密，漏洞遠較民法爲多，有待法院爲漏洞之補充。法院爲漏洞補充後之產物－判例－，即在勞資方間迅速廣爲流傳，成爲以後處理相同或類似問題之依據。例如，在本章第一節中所述關於「監視性、斷續性工作不適用每日工作時間八小時」之判決，屬於以「法理」補充法律漏洞之實例，或從方法論言之，係以「目的性限縮」（teleologische Reduktion）之方法補充法律漏洞之判決，已迅速在其他類似之案例中，被雇主所引用（註 20）；另外，如上所述關於「無勞基法適用之行業之勞工可否請求雇主發給服務證明」之案件，法院所爲補充漏洞之判決先例，相信對將來之案例，亦爲重要之參考依據。

又，勞工在工作時間中可否召開工會會員大會？工會法第十九條設有工會召開定期會議及臨時會議之規定，再參諸工會法第三十五條第二項工會理監事請公假規定之精

神，工會以工作時間召開會員大會似無不可！但是否毫無限制，包括次數及日數之限制或預告、時期之限制，即非毫無疑問。對此，法律均未加以規定，不能謂法律無漏洞或無間隙，在此情形，法院應依「誠信原則」之規定，補充勞動法之漏洞，例如雇主如為販賣糕餅為主之飲食業，中秋節正是販賣旺季，如員工於中秋節前二日起連續二日召開工會成立大會，並於開會前二日始通知雇主，法院曾判決認為「工會之運作不得以不正當之手段妨害雇主營運」、「……何能期望雇主即時調派足夠人手維持正常營運，足見設立工會之行為不但違反前述應於工餘時間為之之原則，且足以妨害正常營運，其行使設立工會權利之行為違反誠信原則」（註21），此判決先例甚富創造性，足為日後處理類似案件之準則。

當然，人們要求法官「依法審判」，受拘束於法律，又要求法官對法律的創造性自由（schopferische freiheit），在本質上是一種要求只有在犧牲另一種要求才能實現的兩難，許多論者都試圖在此種「法律實證主義」（Gesetzespositivismus）與「自由法理念」（Freirechtsidee）的極端立場中保持平衡（註22）。在我國司法向來較為保守之情況下

（註 23），本文認爲應多一點鼓勵法官之「創造性自由」以促進法律之進步，但爲了防止弊端，同時應鼓勵法學界對判例之批評（當然，判決之公布是必要的），對法官發生「平衡權力」（balance of powers）之作用，即：由學界以「建議」或「擬議法」（de lege ferenda）的角度，「建議」其他法官對已存在之判決先例立刻採取「對抗性之行動」（actus contraries），使認事用法回到原來的「法律」狀態中。（註 24）。

(三)變更現行規定與創設新制度

如上所述之解釋法律、補充漏洞，雖係法院之重要工作，但法院創造法律、促進法律進步之活動，並不以此爲限，在甚多情形，法院亦得改進現行規定，創造新的制度，但此並不得恣意爲之，必須符合法律之基本原則，符合憲法之價值判斷，並納入現有之法律之內在體系（註 25），基此，對於一項問題，經由法院一連串的「創造性」判決，足以造成變更現行法律規定或創設新制度之結果，在我國民法中不乏此類案例，例如：干擾婚姻之非財產上損害賠償（註 26）、祭祀公業中女子無派下權（註 27）、不

動產贈與契約之「一般契約之效力」（註 28）、權利失效制度（註 29）。

與上述民法上之案例類似，在勞動法領域，勞動判決亦曾扮演變更法令規定及創設新制度之功能。在變更法令方面，可以最高法院及一、二審諸多判決否認勞基法施行細則第二十八條第一項第二款但書「應比照」規定之效力爲例，加以說明：不適用台灣省工廠工人退休規則之行業（例如，運輸業），對於勞工勞基法施行前之年資如何計算退休金？就此，勞基法施行細則第二十八條第一項但書規定「無自訂退休規定或其退休規定低於該規則規定之計算標準者，應比照台灣省工廠工人退休規則之規定計算」，許多雇主不遵照此規定計算退休金，因而引起許多訴訟，最高法院判決「……勞動基準法施行細則第二十八條第一項第 2 款係規定原適用工廠法之事業單位，於勞動基準法施行後，關於該法施行前工人工作年資、工作計算之標準，非謂該法施行前，法律原無規定給付員工退休金之事業單位，依該法施行細則之規定，可追溯並創設發給員工退休金。按該施行細則係基於勞動基準法第八十五條委任而訂立，依中央法規標準法第三條規定，性質屬命令。法

令規定使原無義務之人溯及的負擔義務，影響權益至鉅，故其規定必須明確。勞動基準法第五十五條既未明確規定，溯及並創設原無法律規定給付員工退休金之事業單位於勞動基準法施行後，對該法施行前之員工工作年資仍應給付退休金，則該施行細則第二十八條第一項第 2 款但書規定，應為無效（註 30）。此類判決變更之勞基準法施行細則第二十八條之規定，為資方奉為必備之依據，對勞資間權利義務之影響至為重大。

　　至於，經由判例創新制度則可以最高法院判決肯認台灣省工廠工人退休規則之效力（註 31）為例，即在台灣省工廠工人退休規則此一行政命令之基礎上，由最高法院進一步創設了工廠工人請求退休金之「法律」基礎，即認為台灣省工廠工人退休規則與憲法無牴觸，而肯定了勞工之請求權。在此類判決先例之基礎上，司法院大法官會議第 189 號解釋進一步肯定台灣省工廠工人退休規則「在維持工人退休後之生活，而與憲法規定保護勞工之政策無違，同時亦在促進工廠工人新陳代謝，提高生產效率及鼓勵工人專業服務，有利於工廠之經營，而符合憲法有關勞資雙方應本協調合作原則，發展生產事業規定之精神，故與憲

455

法尚無牴觸。

　　以上是屬於已比較「穩固」的例子，接著，擬舉一屬於正在創設或變更法律「途中」之例：

　　勞工是否有請求雇主給予工作之權利（就勞工請求權）？雇主是否有給予勞工工作之義務（Beschäftigungspflicht）？如依傳統民法之見解，工作是勞工之義務，與雇主給付工資，構成雙務契約之對待給付，因此，如雇主拒絕勞工工作，僅生雇主受領遲延之問題，雇主不負債務不履行之責任，換言之，勞工並無請求雇主給予工作之權利。然而，台北地方法院卻在大同公司曾水鑑之案例中，肯認勞工請求工作之權利（就勞請求權），法院認為「工作權為憲法保障之權利，工作權之內容不僅使勞工有工作之機會，且由於勞動契約之社會化，勞工經由勞務之提供，得以發展職業能力，建立群體生活，實踐工作價值及保持人格尊嚴，故勞務之提供亦屬工作權之內容。基此意義，勞務之提供既為勞工之權利，自得向雇主為受領其勞務之請求。被告雖引最高法院 29 年上字第 956 號判例，辯稱債權人不負受領給付之義務，故債權人對於已提出之給付拒絕受領，通常只負遲延責任，債務人不得強制受領云云，惟此

係民法以個人思想爲背景之法律結構所導致之結論，尙難援引爲勞動契約之解釋。本件兩造間之僱傭關係旣係存在，被告有受領原告勞務給付之義務，應容許原告進入工作場所提供其勞務，使工作權得以實現……」（註 32）。

　　此勞動判決，甚具創造力，日後勢必爲勞方作爲援引之例。當然，它只是一個判決，尙非穩固，很有可能不再被繼續採用，果如此，它只是法院在嘗試造法過程中之一步而已！

　　接著，再舉一嘗試創設制度之案例。即：載客（績效）獎金、全勤獎金、伙食津貼是否屬於「工資」之範圍，應否計入退休金？關於此問題，依勞基法第二條第三款及勞基法施行細則之規定，其關鍵應在這些給與是否屬「經常性給與」，換言之，應以在某一時段內（如半年或一年）這些給與出現之次數加以判斷，如僅給與一次，則屬非經常性給與，反之如幾乎每個月均給與，則應屬經常性給與，雖然，其給與並非每次均屬固定！然而，最高法院卻在 79 年度台上字第 242 號之判決中，創設了另一項「規則」（rule）排除了上述「經常性給與」及「工資」之法律規定。最高法院認爲「……倘雇主爲改善勞工生活而給付

非經常性給與；或爲其單方之目的，給付具有勉勵、恩惠性質之給與，即非爲勞工之工作給付之對價，與勞動契約上之經常性給與有別，應不得列入工資範圍之內，本件被上訴人退休前自上訴人領取之薪資中，關於全勤獎金即爲員工每天按規定上班所發給之獎金；伙食津貼爲對於上班者所發給之福利，相當於誤餐費；載客（績效）獎金又爲激勵員工士氣，加強服務乘客，依競賽方法計分而發給，參諸勞動基準法施行細則第十條第 2 款、第 9 款之規定，即非因工作而獲得之經常性給與，不得列入工資內而計算退休金⋯⋯」（註 33）！

此項最高法院判決之特徵有二：①強調系爭金錢給付之「恩惠、勉勵」性質，否認其係「工作之對價」，②認爲只須在形式上符合勞基法施行細則第十條第 2 款及第 9 款「獎金」及「誤餐費」上名目即可不問其是否屬「經常性給與」（即時段內之給付次數）而認定其非工資。本文認爲，此二項見解之「特徵」應是不妥的，而且與勞基法第二條第 3 款之規定及精神不符！蓋：①因強制「恩惠、勉勵」而否認「工作對價」過於「封建」，不符「由身分到契約」之方向，試想，如勞工不工作，雇主會爲該項

「恩惠性給與」嗎？因此，系爭給付除伙食津貼稍爲模糊外，應屬工作之對價無疑！②解釋適用勞基法施行細則第十條不得過於「形式上」而不顧「某時段內之給付次數」（經常性給與），以致使施行細則根本違反其「母法」勞基法第二條第三款中「經常性給與」之規定！何況，施行細則第十條第 2 款下段本身也有「非經常性給與」之限制，不能不顧「某時段內之給付次數」！因此，本案之關鍵，應在載客（績效）獎金、全勤獎金之給付次數狀況如何，而不在如最高法院在本判決中所嘗試創造之規則！由於，最高法院係有權單位，扮演勞動法之眞正主人（eigentliche Herr）（註 34）之角色，此項判決已廣泛地在許多勞資爭訟中被當事人引用，影響當事人間之權義至大（註 35），希望本文屬於「建議」性質之學說，能夠引起其他法官立刻對此判決先例採取「對抗性之行動」（actus contraries），使「工資」之認定，回到原來的「法律」狀態去（註 36），否則，任此判決所爲「造法之嘗試」發展下去，司法判決所創造的新規則，將成爲變更法律新制度，使「恩惠」性質的給付，在勞動法中成長！我們是否需要這種勞資關係？

　　最後，擬從判例創新制度的角色來觀察勞動關係中之附隨義務或「忠實義務」（Teurpflicht）、「照顧義務」（Fürsorgepflicht）。即：在「法理上」，一般認為勞動關係是一種人的繼續性之結合關係，特別重視雙方間之信賴，因此，勞工對雇主負有忠實義務，雇主對勞工則負有照顧義務（註37），或將此類義務以「附隨義務」之方式去說明（註38）。重要的是，此些義務之形式均有賴法院透過判決去逐漸形成。例如，在前面一節「法理」之論述中，有關「學校應發給離職證明書」之判決（註39），依學者所見，即屬於「照顧義務」之具體化，縱使無勞基法第十九條之規定，在解釋上雇主仍有發給服務証明書之義務，對無勞基法適用之行業，雇主亦有此義務（註40）；又如，基於附隨義務或「照顧義務」，雇主有為勞工加入勞工保險之義務，雇主如違反此義務為「違反保護他人之法律」（民法第一百八十四條第二項），對勞工因此所受之損害應負賠償責任，最高法院即著有許多判決，傾向肯定雇主責任（註41），並不因無勞工保險條例第七十二條第一項後段「應由投保單位依本條例規定之給付標準賠償之」的規定而受影響；另一方面，在契約責任方面，為勞

工辦理加入勞工保險是雇主在勞動契約上之附隨義務，受僱人雖非強制被保險人，但願意加入勞工保險時，雇主亦有辦理之義務，其因可歸責於雇主之事由未予辦理，雇主應負債務不履行之賠償責任（註 42）。

註釋：

註1：詳參王澤鑑，最高法院判決在法學方法論上之檢討，民法判例與學說，第一冊，295頁；台大法學座談會，判例之拘束力與判例變更，載台大法學論叢，第九卷，第1頁以下。

註2：碧海純一，法哲學概論，第163頁。

註3：但在我國司法實務上，判決先例經司法院選為判例時，法官均不至為違反「判例」之判決，使判例具有尤甚於法律之效力。

註4：碧海純一，前揭書，第164、165頁。

註5：田中英夫，實定法學入門，第73頁。

註6：Adomeit, Rechtsquellenfragen im Arbeitsrecht, S.45。

註7：王澤鑑，最高法院判決在法學方法論上之檢討，收於氏著，民法學說與判例研究，第一冊，第196頁。

註8：本多淳亮，勞働法の法源，氏著，勞働法總論，第131頁。

註 9 ： Gemillscheg , Grundrechte im Arbeitsrecht, AcP Bd.164（1964 ）S.388 。

註 10 ： Adomeit, 前揭書，S.45 。

註 11 ：王澤鑑，前揭文，第 294 頁。

註 12 ： Adomeit, 前揭書，S.45 。

註 13 ： Adomeit, 前揭書，S.46 。

註 14 ：內政部 74 年 3 月 22 日（74）台內勞字第 294374 號函、內政部 74 年 8 月 1 日（74）台內勞字第 332140 號函。但行政院勞工委員會 77 年 9 月 19 日台七十七勞動二字第 20649 號函則採折衷說，認爲在「終止契約前」應取得者，應算入平均工資；如雇主與勞工協商排定之特別休假於終止勞動契約時仍未休完，所發給之應休未休特別休假工資，因屬終止勞動契約後之所得，於計算平均工資時，無庸併入計算。

註 15 ：台北地方法院 78 年勞訴字第 76 號判決、台灣高等法院 78 年勞上易字第 68 號判決、台灣高等法院 77 年度上字第 773 號判決。

註 16 ：台灣高等法院 73 年上更（一）字第 581 號判決。

註 17 ：台中地方法院 73 年訴字第 8456 號判決。

註 18 ：彰化地方法院 74 年訴字第 56 號判決。

註 19 ：王澤鑑，民法實例研究叢書，第一冊，基礎理論，第
162 頁以下；黃茂榮，法學方法論與現代民法，第
303 頁以下。

註 20 ：在筆者承辦〇〇港務局勞工集體訴請港務局補發加班
費之案例中，港務局即引用「監視性、斷續性工作」
之判決先例。

註 21 ：參照台北地方法院 77 年勞訴字第 30 號判決。

註 22 ： Adomeit, 前揭書，S.38。

註 23 ：參見楊仁壽，法學方法論，第 252 頁。

註 24 ： Adomeit, 前揭書，S.48。

註 25 ：王澤鑑，最高法院判決在方法論上之檢討，收於民法
學說與判例研究第一冊，第 307 頁。

註 26 ：參見最高法院 41 年台上字第 278 號判例、52 年台上
字第 206 號判決（載裁判類編，52 年度，第 530 頁）、
52 年台上字第 3232 號判決（裁判類編，52 年度，
第 842 頁）、58 年台上字第 86 號判決（法令月刊，
二十二卷 10 期，22 頁）、41 年 4 月 14 日民、刑
庭總會決議、55 年 3 月 28 日、刑庭總會決議。有關

評釋，詳參王澤鑑，干擾婚姻關係與非財產上損害之賠償，載民法學說與判例研究，第二冊，第 291 頁以下。

註 27：參見司法院 20 年院字第 647 號解釋，最高法院 50 年台上字第 146 號判決 60 年台上字第 79 號判決。

註 28：有關判例及評釋，詳參王澤鑑，不動產贈與契約特別生效之補正義務——兼論與謂之「一般契約效力」，載氏著，民法學說與判例研究，第一冊，第 433 － 440 頁。

註 29：最高法院 61 年台上字第 2400 號判決，其評釋見王澤鑑，權利失效，民法學說與判例研究，第一冊，第 335 頁。

註 30：最高法院 75 年台上字第 943 號判決，引自黃劍青，勞基法疑難問題詳論，第 200 頁；相同見解，最高法院 75 年台上字第 587 號判決、最高法院 75 年台上字第 934 號判決，均引自勞委會勞動條件處編，勞工退休金分段計算疑義，77 年 5 月。

註 31：最高法院 70 年台上字第 2624 號判決，最高法院民、刑事裁判選輯二卷三期，第 397 頁。

註 32：台北地方法院 79 年度勞訴字第 26 判決。

註 33：最高法院 79 年度台上字第 242 號判決，載法令月刊，第 41 卷第 5 期，第 29 － 31 頁。

註 34： Gemillscheg, Grundrechte im Arbeitsrecht, Acp Bd.164（1964）S.388。

註 35：有關補償加班費之集體訴訟、補付退休金之訴訟，均涉及此問題，這些訴訟每件標的均數千萬元不等，作者有許多處理方面案例之經驗。

註 36： Adomeit, Rechtsquellenfragen im Arbeitsrecht，S.48。

註 37： Zöllner, Arbeitsrecht, S.141ff ;S.166ff。

註 38：參見和田肇，西ドイツにおけ忠實義務と配慮義務，載名古屋大學，法政論集，第 104 號，第 600 － 607 頁。

註 39：板橋地方法院 79 年度勞訴字第 9 號判決。

註 40：王澤鑑，雇主對離職勞工發給服務證明書之義務，法學叢刊，第 140 期，第 18 頁。

註 41：最高法院 64 年台上字第 2263 號判決，載司法院公報，第 19 卷第 12 期，第 11 頁，其詳細評釋，參見王

澤鑑，雇主未爲受雇人辦理加入勞工保險之民事責
任，收於民法學說與判例研究，第二册，第 239 頁以
下。

註 42：王澤鑑，前揭文，第 250 頁。

第三節　學　說

一、法源地位

　　學說是指研究法律之人對「成文法之闡釋、習慣法之認識、法理之探求」，所表示之意見（註1）。在現行法上，學說並不具法源地位，民法第一條亦未將學說列為法源之列。

　　不過，在實際上於法律未明白規定之領域，法律學說即扮演特別重大之角色，蓋在未藉由法科學上的討論作充分的準備以前，法院無法從事明智的法律適用及法律補充（Rechtsfortbildung），經過充分討論的學說，在有形無形中，被法院援用，經常成為判決的決定性因素，在德國勞動法中，有名的例子可舉 Nipperdey 關於基本權利直接適用（unmittelbare Anwendung）之學說在個別勞動法及團體勞動法之判決中被引用（註2）。

　　另外，如大家所週知，對判決之評釋，是學說的重要任務之一，如前所述，學說認為判決先例不妥或違背法

律，對其提出批評，無異係對其他法官提出建議，建議他對不妥的判決先例提出對抗性行為（actus contraries），回到原來的法律狀態中，勿再依循錯誤的判決先例（註3），若果然達到目的，則學說無異發揮決定判例結果之影響力，其雖非「法源」，卻達到與法源相似之作用；如學說贊成某一判決先例而加以闡述或將其中所蘊含之法理，明確化出來一項法律原則，可能使該判決及法律原則，廣為流傳及被引用，而對日後之裁判發揮極大之影響力，例如，王澤鑑教授針對最高法院「將外國立法例視為法理而適用」之判決（註4），加以評釋（註5），使該判決內容廣被引用，即在勞動法領域，依本章第一節所述，也有兩個重要案型－－服務證明書案（註6）、監視性、斷續性工作之工時限制（註7）－－將外國勞動法立法例視為法理而適用，苟無學說，該最高法院判決可能被冷落在圖書館之一角，為人所不知。

其次，欲將外國立法例視為法理而適用，其前揭是對外國立法例及其立法意旨必須有充分研究，且必須說明為何外國立法例可用於我國，並繞過主權問題，這些都需要充分的「學說」，如尚無既成的學說，身處訴訟第一線的

律師，則只有身兼提出「學說」（攻擊防禦方法）之角色，供法院審酌！據筆者所知，上述兩個案例中之外國立法例及應視爲法理在我國適用之理由，分別係由陳金泉律師、陳繼盛律師所提出，實屬難能可貴。

當然，對勞動法理論（Dogmatik des Arbeitsrechts）之科學研究，在我們之法律秩序中，明顯地只具有預備和建議的性質，法院將自由決定是否及在何種程度上依建議判決。何況，勞動法學家的討論經常形成各種（意見陣線）（Meinungsfront）而得不到共同意見，即使已形成一種主導地位的，帶有普遍性的意見，這種意見也不是穩定的，它可能會因每天出現一點尖銳、公開的批判的聲音而受到影響（註 8）。

二、學說繼受

我國作爲一個法學較爲「後進」的國家，多年來一直將德、日、英、限等國的法律制度，作爲「現代化」之典型予以繼受，所繼受者不僅繼受其制定法，同時也繼受其判例、學說。不僅我國，此種繼受他國制定法、判例、學說之現象也發生在日本（註 9）。在此背景下，對外國立

法、判例及學說瞭解最多者當非學者莫屬了，學者既是立法之實際起草者，也是外國判例、學說的介紹者，在課堂中對未來的法官、律師（法律系學生）介紹他們的「學說」（註10），自然對法律之解釋、適用產生甚爲權威的影響力，尤其是被公認權威的學者。這種現象不僅存於民法，在勞動法領域亦然。在勞動法領域，勞動法學者從德、日、英，美、繼受了許多學說，均成爲我國勞動法之重要法理或原則，例如，勞工的忠實義務(Treupflicht)雇主之照顧義務(Fursorgepflicht)、勞動之從屬性、平等原則、有利原則(Gunstigkeitasprinzip)，均成爲我國勞動法之重要法理或原則，而爲學術界及實務界所共同遵循，其他如「企業危險理論」(Betriebsrisikolehre)衝激傳統民法上的危險負擔原則（我民法第266、267條）（註11），在伴有危險之工作，勞工對雇主之免責請求權(Freistellungsanspruch)使傳統民法上侵權行爲之損害賠償發生變化（註12），還有，雇主給予勞工工作之義務(Beschaftigungspflicht)即勞工之「就勞請求權」對傳統民法上債務不履行及受領遲延之關係造成革命性之挑戰（註13），此外，在團體勞動法方面，例如，爭議行爲法領域中之「最後手

段原則」（ultima-ratio-Prinzip）、「司法途徑優先原則」、「禁止過份之原則」、「公共利益拘束之原則」，涉及罷工手段之合法與否（註14），均係繼受自外國之學說，勢必於今後對我國勞動法實務造成影響，且讓我們拭目以待。

三、學說與判例、法理之關係

最後，必須強調，本章所討論之學說與判例、法理，其間並非孤立互無作用之關係，而係具有互為助成、協力之關係。基本上，學說係在理論界、判例係在實務界，分別闡述、研究、表現各項法理；學說為實務而準備，經由法院判決而實踐，有理論而無實務，實屬空談，徒務實務而不重理論，猶如盲目，因此，學說與判例協力闡揚法理，實屬必要，學說對判例之研究，尤應加強（註15）。

在勞動法領域，其發展過程無非是從外國立法例引進立法，並由學者對勞動法理之研究，形成學說，而對實務上之判決發生影響力，同時，實務上之判決，也帶給學者許多啟示及研究材料、印證，深化學說、法理之品質，互為作用、助成，共同促進勞動法之進步。這些對法理闡釋

之學說、判例俱爲補充性之「法源」，爲當事人間確定權利、義務之重要「參考」性依據，而「事實上」多能有揮影響力。以前面所舉「私立學校對離職敎員有發給服務證明書之義務」之判例爲例，該判決先例呈現了「法理」（發給服務證明書之附隨義務、將外國立法例作爲法理），此判決復經學者爲文「評釋」，形成學說，刊載在有名雜誌上，廣爲法界所知，實可預知在將來發揮重大之影響力。

註釋：

註 1：王澤鑑，民法總則，第 14 頁。

註 2：Zöllner, Arbeitsrecht, S.75。

註 3：Adomeit, Rechtsquellenfragen im Arbeitsrecht, S.48。

註 4：最高法院 59 年台上字第 1005 號判決，詳參第一節。

註 5：王澤鑑，比較法與法之解釋適用，收於民法學說與判例研究，第二冊，第 1 頁以下。

註 6：板橋地方法院 79 年度勞訴字第 9 號判決。

註 7：台北地方法院 79 年度勞訴字第 16 號判決；相似案例，台灣高等法院勞上字第 12 號判決，詳參第一節。

註 8：參 Adomeit, Rechtsquellenfragen im Arbeitsrecht, S.50。

註 9：參見北川善太郎，日本法學の歷史と理論，第 129 頁以下。

註 10：學說在日本之影響力，可參考碧海純一，法哲學概論，第 166 頁。

註 11 ： Schmid, Grundzüge des Arbeitsrechts, S.91ff。

註 12 ： Zöllner, Arbeitsrecht, S.211。

註 13 ： Zöllner, 前揭書, S.170。

註 14 ：詳見，廖義男，現行勞資爭議法規與抗爭手段規定之檢討，載台大法學論叢，第 19 卷第 1 期，第 126 頁。

註 15 ：王澤鑑，民法五十年，收於民法學說與判例研究，第四冊，第 23 頁。

第十章　結　論

第一節　勞動法法源與對法源論之反省

一、勞動法法源

在各種法律領域，勞動法具有最為豐富之法源。除制定法（憲法、法律、行政命令）外，另有特別豐富之自治法源（團體協約、勞動契約、工作規則、甚至勞資會議決議），此外，由團體性、繼續性契約關係所滋生之勞動習慣也甚為發達，最後，勞動法理、判例與學說在勞動法不完備（因歷史尚淺）之情況下，也扮演著極為發達的補充性法源功能：

(一)憲法之適用及功能

在勞動法領域，憲法發揮極大之功能。憲法之法源位階雖然最高，卻不能直接適用於私法關係，只能以公共秩

序等一般條項爲媒介，間接適用於勞動關係。另憲法扮演控制性功能及引導性功能，後者以憲法委託之方式引導勞動立法之方向，前者則以法律解釋中之合憲性原則控制法律解釋。

(二)制定法與法理、判例、學説

制定法是勞動法最具壓倒性的法源。可分爲團體勞動法及個別勞動法，前者以後者爲基礎，後者（個別勞動法）則受前者影響其適用，例如，爭議行爲（法）影響個別勞動法之適用（詳見第三章第三節）。

制定法雖具優位地位，但其規定不免存有漏洞，斯時，勞動法理之位階雖較制定法爲低，但有可能「變更」制定法之規定（補充漏洞），在此過程中，法官爲勞動法之眞正主人（以上詳見第九章），學説則負有建議之功能。

不過，在大多數場合，法理、判例、學説並非獨立之法源，它「附隨」於其他法源而存在，扮演解釋憲法、法律、協約、契約、工作規則之角色，與其被解釋之各法源同在。

(三)自治的法源

團體協約、勞動契約、工作規則雖未爲民法第一條「法律、習慣、法理」所明文列舉之法源，但卻是私法自治所授權的自治法源或社會自主法源，在當事人間具有類似於「法律」之效力，得作爲裁判之大前提！

其中，團體協約屬團體法之範圍，在法源論中之地位獨特，其效力分爲「規範的效力」及「債務的效力」。規範的效力對勞動契約具有強行效力及直接效力，不過，在「有利原則」之下，這些效力僅具「片面強行性」，當勞動契約對勞工較爲有利時，仍爲有效。

勞動契約是勞資關係之基礎，也是各種勞動法法源適用之前提，不過，在各種法源之「補充」下，勞動契約之內容具有「空白」性，由其他各法源補充其內容。

工作規則在我國實務上使用最多，係由雇主單方所制定，其內容不得違反法令之強行規定、團體協約及勞動契約！又其法律性質如何，輒有爭論！此影響到雇主得否單方變更工作規則。

最後，雇主指揮係源於勞動契約之勞動條件形成因素，可說是次位法源之次位法源，爲最弱之法源！不過，

由於勞動契約之繼續性、從屬性格,指揮卻是最日常、最
頻繁及最接近工作現場之勞動條件形式因素,絕對重要!

(四)勞動習慣

　　由於勞動關係之團體性、繼續性以及動態性,相對於
其他法律領域,習慣於勞動關係中最易形成!不但制定法
須配合勞動習慣,即團體協約、工作規則、勞動契約等法
源均與勞動習慣相互形成。勞動習慣可說是制定法、自治
法源以外之第三大規範領域。當然,另有法理、判例、學
說、等補充性之法源,圖示如下:

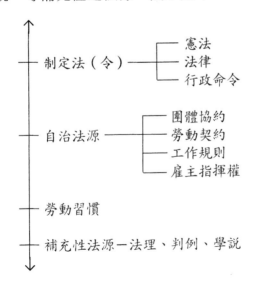

(五)權利檢查表與權利事項

總之，勞工或雇主享有何種權利？負有何種義務？應以是否具有「法源」依據為定！

因此，「法源」實係當事人之權利檢查表（check list）！當事人擬為自己之權利找法源依據，可循法律、協約、契約、工作規則、習慣、憲法、判決先例、法理、學說之順序，逐一檢索。凡主張有「法源」依據者即為「權利事項」之爭議，研究各種法源之目的，具有釐清權利事項之爭議之功能。

二、對法源論之反省

Ehrlich 在分析「法的邏輯」（Die juristische Logik）之問題時曾謂，繼受羅馬法之歐陸特別的是德國之法律學邏輯為演繹法，從作為大前提之命題，依據邏輯的演繹方法，以達成個個事件之具體裁判。此種作為大前提之命題具有三種特性：①作為大前提之命題必須是法規，②此種法規必須還原為國家，③所有之法規必須構成一個統一體（註 1），對此 Ehrlich 表示不滿，主張「自由法學」，否定法律的絕對權威性，主張法官應為自由的法的發現，從

「高度的國家法律觀」（die gesteigerte staatliche Recht-sauffassung）走出，承認非國家的法律觀或社會的法律觀（註2）。

在法治原則下，吾人雖仍必須強調法律其邏輯，但也不得不正視法律漏洞之存在及法的發現，我國民法第一條規定，民事，法律未規定者，依習慣，無習慣者，依法理。即：國家法已承認國家法律之不足，在國家法律不足（存有漏洞）時，得依法律以外之規範，進行裁判，在法學界也多承認法律漏洞之存在及漏洞之補充方法，此種現象與 Ehrlich「自由的法的發現」、否定高度的國家法律觀或社會的法律觀等主張，可謂相同，然而，在法源比重上，顯然仍以國家的法律為主，詳言之，由民法第1條觀察，該條係以法律為壓倒性之法源，一則未明示自治的社會的「法律」，不似在勞動法方面，將團體協約、勞動契約列於法令之後（勞資爭議處理法四條第二項），二則，在實務上適用習慣、法理之實例畢竟不多，不似在勞動法方面較多地引用習慣、法理、憲法等補充性法源，作為裁判或行為規範。

以下擬以勞動法法源中之自治的法源之繁多、習慣、

法理等「社會的法律」說明對「國家的法律」的分權作用：

　　在勞動法領域中之自治的法源過於龐大，包括團體協約、勞動契約、工作規則、雇主之指揮權，在份量上，法律已被自治的法源大量分權，此種分權效果，在「有利原則」之影響下，分權更是徹底。即：只要有利於勞工，自治的法源可以取代國家法律的強行規定，從國家法律的優位地位，不復存在。看來，似有必要宣示自治法源之地位，將民法第一條改成「民事，法律或自治的法源未規定者，依習慣，無習慣者，依法理」，就像勞資爭議處理法第 4 條第 2 項將團體協約、勞動契約列於法令之後一樣。

　　傳統的自治法法源只有拘束當事人之效力，或許有人認其不宜與「法律」並列，但勞動法法源中之團體協約，對協約當事人（工會）以外之人即工會會員有「規範的效力」，甚至如德、日透過拘束力一般化之宣告之制度對非會員發生拘束力，與法律「並列」並無不可。

　　習慣係與國家法律、自治的法源兩種以公意或當事人意見為基礎之法源並列為第三種法源，此係「歷史法學」在現代實證法上之遺蹟（註 3），在國家法律獨大及自治的

法源活潑、靈活之優勢下，習慣在傳統法源論中淪爲絕對的小角色。但在勞動法領域，由於勞動關係之團體性、繼續性、動態性、勞動習慣易於形成，因此，爲了使勞動關係得以圓滑進行，不但勞動立法應調查勞動習慣，儘可能地適應「好」的勞動習慣，另在勞動條件之形成上，勞動習慣也經常藉「契約說」（Vertragstheorie）等方式，發揮作用，此即勞動習慣對國家法律之分權，習慣在勞動關係中係有份量的「社會的法律」，也是 Ehrlich 所強調「自由的法的發現」。

較諸民法，勞動法之歷史尚短、體系及研究尚不夠精密，必須以法理、判例、學說補充法律漏洞或不足之處，較民法爲多，甚至，在實務上也出現以「法理」操作之形式「變更」勞基法明文規定之例，即在認定有法律漏洞之情形下，使法理之位階高於「法律」，並非單純如民法第一條之排列。如此活潑地以法理、判例、學說補充法律之漏洞或不足，即 Ehrlich 所謂「自由的法的發現」，現成「社會的法律」，從高度的國家法律觀中走出來。

註釋：

註1：Ehrlich, Die juristische Logik, S.1ff 。

註2：Ehrlich, 前揭書，S.212 。

註 3 ： Adomeit, Rechtsquellenfragen im Arbeitsrecht, S.53 。

第二節　勞動法法源之適用關係

一、位階關係

在傳統法源論中，存有法源位階性之問題，下位階之法源不得違反上位階之法源，或上位階法源未爲規定時，下位階法源始有發揮規範功能之餘地。以民法爲例，民法第七十一條前段規定，法律行爲違反強制或禁止之規定者無效，即顯示法律之強制或禁止規定之位階高於各種以「法律行爲」所構成之自治的法源。又如，習慣之適用，以法律未規定者爲限，也代表法律之位階高於習慣。勞動法存有比民法更爲豐富之法源，這麼多法源並非以雜亂無章之狀態存在，而係同樣以一定之位階關係構成一個統一體。其位階次序如下：

憲法
法律
　行政命令
團體協約
勞動契約
工作規則
指揮權
習慣
法理

二、有利原則

然而，此種「位階原則」（Rangprinzip）在勞動領域，很明顯地，爲「有利原則」（Günstigkeitsprinzip）所打破。即：下位階法源較上位階法源更有利於勞工者，下位階法源仍爲有效，不因爲違反上位階法源之強制或禁止規定而無效。因此，民法第七十一條之規定適用在勞動法領域，即非正確，有予調整之必要。

爲何在勞動法領域承認有利原則？此係基於「保護勞工」之勞動法指導原則而來。按民法以當事人間之自由、平等爲基礎，認爲自由、平等之雙方當事人均必須在法律之強制或禁止規定之範圍內活動，但對於勞動關係，則承

認勞工地位不如雇主之「事實」，勞動法所規定之強制或禁止規定，只是處於優勢地位之雇主之活動範圍，而非處於劣勢地位之勞工之活動範圍，雇主不得憑其「實力」逾越勞動法規定之範圍，但勞工卻得「努力向上」，逾越勞動法規定之範圍，取得優於勞動法所規定之勞動條件。

當然，有利原則之適用，應達到何種程度或範圍？是一項問題。在不同位階法源之間，團體協約、勞動契約對於勞動法，有有利原則之適用；即雇主單方所制定之工作規則、指揮權對於勞動法亦有有利原則之適用，勞動習慣對於勞動法是否亦有有利原則之適用雖較不明確，但依本文所信，勞資間所形成之勞動習慣較勞動法有利勞工時藉著「默示合意」或「信賴保護」之法理，應對雇主發生拘束力，從而，等於有有利原則之適用。其次，勞動契約、工作規則對於團體協約在我國、德國有有利原則之適用，在美國則無有利原則之適用，在日本則有爭論。在我國，指揮權、勞動習慣對於團體協約亦應有有利原則之適用。再者，工作規則、指揮權、勞動習慣對於勞動契約，也有有利原則之適用，不過，在日本卻有「勞動契約不得違反工作規則」之不同規定。

　至於，同位階法源之間是否適用有利原則？本文認為，在同位階之法源間雖不排除適用有利原則之可能，但應優先適用「代替原則」（Ablösungsprinzip）及「特別原則」（Spezialitätsprinzip）（見第一章第三節），從時的效力、人的效力、事項之效力等去區隔同位階法源之效力領域，並依法理公平及合理之解釋，而非僅以對勞工有利或不利為決定之唯一標準。

　總之，在傳統民法領域，憲法所規定的「平等原則」，係法律及其他法源之解釋、適用之控制因素，但將此控制因素引用到勞動法領域時，勢必面對有利原則之衝擊，並進而必須探索此二原則間之平衡，這也正是研究勞動法法源之後，回過頭來對傳統民法法源應作之省思。

補論－國際勞動法之法源地位

第一節　案例

探討勞動法之法源，經常必須提到國際勞動法或國際因素、國際勞動條約（註1），在我國勞動法司法實務上，亦有法院判決引用國際勞動公約及外國立法例作為判決理由，例如，針對監視性、間歇性工作之工作時間如何計算及加班時間如何計算之問題，民國八十五年修正勞基法第八十四條之一固已有規定，但在勞基法明定之前，法律並未規定，台北地方法院即曾引國際勞動公約及外國立法例而判決應參照國際公約及外國立法例而排除勞基法之一般規定，判決認為「……各國之所以制定勞動基準法保護勞工，乃以如不以此－公法來介入雇主與勞工間之勞動契約，恐勞工因處於經濟上弱者之地位而受雇主之不當剝削，使其所得工資不足以滿足基本生活需求，或使其精神、體力不堪負荷，故有以立法來加以保護之必要，然而許多國家感於某些工作之性質較為特殊，無庸特別以法律

加以保護，而認有將之排除於勞動基準法之適用之必要，例如，1919年國際勞工組織第一屆大會通過之工作時間公約雖以工人之工作時間以每日不得超過八小時，每週不得超過四十八小時爲原則（第二條），但同法第六條第一項規定，政府機關應頒佈規章爲企業規定：（一）某類工人其工作性質係斷續無常者得許以經常例外。

日本勞動基準法第四十一條第三款亦規定，從事監視或斷續的勞動之人受行政官署之許可者，不適用第四章及第六章所定勞動時間、休息及休假規定。韓國勞動基準法第四十九條第三款亦有類似之規定。我國勞動基準法第四章就工作時間之規範……。該章並未就監視性、斷續性工作，設爲一般規定……惟其時間實際上遠低於一般持續工作之人者，如以其所耗費之時間所應得之報酬與一般持續處於緊張狀態之工作者，等量齊觀，當非事理之平，是以本院以爲我國之勞動基準法雖未就監視性、斷續性之工作，如他國立法例，明文排除於勞動基準法中有關工作時間、休息及休假之最低標準之適用範圍，在法理上，本於勞動基準法第一條及民法第一條之規定，應有其適用……」（註2）

　　在上述案例中，法院於判決中直接引用了國際勞工組織（ILO）關於工作時間之公約，以及日本、韓國之立法例，但關於何以得援用？該判決之說理方法爲「……在法理上，本於勞動基準法第一條及民法第一條之規定，應有其適用。」，即該判決將國際勞動公約及外國立法例當作民法第一條之「法理」及勞動法第一條之立法意旨而予以適用，這樣將外國立法例當作「法理」之說理方式，其價值判斷值得肯定，相信判決者大概受到最高法院59年度台上字第1005號「將外國立法例作爲法理而適用」之判決及民法名學者王澤鑑教授所爲論文「比較法與法之解釋適用」評介最高法院判決並予以推廣介紹（註3）之影響。

　　除了上述以國內法民法之方法論解決國內法與國際勞動法之適用關係以外，實則，勞動法常受國際因素之影響，以及國際勞動公約於國內法之效力問題，本是國際法上之重要課題，本文擬予以說明。

第二節　勞動法國際因素豐富之原因及我國批准之ILO公約

(一)國際因素豐富之原因

何以在勞動法領域，存有極豐富之國際公約？這是因為：一、勞動作為經濟之生產因素之一，各國勞動條件之高低，影響各國之經濟競爭力，是以極需以國際條約或公約，「同步」規範各國之勞動條件，以平衡各國之競爭力（註4），二、勞動問題、勞工運動將影響和平及社會安定，而社會不安並非只是一國國內之問題，它經常跨越國境成為國際問題，對此，在經歷第一次世界大戰之後，各工業先進國家均有深刻的體驗，乃於一次大戰後，於凡爾賽條約第十三部第三百八十七條至第三百九十九條規定「國際勞動組織」（International Labor Organization 簡稱 ILO），第四百二十七條規定勞動之一般原則（註5），其中，國際勞工組織憲章之「序言」即明示「茲因世界永久和平之建立必須以社會正義為基礎，又因現在之勞工狀況使大多數人民感受不公、困苦及窮乏，以致產生極度不

滿，因而危及世界之和平與協調，此種情形極待改善：例如規定工作時間，包括確立工作日與工作週之最高時間，規定勞工之供給，防止失業，維持相當之生活工資，防護工人之染受普通或職業疾病及因工作而得之傷害，保護兒童、青年及婦女，設置養老金及殘廢撫恤金，保障工人受僱於外國時之利益，承認同工同酬原則，承認自由結社之原則，舉辦職業及技術教育，以及其他類似的辦法。又因任何國家之未能採用合乎人道之勞工制度，必致妨礙其他國家改良基本國勞工狀況之進行；各締約國基於正義感和人道感，及保證世界永久和平之熱忱，並為達成本本序言所訂之各項目標起見， 爰核定下列國際勞工組織憲意」（註6），依此序言，可知今日類似我國勞動基準法之內容，仍不出上述工時、工資、職業病防護、同工同酬等內容，是以國際勞工公約等「國際因素」實為勞動法法源之「來源」，經國際影響，逐次為各國立法所接受。又觀諸上述序言，復明示「勞工問題危及世界之和平」及「任何國家未能採用合乎人道之勞工制度必致妨礙其他國家改良其本國勞工狀況之進行」，可見各國均體認勞工問題之國際性及重要性，乃在國際勞工組織 ILO 之運作下，至

1997 年止通過 181 個公約 (International Labor Convention) 及 188 個建議書 (International Labor Recommendation)（註 7）。

(二)我國批准之ILO公約

雖然，我國自 1970 年年代以來，因外交困境而不利於條約、公約之簽訂，但依內政部所編「國際勞工公約及建議書」三巨册之資料所示，我國仍批准過如附表「我國批准之 ILO 公約」一欄表所示十七項 ILO 公約，包括「結社權公約」、「男女勞工同工同酬公約」、「意外事故防護公約」等十七件國際勞工組織 (ILO) 勞動公約，可謂豐富，而成爲我國勞動法之重要國際法法源，值得重視、參酌，得作爲規範勞資間權利義務關係之一法源之一。

附表：我國批准之 ILO 公約一欄表

編　號	公 約 名 稱	ILO 通過日期	我國批准日期
NO. 11	結社權（農業）公約	1921	1924. 02. 09
NO. 105	廢止強迫勞工公約	1957	1959. 01. 23
NO. 100	男女勞工同工同酬公約	1951	1958. 03. 01
NO. 81	勞工檢查公約	1947	1961. 09. 26
NO. 26	創設訂定最低工資機構公約	1928	1930. 02. 20
NO. 14	工業工人每週應有一日休息公約	1921	1934. 02. 09
NO. 27	標明航運重包裹公約	1929	1931. 04. 24
NO. 32	意外事故之防護公約	1932	1935. 04. 15
NO. 19	外國工人與本國工人災害賠償應受同等待遇公約	1925	1943. 02. 09
NO. 45	禁止僱用婦女於一切礦場地下工作公約	1935	1936. 10. 10
NO. 59	最低年齡工業修正公約	1937	1939. 12. 20
NO. 107	獨立國家內土著及其他部落與半部落人口之保護與融合之公約	1957	1962. 09. 10
NO. 22	海員僱傭契約公約	1926	1936. 10. 10
NO. 7	規定海上僱用兒童最低年齡公約	1920	1936. 10. 10
NO. 15	限制僱用火夫或扒炭之最低年齡公約	1921	1936. 10. 410
NO. 16	僱用海上之幼兒及兒童強制體格檢查公約	1921	1936. 10. 10
NO. 23	遣送海員回國公約	1926	1934. 10. 10

第三節　國內法與國際公約之適用關係

(一)條約與國內法同等效力

1. 美國

　　美國憲法第六條第一項規定，本憲法與依據本憲法所制定之合眾國法律、以及合眾國所締結或將締結之條約，均為全國「最高法律」(Supreme law of land)，優於相衝突的州憲法和州法律，但憲法的規定並未提及條約和聯邦法律之衝突，憲法的起草者並未關心到此問題，但關於此衝突的問題，在不久即發生，而由法院面對問題並解決之。在 1884 年 Head Money 一案中，聯邦最高法院指出，憲法並未給予條約優於國會行為 (act of congress) 之效力，憲法缺乏任何條約優先性的規定，所以，條約應像國會行為可以通過其施行、修改或廢除。在其後一系列案例中，聯邦最高法院重申「因為條約和聯邦法律有相同地位，所以訂立在後的優先」；現在的憲法原則是：美國國會可以通過法律而抵觸了有國際拘束力的條約，而且，國

會的立法將被美國法院所支持；另外，條約不得違反憲法，也是美國既定的原則，蓋自 1803 年 Marbury v. Madison 一案確認司法審查成文法之合憲性以來，一直是美國憲法所採取的見解，同樣，司法審查條約的合憲性，也是聯邦最高法院於 1954 年在 Reid v. Corert 一案中確定下來的原則（註 8）。

　　雖然，如上所述「相同」效力之下，依「訂立在後的優先」原則、「後法推翻前法」來解決條約與法律的衝突，但是，實務上於適用時應儘量推定國會並不意圖制定法律來抵觸國際條約，儘量使二者都能生效，聯邦最高法院在 1888 年 Whitney v. Robertson 一案中表示「按照憲法的規定，條約和聯邦法律是站在同等地位而創設同等義務，二者均是憲法宣稱爲「國家的最高法律」（the supreme law of the land），而並未給予其中之一較高於另一個的優越效力。當二者對於同一事項均有規定時，法院會在抵觸任何之一的文字之下，盡量努力的解釋，使二者都能生效。但是在條約的規範必須是在自動履行性質下而二者的規定發生牴觸時，則新法推翻舊法……」（註 9）。

2. 阿根廷

阿根廷憲法像美國憲法一樣，並未規定條約優先於聯邦立法，雖然其憲法規定條約優先於省法（provincial law）和省憲法。於 1963 年，阿根廷最高法院在 Martin & Cia 一案中認為「條約和聯邦法在位階上相同，因此，在時間上後者優先於前者」，法院認為 Decree-Law 牴觸阿根廷與巴西間的通商航海條約，因條約批准在後，應適用該條約，法院於判決意見中提及此種解決方式已被美國司法於解釋美國憲法第六條第二項時所採用。此外，阿根廷最高法院也清楚地指出條約不得優於憲法條款，但有一頗受批評的案例認為，在戰爭時期條約優於憲法（註 10）。

3. 墨西哥

墨西哥之情形和美國、阿根廷類似，墨西哥 1934 年憲法規定條約優先於州憲法及州法律，但是並未規範條約和聯邦法律之關係，「後法優於前法原則」（lex posterior derogat priori）適用於條約和聯邦法律之衝突。另外，相較於美國和阿根廷，墨西哥有一獨特的規定，其憲法特別規定「只有當條約與憲法相符合時（made in accordance），

條約爲國家的最高法律（the supreme law of land），因此，對條約和法律進行合憲法之司法審查均適用於墨西哥和阿根廷的法律體制，在墨西哥聯邦司法得進行司法審查，但州法院則不得爲之，而在阿根廷則整個司法系統均得進行司法審查（註11）。在實例方面，墨西哥於1937年批准（工業）年輕人夜間工作公約（第6號公約），但因發生違憲，該批准公約於1956年被廢止，詳言之，公約規定禁止十八歲以下的年輕人於夜間工作，但其憲法第123條第二項規定禁止十六歲以下年輕人於夜間工作，而發生公約違憲之問題，因修憲在政治現實上不可能，墨西哥乃於1956年廢止公約之批准（註12）。

4. 日本

在日本，經批准之條約是否具有國內法律同樣之效力？日本憲法第九十八條第二項規定「日本國締結之條約及確立之國際法規應序誠實遵守」，有認爲此係國民、行政機關、司法機關應予遵守之規定，應承認國際法之國內效力，但亦有認爲批准國際勞動條約只是批准負有將條約內容以國內法實施之義務而已，條約之內容並不直接成爲

國內法。針對此爭論，有泉亨教授認爲，國際勞動條約不同於二國間之條約，國際勞動條約明確具有國際立法之性格，在立案過程中，除政府之外，更讓關係當事人之勞資代表參加，即經由政府以外之國民代表參加，以追求在批准國國內實施之妥當性，且在程序上，歷經提案、討論、審議、表決，亦給予加盟國國內充分討論之機會，除此之外，特別在勞動基準法之領域，條約多數係在設立「基準」，依此性格，將其直接賦予國內法之效果之障礙較少（註13），似乎肯定勞動公約具有國內法之效力（註14）。

(二)條約優先於國內法

1.荷蘭

荷蘭憲法規定，如果法律牴觸自動履行之條約（self-executing treaties, 雙方同意條約之內容得拘束任何一方之條約）時，不論條約之承認（ratify）是在該法律施行之前或施行之後，法律均不得適用。因此，荷蘭之法院被特別授權，得審查（test）國家之法律是否與自動履行之條約相符（未抵觸），法院也可以認定條約優於後訂立之法律。在荷蘭，適用條約所面臨的主要障礙（obstacle）似乎

在於嚴格解釋「自動履行條約」（嚴格解釋「條約之內容
得拘束任何一方」），障礙不在後法之問題。荷蘭法院判
決「拒絕適用法律，因該法律與先訂立之條約牴觸」之判
決很少，可能是因為法院對上述憲法的規定作了嚴格的解
釋，因而給予國家法律有利的基礎（註15）

2. 法國

　　比起美國、哥根廷、墨西哥朝法更進一步（more far-
reaching），法國憲法第 55 條明確指「條約……有優先於
法律的效力（have an authority superior to that of
laws），然而，由於政府有權機關對此問題之控制，使得
憲法第 55　條之條已被弱化，而憲法條文並未明示法官有
權力控制條約優於法律的規定。儘管法國法院此種傳統上
的「不情願」（reluctance），但最高法院 Weigel　法官在
1975 年 Administration des Douances 一案中認為「條
約的效力比訂立在後的法律優位」，此判決可以部分解釋
「憲法法院」（Constitutional Council）在 1975 年 1 月
15 日的決議，「憲法法院」決議決定「條約並不因憲法第
55 條規定條約優於法律，而取得憲法之地位」（註16），

這意味著「憲法法院」不負責審查法律違反條約的問題，而應由普通法院及行政法院審查，也就是說，法律違反條約只是法律違反條約的問題，並不構成違憲問題。在普通法院及行政法院爲審查時，對於關鍵性的兩個問題「法律是否牴觸條約」及「締約他方國是否遵守條約」，將依從法國外交部的解釋，而外交部傾向盡力將法律解釋爲與條約並無牴觸，依此，法院也會認爲無牴觸，反之，如外交部認爲確有牴觸，且締約他方國確實適用該條約時，法院則排除國內法之規定，而適用條約的規定，不過，與條約牴觸的該國內法，只是在該案件中不予適用而已，該國內法仍存在，理論上，如將來該條約因某種原因而不適用時，該國內法就會因爲沒有與之牴觸的條約，而可以適用，如果締約他方國不再適用該條約，法國憲法第 55 條所規定條約優於法律的前提已不具備，該國內法也就可以適用（註 17）。

3. 瑞士

瑞士聯邦法院一再反覆陳述「條約優於法律，即使法律訂立在後」（註 18）。關於條約之效力高於先訂立的內

國法之案例，是瑞士適用 ILO 第 19 號公約之例子，學者 Berenstein 指出「國際公約對內國法律有決定性的影響力，即使公約的批准並未導致任何立法的變化，例如，瑞士批准 1925 年平等對待（意外損害賠償）公約，該公約實質改變了 1911 年瑞士聯邦疾病及意外保險法（該法第 90 條規定對保險的外國人有不同的待遇），雖然該法並未正式修改，然而該公約卻一直爲瑞士國家意外保險基金所適用」（註 19）。然而，瑞士聯邦法院於 1933 年及 1973 年出現例外的案例， 1933 年 Steenworden C. Societe des Auteurs 案，聯邦法院放棄其早就主張條約優於法律的看法，認爲二者位階相同，所以訂立在後的應予適用，即 1908 年的著作權條約和 1922 年的聯邦法律有明顯的衝突，而法院選擇了後法，但仍強調條約的優位，而試圖藉「條約是特別法（lex specialis）」，調和條約與法律，使之無衝突。此判決引起了批評，此批評多緣自長期以來各案例都主張條約凌駕於法律之上的見解。另一個例外是 1973 年的 Schubert C. Commission 一案，聯邦法院判決聯邦法律禁止非居民的外國人擁有財產所有權，除非取得特許，此法律應比早先的瑞士奧地利條約優先適用，雖然

瑞奧條約規定兩國居民公民的財產權應平等對待。此判決亦廣受批評，學者認為該判決不太可能被以後的判決所遵從，但 Schubers C. Commission 一案之判決顯示了「敏感性的政治議題通常會影響法院關於適用條約之判決」（註 20），學者 Lardy 也率直地指出「司法是變化的、不確定的、有各種不同解釋的；變更判決的基本原理仍缺乏，不同的理由可出現相類似的判決，同樣的理由反出現不同的判決」（註 21）。

4. 中國（大陸）

關於條約和法律的法源位階，中國（大陸）規定條約優於法律，但有保留的例外。其於一九八六年通過、一九八七年一月一日施行的中華人民共商國民法通則通一四二條第二款規定「中華人民共和國締結或者參加的國際條約同中華人民共和國的民事法律有不同規定的，適用國際條約的規定，但中華人民共和國聲明保留的條款例外」。

（三）我國

關於條約和法律之適用關係，司法實務在「大英百科全書之著作權」一案中，表達得最清楚。台灣高等法院七

十九年度上更（一）字第一二八號判決認爲……條約在我國是否有國內法之效力，法無明文，惟憲法第五十八條第二項、第六十三條、第五十七條第三款規定觀之，其審查程序與國內一般法律相同，應認爲其具有國內法之同等效力，法院自應予以適用（參見最高法院七十二年台上字第一四一二號判決）。另依憲法第一百四十一條「尊重條約」之規定，條約之效力應優於國內一般法律（參照最高法院二十三年上字第一〇七四號判例）而居於特別規定之地位，故條約與國內一般法律牴觸時，依特別法優於普通法之原則，自應優先適用條約之規定，又特別法優於普通法之原則，於特別法爲舊法（即前法），普通法爲新法（後法）之情形亦然……，是以被上訴人主張中美友好通常航海條約係於三十五年簽訂，著作權法於七十四年修正，依後法優於前法之原則，自應優先適用著作權法之規定，就系爭書籍在我國申請著作權註冊，始能取得著作權云云，依上述規定，即無可採」（註 22），可謂明白認定「條約與法律同等效力」、「條約居於特別規定之地位，應優先適用條約」、排除「新法優於舊法」，惟這只是個案，將來之相關案例是否能夠繼續如此，仍有待觀察，誠如法國

學者 Lardy 就瑞士狀況指出「司法是變化的，不確定的，有各種不同解釋的，變更判決的基本原理仍缺乏……」（註 23），我國之法治建設尚在初步階段，更是有一段需要摸索而不確定、多變的過程。

註釋：

註1：Zöllner, Arbeitsrecht, 第 109 頁以下；有泉亨，勞動基準法，第 31 頁以下；黃越欽，勞動法論，第 27 頁以下；史尚寬，勞動法原論，第 10 頁以下。

註2：台北地方法院 79 年度訴字第 16 號判決。

註3：王澤鑑，比較法與法之解釋適用，收於民法學說與判例研究，第二冊，第 1 頁以下。

註4：自 1980 年以後，中國大陸、東南亞約有二十億人之較便宜勞動力，加入工業化生產，勢必引起與過去不一樣的激烈競爭。

註5：史尚寬，前揭書，第 11 頁。

註6：中文翻譯引自黃越欽等人編，簡明勞動六法，第 599 頁。

註7：參見吾鄉眞一，國際勞動基準法，第 33 頁；關於各號國際勞工公約及建議書之內容之中文翻譯，詳見內政部編印，國際勞工公約及建議書（上）、（中）、（下）三冊，1987 年 6 月版。

註 8 ：以上參見 Virginia A. Leary, International Labour Conventions and National Law, PP118　1982

註 9 ：此判例中譯見吳嘉生，國際法與國內法關係之研析，第 147 頁。

註 10 ：Virginia A. Leary, id. pp.119.120

註 11 ：Virginia A. Leary, id. pp.120

註 12 ：Virginia A. Leary, id. pp.124

註 13 ：以上詳見，有泉亨，勞動基準法，第 31 、 32 頁。

註 14 ：游啓忠先生將日本列爲「條約之地位優於國內法」之類型中，惟又認爲在審判實務上則認爲二者並無優劣之分，而適用後法廢止、變更前法的原則，游啓忠，條約在我國國內法上之地位及其適用（三）法務通訊一五九二期，81 年 10 月 1 日

註 15 ：Virginia A. Leary, International Labour Conventions and National Law, p.127,1982

註 16 ：Virginia A. Leary, ibid. p121

註 17 ：游啓忠，條約在我國國內法上之地位及其適用（四），法務通訊 1593 期

註 18 ：Virginia A. Leary, ibid. p122

註 19 ： Alexandre Berenstein, The Influence of International Labour Conventions on Swiss Legislation,77 I.L.R.1,6(1958), 轉引自 Virginia Leary, ibid. p127

註 20 ：以上參見 Virginia A. Leary, ibid. p123

註 21 ： Pierre Lardy, La force obligatoire du droit international en droit interne, p208, 轉引自 Virginia A. Leary, ibid. 前揭書，p122

註 22 ：前述判決要旨引自吳嘉生，前揭書，第 108 、 109 頁。

註 23 ：同註 21 。

補論二：重要創造性判決

　　現代法律實務及「法源」涉及宋明理學所述「理」、「心」、「事功」、「勢」四種元素的產物，其中「勢」（權力）的影響力頗大，影響「法官」（權力）作成判決的心理不小，而「勢」（權力）的表現形式，則為判決先例，尤其是有「創造性」的判決先例，以下選輯一些具有創造性的勞基法判決先例，作為本書「勞動法法源」的補論：

一、勞動契約與委任、承攬之區別

1. 勞動契約非僅限於僱傭契約，關於勞務給付之契約，其具有從屬性勞動性質者，縱兼有承攬、委任等性質，亦應屬勞動契約

　　按「勞工：謂受雇主僱用從事工作獲致工資者。」「工資：謂勞工因工作而獲得之報酬。」「勞動契約：

謂約定勞雇關係之契約。」勞動基準法第2條第1款、第3款、第6款定有明文。是勞動契約之勞工與雇主間具有使用從屬及指揮監督之關係，勞動契約非僅限於僱傭契約，關於勞務給付之契約，其具有從屬性勞動性質者，縱兼有承攬、委任等性質，亦應屬勞動契約。上訴人在被上訴人甲公司固定持續工作近十七年，從事該公司之生產工作，經該公司將上訴人編入其生產組織，上訴人不負擔事業計畫及損益盈虧，其在該公司之工作場所及工作時間受分配而工作，不得為器材之調度，每月因其工作而獲得薪資，並經扣繳薪資所得稅，且應遵守該公司之廠規等，其勞務給付與被上訴人甲公司間似已具有使用從屬及指揮監督之關係。原審就上訴人之前開攻擊方法未遑詳查究明，遽認上訴人係為自己之營業報酬而工作，與該公司無經濟上之從屬性，且其係獨立自主工作，未納入該公司之生產體系，非在該公司之指揮監督下為之，殊嫌率斷。（最高法院89台上1301號判決）

解析

是否勞動契約是進入勞基法規範與否的「門戶」，本判決具有「創意」，指出：勞動契約非僅限於僱傭契約，

具有從屬性勞動性質者，縱具有承攬、委任性質，亦屬勞動契約，擴大勞動契約之範圍，以契約流動之方式，不僵化民法之契約類型。

2. 升任為經理時，原僱傭契約無變更為委任契約之合意，且需服從公司之指示監督，無裁量權，兩造之勞動契約為僱傭契約

　　查勞雇間之勞動契約，於勞動基準法（下稱勞基法）施行後，應優先適用勞基法之規定，勞基法未規定者，始適用民法關於僱傭之規定。被上訴人升任為上訴人公司愛河分店之經理時，兩造之原僱傭契約無變更為委任契約之合意，且被上訴人就該分店經營及管理，需服從上訴人之指示監督，並無自行裁量之權力，兩造之勞動契約為僱傭契約，而被上訴人並無上訴人所指就其所擔任之工作有確定不能勝任之情事，原審因而認上訴人以被上訴人不能勝任工作為由，依勞基法第11條第5款規定，預告終止兩造間之勞動契約為不合法，而為上訴人敗訴判決，經核並無違背法令（最高法院100年度台上字第2016號判決）。

解析

1.此為「升任經理」時法律關係是否變化的重要判決，亦曾有認為升為經理即變更為委任之判決，此判決則認為「雙方無變更委任的合意」，腦筋清楚。

2.但「無自行裁量之權力」，因常多多少少有裁量權，具有被攻擊之危險性，我們不應有「裁量」當作有過多之影響力，才是正道。

二、勞動契約、工作規則、團體協約

1.雇主於工作規則為合理性之變更時，雖違反團體協約之約定，仍屬有效

工作規則違反法令之強制或禁止規定或其他有關該事業適用之團體協約規定者無效，固為勞基法第71條所明定。惟依同法第70條規定，雇主為統一勞動條件及工作紀律，可單方訂定工作規則，其變更時亦同，是工作規則如經報請主管機關核備，不問勞工是否同意，皆能發生拘束力。雇主就工作規則為不利勞工之變更時，原則上雖不能拘束表示反對之勞工；但雇主為因應勞動條件變化，就工作規則為不利益變更，如符合多數勞工之利益，同時亦

滿足企業經營之必要，具合理性時，自不宜因少數勞工之反對，即一味否認其效力。故於有此情形時，勞基法第71條之規定，應為目的性限縮之解釋，即雇主於工作規則為合理性之變更時，為兼顧雇主經營事業之必要性及多樣勞動條件之整理及統一，其雖違反團體協約之約定，應無須勞方之同意，仍屬有效。（最高法院99台上2204號判決）

解析

1. 此為重要判決，以「變更之合理性」作有效與否之標準。

2. 然「合理」與否，不確定，見仁見智，所以法治也需好的人治，需要優秀的法官。

2. 契約得否訂定勞工最低服務期限暨其違約金之約款

　　按現行勞動基準法就雇主與勞工間之勞動契約，雖未設有勞工最低服務期間之限制、或不得於契約訂定勞工最低服務期限暨其違約金之禁止約款，但為保障勞工離職之自由權，兼顧各行業特性之差異，並平衡雇主與勞工雙方之權益，對於是項約款之效力，自應依具體個案情形之不

同而分別斷之，初不能全然否定其正當性。又最低服務年限約款適法性之判斷，應從該約款存在之「必要性」與「合理性」觀之。所謂「必要性」，係指雇主有以該約款保障其預期利益之必要性，如企業支出龐大費用培訓未來員工，或企業出資訓練勞工，使其成為企業生產活動不可替代之關鍵人物等是。所謂「合理性」，係指約定之服務年限長短是否適當？諸如以勞工所受進修訓練以金錢計算之價值、雇主所負擔之訓練成本、進修訓練期間之長短及事先約定之服務期間長短等項，為其審查適當與否基準之類。查上訴人為飛行機師，必先接受訓練、考取執照後始可執行工作，屬專門技術人員，被上訴人無從招募人員後使之即加入營運，上訴人依其自由意志簽訂服務契約之前，免費接受期間約一年半，費用近達三百五十萬元之昂貴專業訓練，學習駕駛飛機專業技能，該服務契約並未變更原不定期契約之性質，嗣再簽訂訓練契約取得A320型飛機之機師資格，期間約一年，費用亦達142萬9454.07元，既為原審審據上開事證所合法確定之事實，復有各該契約書在卷足憑，則兩造約定系爭最低服務年限暨其違約金約款之效力，從兼顧保障勞工離職之自由權及各行業特

性之差異，並平衡雇主與勞工雙方之權益觀之，自不能予以否定，且已具備該約款存在之「必要性」及「合理性」。原審本於上開理由，論斷系爭勞動契約最低服務期限暨違約金之約款爲屬有效，依上說明，即無違背法令之可言。（最高法院96年度台上字第1396號判決）

3. 原則上無「就勞請求權」

　　「……再債權人有受領給付之權利，除法律另有規定或契約另有訂定外，原則上不負受領給付之義務。而就勞動契約之本質言，須勞工如不就勞，勞工之職業技術水準將無法維持時，始得認勞工有就勞請求權存在。茲曾○○既未舉證證明其如不就勞，其職業技術水準將無法維持，則其請求XX公司准許其進入該公司台北南服務區工作場所工作，即屬不應准許。……」（最高法院81台上1678號判決）

解析

　　非唸法律的一般民眾大概很難理解「債權人原則上不負受領義務」及「勞工原則上無勞請求權」、「請求進入工作場所不應准許」，似乎應該推定「如不就勞，職業技

術水準無法維持」，以縮小一般人民情感與法律概念的差距。

三、工資

1. 具勉勵、恩惠性質且非為工作給付之對價者非屬經常性給與。

　　按所謂工資，係指勞工因工作而獲得之報酬，包括工資、薪金及按計時、計日、計月、計件以現金或實物等方式給付之獎金、津貼及其他任何名義經常性給與均屬之，勞動基準法第2條第3款定有明文。是工資係勞工勞動之對價且為經常性之給與。倘雇主具有勉勵、恩惠性質之給與，即非勞工工作之對價，與經常性給與有別，不得列入工資範圍內。（最高法院85台上1342號判決）

2. 駐外津貼屬工資

　　被上訴人依上訴人之命令派赴甲公司服務，復依上訴人指示返台工作，且依上開規定，被上訴人業務係由上訴人直接監督，駐外津貼數額亦由上訴人核定，並列為固定

薪津之一部分，足見駐外津貼實係被上訴人依上訴人指示赴海外工作，上訴人給予之報酬，自不因上訴人與其關係企業，或與其他公司協議由上訴人以外之其他公司發給該項津貼，而變更該給付之性質。上訴人所辯被上訴人係甲公司所僱用，駐外津貼為該公司給付之薪資，非伊公司所給付，且其中之美元五百四十元係由甲公司發放，又乙紙漿公司亦投資甲公司40%，其僅應負擔部分之駐外津貼云云，均無可採。況上訴人自承因各國之勞動條件、幣值、生活水準不同，故付與駐外人員該項津貼以為補償，益見駐外津貼係被上訴人於國外不同環境下提供勞務所應得之對價，屬工資之性質無疑。被上訴人已於越南工作一年半有餘，每月均領有是項津貼，核屬勞動基準法（下稱勞基法）第2條第3、4款所定之經常性之給與，此與勞基法施行細則第10條第9款所稱之差旅津貼，係勞工因不定時出差而領取者不同。（最高法院90台上687號判決）

四、調動

1.「調動五原則」之法理

「……且勞工違反勞動契約（或工作規則），其行為縱該當於應受懲戒處分情節，雇主如不行使其依勞動契約（或工作規則）之懲戒權，改以調整勞工職務，以利企業團隊運作，增進經營效率，尚難認不符企業經營之必要性及調職合理性。本件上訴人受僱於被上訴人，曾任電氣及冷氣空調技術員，調動之前，擔任運轉課組長，管理全班人事及機台、電氣、空調之修理，因無法妥適處理主管交辦事項，又未依規定申請變更輪休日，復自行准組員請假，更對主管有不敬文字，被上訴人為求企業團隊運作，將上訴人調任為保全課助理專員，負責機器維修，且其職務俸級相同，僅有因工作內容不同而有不同之加給，為原審所合法確定之事實，則被上訴人調動上訴人職務之行為，自難謂有違企業經營之必要性及調職之合理性與內政部調動五原則之精神。……」（最高法院98台上600號判決）

解析

補522

　　一連串判決之後，「調動五原則」之行政解釋及判決、法理已進一步形成立法，規定在勞基法第10之1條。此案例彰顯法律的創造性補充及法律的成長，案例成法。

2. 雇主調動勞工工作，應斟酌有無企業經營之必要性及調職之合理性，尚非全以內政部所定調職五原則為衡量標準

　　依勞動契約行使權利、履行義務，應依誠實及信用方法，並不得違反公共利益或以損害他人主要目的，雇主調動勞工工作，應斟酌有無企業經營之必要性及調職之合理性，尚非全以內政部所定調職五原則為衡量標準。被上訴人受僱於上訴人，曾任電氣及冷氣空調技術員，調職之前，擔任運轉課組長，管理全班人事及機台、電氣、空調之修理，上訴人將被上訴人調任為保全課助理專員，負責機器維修，為原審確定之事實，原審未說明所憑理由，遽謂兩者工作性質完全不同，已有判決不備理由之違法，且勞工擔任不同之工作，其受領之工資當有所不同，尚不得僅以工資總額減少，即認調職違法。而勞工違反勞動契約（或工作規則），其行為縱該當於應受懲戒處分情節，雇

主倘不行使其依勞動契約（或工作規則）之懲戒權，改以調整勞工職務，以利企業團隊運任，增進經營效率，是否不符企業經營之必要性及調職合理性，非無進一步推求餘地。（最高法院97年度台上字第1459號判決）

五、雇主之終止權、解僱最後手段

（一）解僱最後手段原則

1. 勞工對於所擔任之工作確不能勝任，應符「解僱最後手段性原則」

　　勞基法第11條第5款規定，勞工對於所擔任之工作確不能勝任時，雇主得預告勞工終止勞動契約，揆其立法意旨，重在勞工提供之勞務，如無法達成雇主透過勞動契約所欲達成客觀合理之經濟目的，雇主始得解僱勞工，其造成此項合理經濟目的不能達成之原因，應兼括勞工客觀行為及主觀意志，且須雇主於其使用勞基法所賦予保護之各種手段後，仍無法改善情況下，始得終止勞動契約，以符「解僱最後手段性原則」。（最高法院98臺上1088號判

決）

解析

　　法院創造了法律沒有規定的「最後手段原則」，將法理、學說形成案例，案例一多，幾乎成了「習慣法」。

（二）確不能勝任

1. 主觀上懶惰、怠慢、消極，且無工作熱忱及意願，屬不能勝任工作

　　上訴人辦理系爭代起掘（墳墓）之督工業務，有未於代起掘前、中、後過程拍照，及詳予記載督工日誌等重大疏失。因招致家屬不滿，卻無存證等得以澄清，經媒體大幅負面報導，引起輿論譁然，嚴重損害被上訴人之機關形象，顯見其主觀上懶惰、怠慢、消極，且無工作熱忱及意願，而不能勝任工作，被上訴人爰依勞動基準法第11條第5款之規定，終止兩造之僱傭契約，即無不合。（最高法院100年度台上字第2225號判決）

2. 雇主應有告知勞工其被解僱事由之義務，且雇主不得隨意改列其解僱事由

甲固證稱其交付資遣通知書時，曾告知被上訴人若不同意資遣，可不在資遣通知書簽章，被上訴人無異議接受公司解僱云云，惟甲為上訴人協理，中區業務由其負責，與上訴人公司利害關係一致，所稱被上訴人無異議接受解僱一節，難以採信，且與甲同行之上訴人員工乙亦稱就甲上開證述情節並無印象，上訴人將資遣費匯入被上訴人銀行帳戶，乃其自以為解僱合法而為始付，與兩造是否合意終止勞動契約無關，不能以被上訴人於資遣通知書簽名，即認兩造已合意終止勞動契約。其次，勞動法第11條第5款所稱之「勞工對於所擔任之工作確不能勝任」者，舉凡勞工客觀上之能力、學識、品行及主觀上違反忠誠履行勞務給付義務均應涵攝在內，且須雇主於其使用勞基法所賦予保護之各種手段後，仍無法改善情況下，始得終止勞動契約。又同法第11條、第12條分別規定雇主之法定解僱事由，為使勞工適當地知悉其所可能面臨之法律關係的變動，雇主基於誠信原則，應有告知勞工其被解僱事由之義務，並基於保護勞工之意旨，雇主不得隨意改列其解僱

事由，始符「解僱最後手段性原則」。查上訴人之資遣通知書並無明載任何具體事由，僅事先印製之「離職原因」欄位勾選「勞動基準法第11條第5款」，難認已合法告知解僱事由。又甲告知被上訴人資遣事由時，僅稱被上訴人「與經銷商配合不佳」、「衝勁不夠」等主觀感受，與被上訴人是否不能勝任工作無必然關聯，證人乙及丙對被上訴人工作情形如何亦不知情，上訴人就此亦未舉證證明，嗣後雖稱被上訴人業績不佳云云，惟其亦自認全體業務均未能達到預定業績目標，公司並未據此要求任何業務代表辭職，則上訴人以被上訴人業績不佳而認被上訴人不能勝任工作，顯屬無憑，其解僱被上訴人即非合法，兩造間僱傭關係仍然存在。（最高法院101年度台上字第366號判決）

（三）情節重大

1. 勞基法第12條第1項第4款所稱「情節重大」之判斷標準

　　勞基法第12條第1項第4款規定：勞工有違反勞動契約

或工作規則,情節重大者,雇主得不經預告終止契約。上開所謂「情節重大」應以勞工違反工作規則之具體事項,客觀上是否已難期待雇主採用解僱以外之懲處手段而繼續其僱傭關係,亦即雇主所為之懲戒性解僱與勞工之違規行為在程度上是否相當作為判斷標準。(最高法院97台上920號判決)

　　勞基法第12條第1項第4款規定,勞工有違反勞動契約或工作規則,情節重大者,雇主得不經預告終止契約。所謂「情節重大」,係屬不確定之法律概念,不得僅就雇主所訂工作規則之名目條列是否列為重大事項作為決定之標準,須勞工違反工作規則之具體事項,客觀上已難期待雇主採用解僱以外之懲處手段而繼續其僱傭關係,且雇主所為之懲戒性解僱與勞工之違規行為在程度上須屬相當,方符合上開勞基法規定之「情節重大」之要件。勞工之違規行為態樣、初次或累次、故意或過失違規、對雇主及所營事業所生之危險或損失、勞僱間關係之緊密程度、勞工到職時間之久暫等,均為是否達到懲戒性解僱之衡量標準。(最高法院95台上2465號判決)

解析

「情節重大」與否為重要問題，因涉及的案件多，也不乏「見仁見智」，彰顯法律需要優秀、好的法官，才有正義。

2. 對受僱人之懲戒及解僱應符懲戒處分相當性原則

本件被上訴人駕駛大客車固有到站時間較短、車輛行車紀錄器數值行車公里不足等事實，上訴人本應請其解釋原因，然未予被上訴人申辯之機會，且縱然調查結果仍認被上訴人確有私自更改行車路線，核其情節，因屬同一次發現之事實，前未曾因類此事由經上訴人為懲戒，亦應予以記大過之處分，並令其知所警惕，蓋其情節對兩造勞動關係尚非受嚴重之干擾，難期繼續而有立即終結之必要程度。乃上訴人竟於該日調閱行車紀錄器以上開事由連發三函，對被上訴人各記大過一次，合計記三次大過處分，並於翌日解僱，所為懲戒及解僱之行為不符懲戒處分相當性原則，自有違背勞動基準法第12條之規定，不生終止契約之效力。（最高法院96年度台上字第442號判決）

解析

「相當性原則」具有創造性，也不乏「見仁見智」，法律需要優秀、好法官，才能彰顯正義。

3. 情節重大須勞工違反勞動契約或工作規則，客觀上已難期待雇主採用解僱以外之懲處手段而繼續其僱傭關係

按勞基法第12條第1項第4款規定，勞工有違反勞動契約或工作規則，情節重大者，雇主得不經預告終止契約。所謂「情節重大」，係屬不確定之法律概念，不得僅就雇主所訂工作規則之名目條列是否列為重大事項作為決定之標準，須勞工違反勞動契約或工作規則之具體事項，客觀上已難期待雇主採用解僱以外之懲處手段而繼續其僱傭關係，且雇主所為之懲戒性解僱與勞工之違規行為在程度上須屬相當，方符合上開勞基法規定之「情節重大」之要件。則勞工之違規行為態樣、初次或累次、故意或過失違規、對雇主及所營事業所生之危險或損失、勞雇間關係之緊密程度、勞工到職時間之久暫等，均為是否達到懲戒性解僱之衡量標準。（最高法院96年度台上字第631號判

決）

4. 勞工業務外之行爲，屬於勞工私人生活領域範圍，非雇主所得支配之範圍

　　按勞資關係係以勞動力爲中心，受空間、時間限制之結合關係，並非勞工與雇主之全人格之結合關係，因此在工作時間外之勞工業務外行爲，屬於勞工之私生活範圍，非雇主所得任意支配，惟有勞工之行爲與事業活動有直接關連，且損害事業之社會評價，爲維持事業秩序之必要，方足成爲懲戒之對象。上訴人主張本件發生之時間、地點爲非被上訴人上班時間之晚上八時許，且係在與工作場所完全無關之高雄市甲飯店喜宴上，自屬於在工作時間、場合外之勞工業務外之行爲，屬於勞工私人生活領域範圍，非雇主所得支配之範圍，況參加私人喜宴及私下在婚宴當中因敬酒之客套話語發生爭執之行爲，與事業活動無直接關連，並未損害事業之社會評價及嚴重影響勞動契約繼續存在云云，尚非無據。原審未遑詳爲深究，徒以上訴人前開侮辱行爲業已達嚴重影響勞動契約繼續存在之程度，遽爲上訴人不利之認定，殊嫌速斷。（最高法院97年度台

上字第423號判決）

解析

「私人生活領域」具有創造性。

六、受僱人之終止契約

1. 片面減薪，受僱人得不經預告終止勞動契約，並請求給付薪資差額及資遣費

末按原審依調查證據及辯論之結果，以：上訴人未經被上訴人同意，片面依其所公布之飛航機師人事管理辦法，將被上訴人分別減薪，有違勞動基準法爲保障勞工權益，加強勞雇關係之意旨。因認被上訴人依該法第14條第1項第5款及第6款規定，不經預告終止勞動契約，並準用同法第17條規定請求上訴人給付薪資差額及資遣費，於法均無不合，就此部分爲上訴人敗訴之判決，經核並無違背法令情事，併此敘明。（最高法院94年度台上字第1693號判決）

解析

受僱人終止契約的規定，需要受僱人活用，於面對被

僱主「非法解僱」時，是否兼採此規定「反訴」並請求資遣費。

2. 未按約定時間發給薪資，且未經受僱人同意，實施無薪假，自行扣減無薪假薪資，受僱人得不經預告終止勞動契約

上訴人雖抗辯經濟不景氣，員工排休調節，公司實施無薪休假，均在被上訴人同意，並提出公告暨請假卡為證。惟公告係民國97年10月26日公布，僅載：「主旨：為共同渡過景氣寒冬而實施彈性休假措施。實施：一、現場人員依生產排程決定。二、一般行政人員，每月排休四天」，且被上訴人確有被扣除無薪假薪資之事實，所扣除無薪假之薪資比例，係逐漸增加，以其比例觀之，顯達實質減少薪資之效果，且逾每月排休四至五天所減少之薪資，已與上開公告內容不符。再者，公告乃上訴人單方所為，不足證明被上訴人同意其內容。何況該內容僅係規範彈性休假制度，就彈性休假是否扣減薪資，通觀公告全文，亦無上訴人就此減薪之意旨，顯係上訴人未經兩造協商所為片面之彈性休假決定。至被上訴人請假卡僅為其請

假紀錄，更不足證明其同意上訴人實施無薪假，並同意休假時上訴人無庸給付工資。上訴人既未能證明與被上訴人協商，且經被上訴人同意實施彈性休假並減少休假時工資，被上訴人放彈性休假，係上訴人要求所致，即係可歸責於其事由而仍應照發工資。又上訴人就97年薪資既未按兩造勞動契約約定時間發給，且未經被上訴人同意，實施無薪假，自行扣減無薪假薪資，被上訴人未於無薪假當日出勤，係上訴人拒絕受領，自無補服勞務之義務，上訴人仍應依約補足片面扣減工資，上訴人既未予補足，其有未依勞動契約給付被上訴人工作報酬自明，被上訴人先後於88年1月23日及2月18日不經預告向上訴人終止兩造勞動契約，為屬合法，上訴人嗣後再向被上訴人終止契約，不生其效力。（最高法院99年度台上字第1836號判決）

七、職災

1. 勞災時得請求二年薪資加四十個月薪資

　　按「『勞工在醫療中不能工作時，雇主應按其原領工資數額予以補償。但醫療期間屆滿二年仍未能痊癒，經指

定之醫院診斷，審定為喪失原有工作能力，且不合第3款之殘廢給付標準者，雇主得一次給付四十個月之平均工資後，免除此項工資補償責任』，為勞動基準法第59條第2款所明定。依其規定意旨觀之，二年期間係勞工之醫療期間，雇主應給付該期間之工資，至四十個月之平均工資，乃勞工醫療經過二年後，仍未能回復原有工作能力，為免雇主負無限期之補償責任，而明定得一次給付四十個月之平均工資，以免除其此後之薪資補償。是勞工如符合上述規定之條件，自得請求二年醫療期間之薪資補償及四十個月之平均工資。……」（最高法院96台上492號判決）

解析

合計六十四個月薪資之受災補償。

八、退休

1. 退休權利不受終止契約影響

「……勞工一旦符合法定退休要件，即已取得自請退休並請求給付退休金之權利，此為其既得權利，不因雇主終止勞動契約而喪失，否則僱主即得藉故解僱已符合退休

條件之勞工，規避給付退休金之義務，殊非勞動基準法之立法本旨。……」（最高法院97台上1342判決）

「……勞工退休金給付請求權在勞動契約消滅之同時或契約消滅後，即得主張之，惟若因其他原因，致使勞動契約已消滅，而不待勞工再行使退休權利其中之契約終止權時（例如雇主先行依勞基法第11或12條之事由終止契約或勞工死亡時），則其退休金給付請求權並非因而消滅，而是即得隨時行使之。蓋因自請退休及所伴隨之退休金給付請求權，既為勞工因法律規定而生之權利，於法定要件充足時其權利即已發生，在法無明文時，不應因僱主之片面行為而予剝奪。是勞工一旦符合法定退休要件，即已取得自請退休並請求給付退休金之權利，不因雇主終止勞動契約而喪失。……」（台高101勞上字第83號判決）

解析

此判決具有創造性，在「解僱」的活動中仍保障勞工的退休權益，甚至可讓僱主失去解僱的「大動機」。

2. 雇主不得以懲戒解僱，剝奪勞工請求退休金之權利

　　依勞動基準法第12條或第15條規定終止勞動契約者，或定期勞動契約期滿離職者，勞工不得向雇主請求加發預告期間工資、資遣費，為勞動基準法第18條所明定，退休金並未包括在內，故雇主依勞動基準法第12條第1項第4款規定終止勞動契約時，勞工仍得向雇主請求給付退休金。又依退休金之經濟性格觀之，工資本質上係勞工提供勞動力之價值，退休金之性質為「延期後付」之工資，為勞工當然享有之既得權利，於勞工退休時支付，且不因勞工事後離職而消滅。退休金本質上係以勞工全部服務期間為計算標準所發給之後付工資，雇主自不得以懲戒解僱為由，剝奪勞工請求退休公之權利。政府擬將退休金改採「個人儲蓄帳戶」，可攜帶式退休金制度，其目的係避免任主因財務困難或其他因素致勞工請求給付困難，影響勞工既得權益，上訴人辯稱：現行勞動基準法退休金性質並非後付之工資；勞委會現擬修改退休金制度為「個人儲蓄帳戶」，可見現行退休金制性質非後付性質，顯不足採。勞工一旦符合法定退休要件，即已取得自請退休並請求給付退休金之權利，此為其既得權利，不因雇主終止勞動契約而喪失，否則僱主即得藉故解僱已符合退休條件之勞

工，規避給付退休金之義務，殊非勞動基準法之立法本旨。（最高法院92年度台上字第2152號判決）

九、權利失效、法理、憲法

1. 權利失效之法理

「……則上訴人（按指雇主）抗辯被上訴人（按指勞方）於近九年後始為爭執，有違誠信原則，應屬權利失效等語，似非全屬無據。原審遽以被上訴人或不知其權利，或欲待他案確定始行起訴，且工資請求權時效期間僅有五年，已足平衡兩造權益，即認本件無權利失效情事，自有可議。……」（最高法院102台上1766號判決）

解析

此為王澤鑑教授之論文、影響，在勞基法之體現案例。

2. 憲法（工作自由）保障作為法源

「……原告（按指雇主）上述聘僱合約第四條之繳納履約保證金陸萬元；第五條之未經核准離職之違約金；第

八條之未辦理離職手續而離職者，應支付原告教育訓練費用陸萬貳仟元之約定，均係防止事後瞭解「舒療師」工作真象之人員中途離職所為箝制之約定，違反憲法工作自由保障之規定，依法無效。……」（士林地院93士勞簡20號判決）

參 考 資 料

一、中文

(一)論文

1.王澤鑑，雇主對離職勞工發給服務證明書之義務，載法學叢刊，第 140 期（35 卷 4 期），第 15～22 頁，1990 年 10 月。

2.王澤鑑，勞動契約法上之單身條款、基本權利與公序良俗，載萬國法律，第 50 期，1990 年 4 月 1 日。

3.王澤鑑，英國勞工法之特色、體系與法源理論，收於氏著民法學說與判例研究，第二冊，第 375 頁以下。

4.王澤鑑，勞工法之社會功能與勞工法學之基本任務，收於氏著，民法學說與判例研究，第二冊。

5.王澤鑑，雇主未為受僱人辦理加入勞工保險之民事責任，收於氏著，民法學說與判例研究，第二冊，第 239 頁以下。

6.王澤鑑，關於鄰地通行權的法律漏洞與類推適用，載萬國法律，第 55 期，第 3～12 頁，1991 年 2 月。

7. 王澤鑑，民法 50 年，收於氏著，民法學說與判例研究，第四冊，第 1 頁。

8. 尹章華，論法律漏洞與類推適用的法理結構，載萬國法律，第 50 期，1990 年 4 月。

9. 郭波，團體協約論，台大法研所碩士論文，民國 65 年 7 月。

10. 姚瑞光，民法總則及第一條釋論，載法令月刊，第 41 卷第 1 期，3 頁以下。

11. 莊國榮，職權命令與行政規則之研究，台大法研所碩士論文，75 年 7 月。

12. 陳繼盛，勞工行政與立法，收於司法院編，民事法律專題研究（三），第 117 頁以下。

13. 陳繼盛，建立勞工法規完整體系之研究，行政院 71 年印行。

14. 陳繼盛，西德團體協約拘束力之一般宣告，勞工研究第 13 期。

15. 陳繼盛，團體協約之競合，勞工研究第 18 期。

16. 陳繼盛，我國勞動契約法制之研究，78 年 7 月勞委會委託研究。

17. 陳繼盛，勞資爭議處理法規，收於司法院論，民事法律專題研究（三），第 285 頁以下。

18. 陳新民，憲法基本權利及對第三者之效力之理論，政大法律評論，第 31 期。

19. 黃越欽，論勞動契約，收於司法院編，民事法津專題研究（三），第 1 頁以下。

20. 黃越欽，從僱傭契約到勞動契約——瑞士債務法第十章修正之意義，收於司法院印行，民事法律專題研究（三），第 46 頁以下。

21. 黃越欽，從勞工法探討企業管理規章之性質，政大法學評論，17 期，69 頁以下。

22. 黃越欽，從勞動鬥爭權到和諧義務——瑞士勞資協和協約 50 年，載政大法學評論，39 期（78 年 6 月），第 1 頁以下。

23. 黃越欽，論附合契約，載政大法學評論，第 16 期（66 年 10 月），第 29 頁以下。

24. 黃程貫，勞資爭議法律體系中之罷工概念、功能及法律結搆，載政大法學評論，第 39 期，第 175 頁以下。

25. 黃程貫，由罷工權及工作拒絕權之法律性質談勞工集體休假，載政大法律評論，第 37 期。

26.張志銘，轉型期中勞動立法的調適之道，載社會福利法制專題研究，第 41 ～ 54 頁。

27.楊日然，民法第一條之研究，載法學叢刊第 15 期，38 ～ 43 頁。

28.廖義男，現行勞資爭議處理法規與抗爭手段規定之檢討，載台大法學論叢，第 19 卷第 1 期，78 年 12 月，第 79 ～ 127 頁。

29.蔡欽源，憲法上基本權利之規定在私法關係之效力，72 年（1983 年）台大碩士論文。

30.蘇永欽，試論判決的法源性，收於氏著民法經濟法論文集（一），第 1 ～ 60 頁，政大法學叢書 26。

31.蘇永欽譯，判決先例在德國私法中的意義，收同上，第 61 ～ 74 頁。

32.劉志鵬，工作規則法律性質之研究，台北律師通訊第 72 期，7 ～ 13 頁，74 年 7 月。

33.劉志鵬，論工作規則之法律性質及其不利益變更之效力，載台北律師公會律通訊，第 133 期（79 年 10 月）。

34.游啓忠，條約在我國國內法上之地位及其適用（三）、（四），法務通訊，1592、1593 期。

(二)書籍

1. 王澤鑑，民法學說與判例研究第一冊，台大法學叢書，1975年12月再版。

2. 王澤鑑，民法學說與判例研究第二冊，台大法學叢書，1979年12月再版。

3. 王澤鑑，民法實例研習慣叢書(1)基礎理論，71年10月初版。

4. 王澤鑑，民法實例研習價叢書(1)民法總則，72年11月初版。

5. 史尚寬，勞動法原論，67年6月重刊版。

6. 洪遜欣，中國民法總則，47年(1958年)10月版。

7. 施啓揚，民法總則，自刊，75年(1986年)4月版。

8. 梅仲協，民法要義，59年(1970年)9月10版。

9. 陳繼盛，勞資關係，正中書局，70年9月台二版。

10. 楊仁壽，法學方法論，自刊，76年(1987年)2月修訂版。

11. 黃茂榮，民法總則，植根法學叢書，增訂版。

12. 黃茂榮，法學方法與現代民法，台大法學叢書，1982年10月增訂再版。

13. 黃劍青，勞動基準法詳解，民國74年7月版。

14.經濟部中小企業編印，勞資關係手冊，民國 78 年 11 月 30 日。

15.吳嘉生，國際法與國內法關係之研析。

16.內政部編譯，國際勞工公約及建議書上、中、下，1987 年 6 月版。

二、日文

(一)論文

1. 有泉亨，労働法の法源，新労働法講座第 1 卷，57 ～ 77 頁，昭和 44 年 10 月 30 日再版第一刷，有斐閣。

2. 片岡曻，労働法の法源，收於沼田稻次郎還曆紀念，現代法と労働法學の課題，上冊，383 ～ 409 頁，總合労働研究所，昭和 49 年 5 月 2 日。

3. 片岡曻，労働契約論の課題，載季刊労働法別冊第 1 號労働基準法，37 ～ 49 頁，1977 年。

4. 本多淳亮，労働法の法源，收於現代労働法講座 1.労働法の基礎理論，第 107 ～ 133 頁，日本労働法學會，1981 年 1 月 10 日版。

5. 本多淳亮，労働法の法源，氏著，労働法總論，第 105 ～ 133 頁，青林書院，1986 年 12 月 25 日初版一刷。

6. 淺井清信，労働法の法源，氏著日本労働法原理。第 28 ～ 33 頁，有斐閣，昭和 62 年 3 月 30 日改訂初版一刷。

7. 淺井清信，勞使慣行論，氏著集團的労働法理の展開，第 88 ～ 153 頁，法律文化杜，1974 年 1 月 20 日第二刷。

8. 山口浩一郎，勞使慣行と破棄の法理，載勞働法季刊，第 133 號，第 61～70 頁，1984 年秋季。

9. 松岡三郎，勞使價行と勞働契約，載勞働法季刊第 129 號，第 15～25 頁。

10. 手塚和彰，就業規則の社會的規範としての實態と法的考察，載有泉亨古稀記念，勞働法の解釋理論，第 169～196 頁，有斐閣，昭和 51 年 11 月 30 日初版一刷。

11. 和田肇，西ドイツ勞働契約の忠實義務と配慮義務。名古屋大學法政論集，第 95、96、100、101、103 號。

12. 下井隆史，勞働契約における使用者危險の負擔原則，氏著勞働契約の理論，第 157 頁以下，有斐閣，昭和 60 年。

13. 渡邊章，勞働指揮權，載蓼沼謙一編，勞働法の爭點，第 194～195 頁，ジュリスト增刊，1979 年 9 月 30 日。

14. 渡邊章，勞働給付義務と形成權の理論，載有泉亨古稀記念，勞働法の解釋理論，第 61～83 頁，有斐閣，昭和 51 年 11 月 30 日初版一刷。

15. 大橋範雄，BRD における勞働關係の性質に關する理論狀況について，載龍谷法學第 15 卷第 1 號，第 33～66 頁，1982 年 6 月。

16.秋田成就，労働契約における權利と義務の考察，載有泉亨
古稀記念，労働法の解釋理論，第 23 ～ 58 頁，有斐閣，昭
和 51 年 11 月 30 日初版一刷。

17.秋田成就，労働契約論，載沼田稲次郎還暦紀念，昭和 49
年 5 月 25 日出版「労働法の基本問題」下卷，第 492 ～
523 頁。

18.濱田富士郎，業務命令，載季刊労働法別冊 9 ，第 108 ～
125 頁，昭和 61 年 6 月 25 日。

19.濱田富士郎，就業規則と労働契約，收於本多淳亮還暦紀
念，労働契約の研究第 383 ～ 411 頁，法律文化社，1986
年 9 月 1 日。

20.西谷敏，労働協約と労働契約，收於本多淳亮還暦紀念，労
働契約の研究，第 412 ～ 432 頁，法律文化社，1986 年 9
月 1 日。

21.花見忠，労働協約上私的自治，労働法，第 21 號。

22.橋桔洋三，爭議行爲と労働契約，收於本多淳亮還暦紀念，
労働契約の研究，第 433 ～ 455 頁，法律文化社，1986 年
9 月 1 日。

23.蓼沼謙一，労働法の對象—從屬労働論の檢討，日本労働法

學會編，勞働法の基礎理論，第 76 ～ 105 頁，1981 年 1
月 10 日初版。

24. 河村貞二，配置轉換の法的性格，收於勞使構造の法的把
握，第 407 ～ 461 頁，高文堂出版社，昭和 49 年 6 月 15
日。

25. 福島淳，勞働關係における信義則，福岡教育大學紀要，第
33 號。

26. 高島良一，勞働法律關係と勞働契約，載獨協法學，第 20
號，1 ～ 28 頁，1983 年 3 月。

27. 今野順，西ドイツにおける團結權侵害と救濟，收於外野健
一編，團結權侵害とその救濟，第 426 頁以下，有斐閣。昭
和 60 年 4 月初版。

28. 宮本健藏，西ドイツにおける安全配慮義務と保護義務，載
明治大學法學會法學研究，33 號，第 125 ～ 186 頁，
1985 年 3 月。

(二)書籍

1. 菅野和夫，労働法，弘文堂，昭和 60 年 9 月 30 日初版一刷。

2. 片岡舛、横井芳弘編，演習労働法，青林書院新社，昭和 52 年 2 月 5 日初版第三刷。

3. 石井照久，労働法總論，有斐閣，昭和 49 年 5 月 30 日，再版第四刷。

4. 石井照久，團體交涉、勞使協議制，總合労働研究所，1972 年 12 月 10 日初版。

5. 沼田稲次郎，労働法論序説，勁草書房，1975 年 8 月 20 日，一版第五刷。

6. 林信雄，日本労働法論，ミネルヴァ書房，昭和 45 年 2 月 5 日，第一刷。

7. 有泉亨，労働基準法，有斐閣，昭和 57 年 3 月 30 日初版 29 刷。

8. 日本労働省労働基準局編著，労働基準法上、下，財團法人勞務行政研究所，昭和 59 年 11 月 10 日三訂新版三版。

9. 日本労働省労働基準局編著，解釋通覽労働基準法，總合労働研究所，昭和 58 年。

10. 日本勞働省監修，新勞働法實務相談，財團法人勞務行政研究所，昭和 60 年 9 月 10 日。

11. 有斐閣判例コンメンタール勞働法 Ⅱ 勞働基準法。

12. 楢崎二郎、蓼沼謙一譯，勞働法原理（Grundzüge des Arbeitsrechts, Hugo Sinzheimer 原著），東京大學出版會出版，1977 年 5 月 10 日第二版二刷。

13. 山口浩一郎，勞働組合法，有斐閣，昭和 60 年 11 月 30 日，初版二刷。

14. 角田邦重等，勞働法講義 2 勞働團體法，有斐閣，昭和 60 年 8 月 30 日初版一刷。

15. 沼田稻次郎，勞働協約の締結と運用，總合勞働研究所，1970 年 7 月 7 日初版。

16. 日本勞働法學會編集，新勞働法講座 5，勞働協約，有斐閣，昭和 43 年 4 月 10 日初版二刷。

17. 佐藤進，本多淳亮，就業規則。

18. 石田穰，民法學の基礎，有斐閣，昭和 51 年 8 月 15 日初版一刷。

19. 石田穰，法解釋學の方法，青林書院新社，昭和 57 年 10 月 30 日，初版第四刷。

20.碧海純一，法哲學概論，弘文堂，昭和 52 年 3 月 20 日，全訂第一版第八刷。

21.松板佐一，民法解釋の基本問題，名古屋大學出版會，昭和 60 年 12 月 15 日，初版第一刷。

22.北川善太郎，日本法學の歷史と理論，日本評論社，1983 年 6 月 10 日第一版第三刷。

23.林信雄，信義則法學，ミネルヴァ書房，昭和 51 年 4 月 5 日初版一刷。

24.田中英夫，實定法學入門，東京大學出版會，1976 年 4 月 15 日第四刷。

25.星野英一，民法概論l，民法普及會，昭和 59 年 5 月 15 日改訂 11 刷。

26.谷口知平，石田喜久夫編集，有斐閣，新版注釋民法 (1) 總則 (1)，昭和 63 年 6 月 20 日新版一刷。

27.吾鄉眞一，國際勞働基準法。

三、德文、英文

1. Alfred Söllner, Grundriss des Arbeitsrechts, 9 Aufl, 1987, München.

2. Gemillscheg, Grundrechte im Arbeitsrecht, AcP Bd. 164(1964) S.388ff.

3. Gunther Lowisch/Manfred Lowisch, Arbeitsrecht, 2 Aufl 1980.

4. Klaus Adomeit, Rechtsquellenfragen im Arbeitsrecht, 1969.

5. Hans Brox, Grundbegriffe des Arbeitsrechts, 6 Aufll, 1983.

6. Hans Dieter Schmid, Grundzüge des Arbeitsrechts, 1981.

7. Larenz, Lehrbuch des Schuldrechts, Bd Ⅱ , 10 Aufl.

8. Peter Hanau/Klaus Adomeit, Arbeitsrcht, 7 Aufl, 1983.

9. Wolfgang Zöllner, Arbeitsrecht, 3 Aufl, 1983.

10. Wolfgang Gast, Arbeitsvertrag und Direktion, 1978.

11. Ulrich Haug, Direktion zwischen Sachzwang und Demokratie, 1979.

12. Kahn Freund, Labour and The Law, 1971.

13. M.R. Freedland, The Contract of Employment, Oxford, 1976.

14. Virginia A. Leary, International Labour Conventions and National Law.

國家圖書館出版品預行編目資料

勞動法法源及其適用關係之研究／呂榮海著. -- 初版. -- 新北
市：華夏出版有限公司, 2024.05
　　面；　　公分. --（鵝湖蔚理文叢02；002）
　　ISBN 978-626-7393-49-9（平裝）
　　1.CST：勞動法規

556.84　　　　　　　　　　　　　　　　　113003889

鵝湖蔚理文叢02　002

勞動法法源及其適用關係之研究

著　　作　呂榮海
編輯策劃　蔚理有限公司‧臺灣鵝湖書院
　　　　　臺北市103大同區錦西街62號
　　　　　電話：02-25528919
　　　　　Mail：Penny9451@gmail.com
出　　版　華夏出版有限公司
　　　　　220 新北市板橋區縣民大道 3 段 93 巷 30 弄 25 號 1 樓
　　　　　電話：02-32343788　傳眞：02-22234544
E - m a i l　pftwsdom@ms7.hinet.net
印　　刷　百通科技股份有限公司
　　　　　電話：02-86926066　傳眞：02-86926016
總 經 銷　貿騰發賣股份有限公司
　　　　　新北市 235 中和區立德街 136 號 6 樓
　　　　　電話：02-82275988　傳眞：02-82275989
　　　　　網址：www.namode.com
版　　次　2024 年 5 月初版—刷
特　　價　新台幣 900 元　　（缺頁或破損的書，請寄回更換）

ISBN-13：978-626-7393-49-9
《勞動法法源及其適用關係之研究》由呂榮海先生授權華夏出版
有限公司出版繁體字版
尊重智慧財產權‧未經同意請勿翻印（Printed in Taiwan）